大学生职业生涯规划与创业教育

武洪萍　王茹香　崔玉祥 ◎ 主编

本书编委会

主　编　武洪萍　王茹香　崔玉祥

副主编　姜　明　陈艳巧　李树朋　陈家宝

　　　　　张佃龙　韩胜宗　苏　伟

前 言

　　职业与人的一生密切相关,选择职业就是选择未来和人生。职业生涯规划其实是人生的战略设计,成功的人生需要正确的生涯规划,对于大学生而言尤为重要。

　　中国有句古语:凡事预则立,不预则废。职业生涯规划是事业成功的导航仪,是一个人一生职业发展道路的设想和规划,它可以使学生正确认识自我,合理安排大学的学习生活;它可以帮助学生进一步了解社会,发掘自我潜能,增强职业竞争力,增强学生的自信心,促成学生自我价值的实现。没有明确目标的职业生涯是很难获得成功的,正如在大海中航行的船只需要目标一样,只有经过规划的职业人生,才有明确的方向和强大的动力。

　　杰克迪希·帕瑞克(Jagdish Parikh)在他的《管理者的自我管理》一书中说:"现代教育教给我们的几乎全部是关于外部事务的,世界就在那儿,它们如何运作,如何操控,如何管理,但是,在人们所知和行动之间,却有着'缺失的一环',这就是'自我管理'。"个人的进步和完善在很大程度上依赖于自我管理,成功是与较高的自我管理能力紧密相关的。一个人的成功与否并不取决于智力、情绪或性格的某个单项指标是否突出,而是取决于各单项之间的合理乃至最佳匹配,即取决于智商与情商的有机结合,而这种有机结合则需要较高的自我管理能力。

　　创新是民族进步的灵魂,是引领发展的第一动力。抓创新就是抓发展,谋创新就是谋未来。大学生作为祖国建设的主力军,更需要具备创新意识、创新精神和创新能力。实践证明,崇尚创新,国家才有光明前景,社会才有蓬勃活力;创新永远是推动一个国家、一个民族向前发展的重要力量。大学教育就是要培养学生将创新思维成为一种习惯和本能,对新生事物永远保持高度的敏感,善于寻找新技术、新手段与老问题的对接点,指导学生提升工作效能,助力转变经济发展方式。

　　本书是根据教育部《大学生职业发展与就业指导课程教学要求》(教高厅〔2007〕7号)的通知精神,结合高职院校学生的特点,在多年教学实践的基础之上编写完成的。本书在内容的编写上力求具有全面性、创新性和实用性。全书共分为三篇:职业生涯规划篇、职业素养篇和创新创业篇。包括职业基础知识、职业生涯规划、培养职业意识、打造职业素质、创新创业理论与指导等内容，共9章。每章节配有拓展阅读和练习等，既可增强课堂互动的效果，也可帮助学生进一步思考问题、了解自己、凸显成效。特别增添了创业的相关政策法规，帮助学生把握相关政策、法规，为顺利就业、创业提供援助。

本书以大学生作为职业发展和创新创业指导对象，指导学生进行自我定位、认知职业世界，树立职业生涯规划和创新创业意识，引领学生珍惜大学时光，管理好学习、生活，全面提升素质和适应职业能力，使大学生不断完善自我，适应职场要求，努力奋斗成才。

本书由山东信息职业技术学院武洪萍、王茹香、崔玉祥担任主编，武洪萍负责整体结构设计，武洪萍和王茹香负责全书统稿。参加编写工作的还有山东信息职业技术学院的姜明、陈艳巧、李树朋、陈家宝、张佃龙、韩胜宗和苏伟等。本书的第一、二章由姜明和陈艳巧编写，第三章和第四章由李树朋和武洪萍编写，第五章由陈家宝编写，第六章由张佃龙编写，第七章由王茹香编写，第八章由韩胜宗编写，第九章由苏伟和崔玉祥编写。本书在编写过程中，参阅了许多同类教材的相关资料，并吸取了其中许多精粹，在本书出版之际，谨向原作者表示最衷心的感谢！

由于编者水平有限，书中难免有疏漏和欠缺之处，敬请广大读者提出宝贵意见。

编 者

2020 年 3 月

目 录

职业生涯规划篇

第一章 职业生涯规划认知 2
第一节 职业生涯规划的概念和意义 2
第二节 职业生涯规划的理论与实施 6

第二章 自我认知与评估 11
第一节 性格 11
第二节 兴趣 14
第三节 价值观 18
第四节 能力 22

第三章 专业认知与职场 26
第一节 专业的内涵 26
第二节 职业的内涵 29
第三节 所学专业与职业选择 35
第四节 岗位任职要求及职业发展轨迹 41
第五节 职业信息的获取与分析 45

第四章 职业生涯目标与职业决策 51
第一节 职业生涯目标 51
第二节 生涯目标分解 55

第三节　大学阶段的职业决策 …………………………………… 57

　　第四节　大学生职业生涯规划方案的制定 ……………………… 64

职业素养篇

第五章　职业意识与职场礼仪 …………………………………… 72
　　第一节　职业道德 ………………………………………………… 72

　　第二节　责任意识 ………………………………………………… 75

　　第三节　协作意识 ………………………………………………… 76

　　第四节　质量意识 ………………………………………………… 80

　　第五节　服务意识 ………………………………………………… 82

　　第六节　诚信意识 ………………………………………………… 84

　　第七节　奉献意识 ………………………………………………… 86

　　第八节　基本行为礼仪 …………………………………………… 88

　　第九节　职场着装礼仪 …………………………………………… 92

　　第十节　餐桌礼仪 ………………………………………………… 94

第六章　学会沟通 …………………………………………………… 97
　　第一节　有效沟通 ………………………………………………… 97

　　第二节　倾听的魅力 ……………………………………………… 100

　　第三节　学会换位思考 …………………………………………… 104

　　第四节　营造良好的人际关系 …………………………………… 106

第七章　自我管理 …………………………………………………… 113
　　第一节　时间管理 ………………………………………………… 113

　　第二节　情绪管理 ………………………………………………… 121

　　第三节　金钱管理 ………………………………………………… 125

　　第四节　情感管理 ………………………………………………… 130

第五节　健康管理 135

创新创业篇

第八章　创新思维与创新方法 142
　　第一节　认识创新，激发创新意识 142
　　第二节　创新意识的培养 149
　　第三节　创新思维的开发与训练 155
　　第四节　常用的创新方法 165

第九章　创业指导 184
　　第一节　创业基础认知 184
　　第二节　创业团队组建 197
　　第三节　创业的风险 201
　　第四节　创业计划书的撰写 206
　　第五节　创新创业大赛简介 209

附录一　MBTI 职业性格测试 219
附录二　创业计划书参考范本 251

参考文献 257

职业生涯规划篇

第一章　职业生涯规划认知

职业生涯规划（career planning）简称生涯规划，又叫职业生涯设计，是指个人与组织相结合，在对一个人职业生涯的主客观条件进行测定、分析、总结的基础上，对自己的兴趣、爱好、能力、特点进行综合分析与权衡，结合时代特点，根据自己的职业倾向，确定其最佳的职业奋斗目标，并为实现这一目标做出的行之有效的安排。

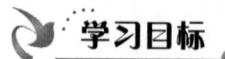

知识目标

1. 了解职业、生涯的概念
2. 了解职业生涯规划的意义
3. 熟悉个人生涯发展的各个阶段

能力目标

1. 认识到个人职业生涯规划的重要性
2. 建立个人职业生涯意识
3. 尝试规划个人的职业生涯

第一节　职业生涯规划的概念和意义

一、职业的概念

职业作为一种社会现象，是生产发展和社会分工的产物。一个国家的生产力总体水平以及经济和产业结构等决定了社会职业的构成；同时，职业构成也反映着生产力发展水平以及经济和产业结构现状。职业作为一种劳动形式，它既有一般劳动形式的特点，也在产生和发展的过程中逐渐形成与其他劳动形式相区别的特点。大致说来，职业主要有以下几个特点。

1. 社会性

从其产生来看，职业是社会发展到一定阶段后，随着社会分工而逐渐产生的，没有社会分工就没有职业。从其组织结构看，任何一个职业都不是孤立的，它是社会协同前进的一个子系统，与其他系统有着紧密的联系。并且，伴随着社会的发展进步，职业的内容、方式以及结构等也会发生相应的变化，不同的时代也会产生相应的热门职业。

2. 专业性

每一种职业都需有一定的技术含量或技术规范要求，需要进行专门的学习或训练，并且随着社会的进步，职业种类会越来越多，所需专业知识也会越来越多。一个人要胜任某一种专门职业，必须具备该职业所匹配的专业知识、能力以及相应的职业道德素质。

3. 稳定性

一种职业产生后，不是转瞬即逝的，职业的产生、发展和消亡是一个长期的周期过程，在一定时期内必须具有相对稳定性。一部分职业甚至不因社会形态的变化而变化，会长期存在。临时性的活动不能称之为职业。不过，随着社会的发展以及技术更新程度的加快，职业的消亡周期也逐渐缩短。

4. 规范性

国有国法，行有行规。每种职业都有一定的从业标准和职业道德，从事职业活动必须遵从一定的规范，即职业规范，它是社会规范的重要组成部分。职业规范主要包括人们在就业活动中应遵守的各种操作规则和办事章程、职业道德规范和职业活动中养成的种种习惯，这些职业规范或以法律、法规，或以组织章程和有关条约、守则，或只是以一些约定俗成的非正式规则的方式体现出来。总之，任何职业活动都不是无行为准则可循的，职业活动总要受一定职业规范约束。

想一想

你所熟悉的职业有哪些？你熟悉的职业主要是做什么工作？以后自己想从事什么样的职业？

二、职业的功能

职业既有个人功能又有社会功能，个人功能和社会功能相辅相成，密不可分。

1. 职业的个人功能

（1）职业是人们获取经济来源的最主要手段。职业是人们个人生存和社会生活的物质基础，也是获得其他包括声誉、地位和权力的非经济因素的重要途径。

（2）职业是实现个人价值的重要途径。社会愈加富裕进步，职业的个人价值功能愈加凸显。人们在努力工作、获取职业经济来源的同时，也会因在职业上取得成就而体现个人的价值，得到人生至上的快乐。人的社会本质决定了我们需要在社会中获得职业，并通过职业为组织、为社会、为他人创造价值，同时实现自我。

（3）职业是人生的主要活动。职业是关系个人前途的大事，是个人生活的物质基础，职业可能成为个人奋斗的目标和终生奉献的事业；职业又是关系个人家庭状况的大事，是需要做出重大抉择的大事，职业可以带给个人和家庭财富、名誉、社会地位以及社会关系，等等。可以说，一个人的命运、生活幸福与否与一个人的职业密不可分。因此，法国启蒙思想家卢梭曾说"选择职业是人生大事，因为职业决定了一个人的未来"。

2. 职业的社会功能

(1) 职业是社会存在的内容

社会是由各种职业构成的有机存在，职业是人类社会存在的重要内容，职业分工及其结构，是社会经济制度与社会经济结构的重要组成部分，是社会经济发展水平的反映。人民通过职业劳动，创造出社会财富，为社会的存在和发展提供了物质基础。

(2) 职业是社会发展的动力

因为职业的个人功能造就了职业在个人努力下的向上流动，各行各业的整体向上流动进一步优化了社会职业构成，从而推动了社会的进步，社会的进步又反推了职业的良好有序发展。

(3) 职业是实现国家功能的手段

职业是个人的重要生活方式，安居乐业是人民的愿望和幸福生活的基础。因此，国家为个人创造职业岗位和就业机会，积极实施促进就业的政策。从社会功能来看，职业安抚了人民，减少了社会问题，维护了社会稳定，实现了国家的长治久安。

三、生涯的概念

生涯一词最早可追溯到庄子的"吾生也有涯，而知也无涯。"这里，生为生命，涯为边际的意思，翻译成现代语言就是"我的生命是有限的，但需要我学习、探索的却是无边无岸的。"虽然生涯可理解为我们从出生到死亡的全部人生过程，但生涯的定义有多种表述方式。美国国家生涯发展协会对生涯一词的定义为：生涯是个人通过从事工作所创造出的一个有目的的，延续一定时间的生活模式；美国职业理论专家舒伯认为：生涯是生活里各种事件的方向与历程，它统合了人的一生中各种职业和生活的角色，是个人终其一生所扮演的角色的整改过程，由时间、广度、深度三个方面构成；霍德和班纳茨认为生涯包括个人对工作世界职业的选择和发展，对非职业性或休闲活动的选择和追求，以及在参与社会交往活动中的满意度；中国台湾学者金树人先生认为生涯涵盖了生涯的发展，是一生当中连续不断的过程。生涯大致有以下三个特点。

1. 生涯是不断选择和创造的

生涯是一个人的愿望和可能性之间、理想与现实之间妥协和权衡的产物，是一个连续选择的结果。

2. 生涯是终身发展和连续的

生涯不是某一特定工作或者职责的时间段，本质上讲是持续一生的过程。生涯发展是一生中连续不断的过程，是一个需要终身学习、终生发展的过程。

3. 生涯是独特的和有目的的

这是指生涯因个人动机、抱负和目标而形成和发展，反映了个人的价值观和信念。生涯是个人依据其人生规划与人生目标，为自我实现而开展的独特的生命过程，不同的个体具有不同的生命历程。

四、职业生涯规划的意义

职业生涯规划必将影响整个生命历程。我们常常提到的成功与失败，不过是所设定目标的实现与否，目标是决定成败的关键。个体的人生目标是多样的，生活质量目标、职业发展目标、对外界影响力目标、人际环境等社会目标，整个目标体系中的各因子之间相互交织影响，而职业发展目标在整个目标体系中居于中心位置，这个目标的实现与否，直接引起成就与挫折、愉快与不愉快的不同感受，影响着生命的质量。职业生涯规划具有特别重要的意义，具体表现为以下三个方面。

1. 职业生涯规划可以发掘自我潜能，增强个人实力

一份行之有效的职业生涯规划将会引导你正确认识自身的个性特质、现有与潜在的资源优势，帮助你重新对自己的价值进行定位并使其持续增值；将会引导你对自己的综合优势与劣势进行对比分析，引导你评估个人目标与现实之间的差距，确定前瞻与实际相结合的职业定位，树立明确的职业发展目标与职业理想；并据此作出趋利避害的选择，采取可行的步骤与措施，不断增强自己的职业竞争力，实现自己的职业目标与理想。

2. 职业生涯规划可以增强个人发展的目的性与计划性，提升成功的机会

职业生涯发展要有计划、有目的，不可盲目地"撞大运"。很多时候我们的职业生涯受挫就是由于生涯规划没有做好。好的计划是成功的开始，古语讲"预则立，不预则废"就是这个道理。

3. 职业生涯规划可以提升应对竞争的能力

当今社会处在变革的时代，到处充满着激烈的竞争。职业活动的竞争非常突出。要想在这场激烈的竞争中脱颖而出并保持立于不败之地，必须设计好自己的职业生涯规划。这样才能做到心中有数，不打无准备之仗。而不少应届大学毕业生不是首先坐下来做好自己的职业生涯规划，而是拿着简历与求职书到处乱跑，总想会撞到好运气、找到好工作。结果是浪费了大量的时间、精力与资金，到头来感叹招聘单位是有眼无珠，不能"慧眼识英雄"。这部分大学毕业生没有充分认识到职业生涯规划的意义与重要性，认为找到理想的工作只需要靠学识、业绩、耐心、关系、口才等条件，认为职业生涯规划纯属纸上谈兵。这是一种错误的理念，实际上未雨绸缪，先做好职业生涯规划，磨刀不误砍柴工，有了清晰的认识与明确的目标之后再把求职活动付诸

实践，这样的效果要好得多，也更经济、更科学。

■ 练一练

人生职业的选择往往有很大的偶然性，怎样才能让自己选择的职业更加适合自己？让自己的人生通过职业的正确选择达到更高的巅峰？

第二节　职业生涯规划的理论与实施

一、生涯发展理论

舒伯对各种生涯发展理论进行了长期系统研究，提出的有关生涯发展观点逐渐得到学术界的认可。舒伯将生涯发展阶段划分为成长、试探、决定、保持和衰退五个阶段。

成长阶段：由出生至14岁，该阶段孩童开始发展自我概念，以各种不同的方式来表达自己的需要，且经过对现实世界的不断尝试，修饰自己的角色。该阶段的发展任务是发展自我形象，发展对工作世界的正确态度，并了解工作的意义。

探索阶段：由15岁至24岁，该阶段的青少年，通过学校的活动、社团休闲活动、打零工等机会，对自我能力及角色、职业作了一番探索，因此选择职业时有较大弹性。这个阶段发展的任务是使职业偏好逐渐具体化、特定化并实现职业偏好。

建立阶段：由25岁至44岁，由于经过上一阶段的尝试，不合适者会谋求变迁或做其他探索，因此该阶段逐步能确定在整个事业生涯中属于自己的"位子"，并在31岁至40岁，开始考虑如何保住这个"位子"，并固定下来。这个阶段发展的任务是统整、稳固并求上进。

维持阶段：由45岁至65岁，个体仍希望继续维持属于他的工作"位子"，同时会面对新的人员的挑战。这一阶段发展的任务是维持既有成就与地位。

衰退阶段：65岁以上，由于生理及心理机能日渐衰退，个体不得不面对现实，从积极参与到隐退。这一阶段往往注重发展新的角色，寻求不同方式以替代和满足需求。

每一阶段都有一些特定的发展任务需要完成，每一阶段需达到一定的发展水准或成就水准，而且前一阶段发展任务的达成与否关系到后一阶段的发展。

克内菲尔坎姆和斯列波兹是美国马里兰大学的两位教授，他们从认知发展的观点出发，综合了多位学者实证研究的成果，于70年代提出了生涯认知发展模式。生涯认知发展模式可分为四个时期、九个阶段，如表1-1所示。通过对发展层次的分析，个体对自我的认定、价值观和整体生活计划历程间的相互关系有更趋整合的了解，因此也就能做出更满意的生涯抉择。

表 1-1　生涯认知发展模式四个时期

时期划分	阶段划分	时期特征
第一时期： 二元关系期	阶段1：平衡阶段	认知最简单的时期，其特征是对生涯——生活的计划只有简单的思考形式。处于该时期的学习思考全然由环境的外在控制所左右。
	阶段2：焦虑阶段	
第二时期： 多元关系期	阶段3：冲突阶段	认知内容趋于复杂的时期，相对认知失调的压力也增加。这一时期开始对生涯决定的各种影响因素做认真而细心的分析和考虑，不再视权威的结论式忠告是完全正确的。
	阶段4：区分阶段	
第三时期： 相对关系期	阶段5：监视阶段	个人发展有较大而明显的波动，各种外在因素对个人的影响力逐渐消退，个人内在的主宰能力逐渐增加，能够进一步分析有利和不利因素，以及各种因素对未来角色的影响。
	阶段6：综合阶段	
第四时期： 相对关系 承诺期	阶段7：整合阶段	个人开始承担在生涯抉择过程中日益增加的责任感，不仅能够分析在这个过程中的各种复杂问题，也能将不同的因素综合到自己的决定框架内。个人会逐渐认识到，选择一个职业生涯，是个人对自我的承诺。
	阶段8：承诺阶段	
	阶段9：自觉阶段	

二、职业生涯规划原则

在拟定职业生涯规划时，应该遵守一些原则，这样规划才能真正发挥作用，实现它应有的价值。职业生涯规划要从生活发展需要出发，正确认识自身的条件与相关环境，从专业、兴趣、爱好、特长、机遇等方面尽早确定自己未来发展方向。大学是培养专业人才的重要基地，大学生应当从跨入校门开始确立自己的未来职业生涯目标，在确立职业生涯规划时，应遵循以下基本原则。

1. **职业生涯规划必须与社会需求相结合**

择业是一种社会活动，它必定受到社会的制约，如果择业脱离社会的需求，将很难被社会接纳。职业生涯规划要把握社会对人才需求的动力，以社会需求作为出发点和归宿。这样的职业生涯规划才有现实性和可行性。

2. **职业生涯规划必须与所学专业相结合**

大学生在进行职业生涯规划时，应以所学专业为依据。否则，如果所从事的职业不是自己所学的专业，在参加工作后就要重新"补课"，这无形中为自己的工作和生活增加了许多负担，对个人职业发展是极为不利的。

3. **职业生涯规划必须与提高综合能力相结合**

知识经济时代是崇尚创新、充满创造力的时代，应养成推陈出新、追求创意和以创新为荣的意识，要有广博的视野、掌握创新知识以及善于开创新领域的能力；要树立终身学习的思想观念，不断更新知识结构，有针对性地"充电"，以适应瞬息万变的形式，跟上时代发展潮流；应注重个性发展，用知识探索未知，解决问题，创造机会与财富，成为社会的强者；还应承认个人智慧具有局限性，懂得自我封闭的危险性，团结协作的重要性，才能以合作伙伴的优势弥补自身的缺陷，增强自身力量。在各种人际环境中有良好的沟通能力，与他人友好合作，才能更好地应付知识经济时代的各种挑战。

4. 职业生涯规划必须与增强身心健康相结合

千变万化的社会要求大学生要有健康的体魄和良好的心理素质。古希腊哲学家赫拉克利特曾指出："如果没有健康，智慧就难以实现，文化无从施展，力量不能战斗，财富变成废物，知识也无法利用。"在人生选择与实践过程中，应培养和锻炼自己对挫折的承受能力和情绪调控能力，增加生活的磨练与体验，以正确的人生态度对待困难和挫折。

三、职业生涯规划目标

在当前社会竞争日趋激烈的背景下，每个人都要有清晰的发展目标，有目标的人才能抗拒短期的诱惑，才会坚定地朝着自己的方向前进，才更容易获得成功和幸福。每个人只有找准自己的角色定位，做自己喜欢的事情，才能取得最大的成功。很多时候失败的人不代表没有能力，而是角色定位的失败。职业生涯规划的目的就是帮助个人达成某个阶段的生涯发展任务，并为下个阶段做好规划和储备。职业生涯规划要实现的具体目标有以下三点。

1. 培养学生的自我认知，发展健全人格

分析、定位是职业生涯规划的首要环节，它决定着个人职业生涯的方向，也决定着职业生涯规划的成败。每个人都是与众不同的，有各自存在的价值和意义。要肯定自己的特长，清楚自己的兴趣所在，了解自己的人格特征，明了自己内在的价值观，以乐观的心态而不是恐惧与焦虑来面对未来世界的挑战。当一个人处于这种良好的工作状态下时，其自身价值可得到充分的发挥，反过来更可以促进人格的完善和发展。同时，在这个过程中，可以实现人格发展与职业发展的正反馈机制，充分享受健康和快乐的职业与人生。

2. 唤醒学生生涯意识，进行教育和职业探索

增进学生的生涯感知，唤醒学生的生涯意识。要尽一切的可能去探索和发现属于自己的人生使命，去充分地体验人生的甜酸苦辣，去发现自己作为一个存在者之所以存在的意义和价值。当一个人开始尝试这种探索，可以说已经在精神上觉醒，离成功也会越来越近。进行职业生涯规划可以激发大学生为自己的未来负责的动机，唤醒

第一章 职业生涯规划认知

自我规划、展望人生的意识。

3. 个人心理的充实和满足感

职业上的成功往往是与周边和谐的环境氛围和心理上的满足感高度相关的。假设一个人在从事一份与自己个性气质相匹配，能力上非常擅长，同时也是自己感兴趣的职业时，心理上会产生一种快乐的满足感。而这种快乐的感觉又会反过来影响到个人的生活、身边的家人、同事、朋友们，这样就无形中为个人发展形成了一个良好的人际氛围，让自己更有信心去从事自己感兴趣的工作，自然在工作中可以做出出色的成绩。

四、职业生涯规划实施支点

职业生涯规划实施有三个层次的支点：生存支点、发展支点和兴趣支点。

1. 立足生存支点来规划职业生涯，会把薪酬作为主要导向

同学们总是在考虑明天能不能找到薪酬更高的工作，一有获取高薪的机会就会跳槽，而常常忽略自身成长。当同学们遇到职业瓶颈，薪酬没了增长空间，技能又没学到多少时，他们的身价便会每况愈下。知识更新越来越快，在为现在的高薪得意时，同学们更要想想如何保持高薪。所以，如果一直以生存为支点来做职业规划，是一种只重现在不看将来的短视行为，不会体会工作的快乐，也不会获得事业上的成就感。

2. 立足发展支点来规划职业生涯，会以自身的进步作为导向

即使你不是很喜欢所从事的职业，薪酬也并不高，也要努力做好。这些从工作中获取的经验和技能会让你增值，帮助你实现未来事业上的成功。除了有物质上的收获外，还有精神上的收获，如荣誉、地位等，最终成为职场上的抢手货。不过，这种职业修炼过程需要不断挑战自己的极限，鞭策自己向前迈进，可能会承受工作压力的考验。

3. 立足兴趣支点来规划职业生涯，会以快乐作为导向

如果你并不在乎眼前的薪酬多少，也不在乎将来能获得什么地位与荣誉，能找到喜欢的职业，能享受工作的过程，就会对工作投入极大热情，忘却疲倦，甚至感到生命变得灿烂多彩。工作成为享受，成为娱乐，不知不觉中就出了成绩。喜欢是做好一件事的前提，兴趣是成功的最大驱动力。当今职场竞争激烈，你要知道自己的优势和劣势，采取合适的策略去获取。结合内外部因素确定支点，职业规划既要考虑外部因素，诸如就业环境、家庭状况、自身发展情况等，又要考虑内部因素，诸如能力、专业知识、爱好、性格等。

根据外部因素来确定一个合适的支点。如果知识、经验及能力储备丰厚，可以以发展支点或兴趣支点来规划自己的职业生涯，在职场选择有潜力的职业或感兴趣的职

业。如果初出茅庐，经济拮据，不妨先以生存支点来规划自己的职业生涯，从一些简单的职业做起，不要好高骛远，等待职场修炼到某种程度后，再重新规划职业生涯。

根据内部因素来确定一个合适的职业。职业选择会影响成功概率。内向型的人从事销售职业，成功的概率低，且比外向型的人付出更多代价。可通过第二章的职业性格测评，实现对自身特质的系统了解。

在做职业规划时，还要根据自己的职场修炼程度适时改变职业规划支点。当解决了温饱问题后，就要将原来的生存支点转移到发展支点上来，重新调整自己的职业规划。或者以兴趣支点来重新规划，找一份原来梦寐以求的工作，也许薪酬并不一定比原来高，但只要足以维持体面的生活即可，这是职业的最高层次。在这个人才、行业、知识快速更新的时代，只有根据实际情况快速转移职业规划的支点，才能立于不败之地。

除了上述单一支点以外，在做职业规划时也可以采用多支点策略，如将生存支点与发展支点结合考虑，或者将发展支点与兴趣支点结合考虑，等等。支点复合越多，职业规划的难度也就越大。一般来说，职业规划应该先从单一支点起步，随着知识、技能、经验等的积累，再逐步采用复合支点。职业规划应该一直伴随着职业生涯的发展。即使是在一个你认为值得终身从事的职业上，也还存在着是继续努力，还是满足现状的选择——是将职业生涯放在生存的支点上呢，还是放在继续发展的支点上呢？人生的目标在于追求生活的快乐。快乐工作是我们的追求，这种快乐并非贫穷的快乐，而是建立在无衣食之忧的基础之上。

练一练

你是否准备好了规划自己的职业生涯？怎样才能做好我们自己的职业生涯规划呢？你先认真思考一下，然后让我们通过学习，共同来完成这个任务。

第二章 自我认知与评估

自我认知（self-cognition）指的是对自己的洞察和理解，包括自我观察和自我评价。自我观察是指对自己的感知、思维和意向等方面的觉察；自我评估是指对自己的想法、期望、行为及人格特征的判断与评估，这是自我调节的重要条件。认识自己是职业生涯规划成功的前提。

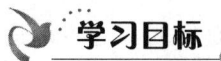

知识目标

1. 理解性格、兴趣、价值观、能力的概念
2. 理解性格、兴趣、价值观、能力的作用
3. 理解优秀性格、兴趣、价值观、能力的培养方法
4. 理解性格、兴趣、价值观、能力与职业发展的关系

能力目标

1. 分析个人的性格、兴趣、价值观、能力
2. 明确如何培养个人的性格、兴趣、价值观、能力
3. 完成个人职业性格测试

第一节 性格

一、性格概述

1. 性格的定义

人格是指个体在对人、对事、对己等方面的社会适应中行为上的内部倾向性和心理特征。那么什么是性格？人的性格就是人性决定的人格。性格是人格的表现。

性格主要表现在人对现实的态度和行为方式中较稳定的个性心理特征。简单地说，性格就是个体独有的并与其他个体区别开来的整体特性，是具有一定倾向性的、稳定的、本质的人格差异，我们称之为性格差异。性格是在后天社会环境中逐渐形成的。性格有好坏之分，能最直接反映出一个人的简单道德风貌。同时也受个体生物学因素的影响。

2. 性格跟本性的区别

性格跟本性有所区别。本性是人天生所具有的，不可改变的思维方式。本性是先天自然风气与感觉世界所形成，比如防御心、求知欲、荣誉感等。性格形成的因素很复杂和细碎，如果概括出其形成的主要表现，主要体现在以下三个方面，分别是基因遗传因素、成长期发育因素以及社会环境的影响因素。它既有来自于本身的因素，同时也具备相应的环境影响，从这个角度分析，性格是可以改变的。性格与本性的主要区别如下。

（1）性格是后天所形成的。比如开朗与内敛、温柔与粗鲁、果断与寡断、勇敢与胆小、坚强与怯弱、热情与冷漠等。本性是人天生所具有的，不可改变的思维方式。本性是先天所形成，比如好动、贪玩、贪婪、自私等。

（2）性格是受环境影响的。一个人是胆小还是胆大，是坚强还是懦弱，这些都是受环境人为的影响形成的。本性不受环境影响，而受基因影响。

（3）性格是会改变的。就如同一个坏人变成一个好人一样，只要环境、教育方式改变，就会影响一个人的性格变化。而本性是无法改变的。

（4）除了作为人共有的本性之外，每个人的本性是有区别的。这是因为父母的基因也会影响孩子的本性。而性格却靠个人修为和家庭教育。

二、性格分类及优秀性格表现

1. 性格的分类

心理学家们曾经以各自的标准和原则，对性格类型进行了分类，下面是几种有代表性的观点。

（1）从心理机能上划分，性格可分为理智型、情感型和意志型；

（2）从心理活动倾向性上划分，性格可分为内倾型和外倾型；

（3）从个体独立性上划分，性格分为独立型、顺从型、反抗型；

（4）德国教育学家和哲学家斯普兰格根据人们不同的价值观，把人的性格分为理论型、经济型、权力型、社会型、审美型、宗教型。

（5）海伦·帕玛根据人们不同的核心价值观和注意力焦点及行为习惯的不同，把人的性格分为九种，也就是所谓的九型人格：包括完美型、助人型、成就型、艺术型、理智型、疑惑型、活跃型、领袖型、和平型。

2. 优秀性格表现

世界上没有完全相同的两片树叶，同样世界上也没有完全相同的两个人。一个真正优秀的、能成功的人，往往是许多优秀性格特征综合作用产生的结果。以下几种性格特征，往往会对一个人的成功起到关键性作用。

（1）能面对现实，接纳现实，非一味歪曲现实；

（2）能客观评价和接受自己、他人与社会，非排斥自己、拒绝别人、攻击社会；

（3）有较广阔视野，就事论事，热爱周围事物，有自己的追求与梦想；

（4）情绪和思想表达较为自然；

（5）有独立自主特点，有独处需要，但不回避他人；

（6）能发展与他人的深厚友谊；

（7）能分辨目的与手段，对善与恶的区分较明确；

（8）有适度的幽默感和创造性。

三、性格的培养

拥有良好性格的人应该拥有正确的态度、坚强的意志、积极的情绪、健全的理智等。研究表明，某些优秀的性格可以通过个人努力培养建立。每个人的性格形成都不是与生俱来的，都是经历长时间日积月累形成的。拥有一个好的性格，能让自己在奋斗的道路上事半功倍。我们可以通过以下几种方式尝试培养自己优秀的性格。

1. 确定生活目标。集中精力为此奋斗，不追求未必值得拥有的东西。

2. 不做完美的人。勇敢接受自己缺点，信任别人，相信别人也能做好各项工作。

3. 尽量淡化荣誉、成就。注意学习、生活、工作和谐，注重生活质量与体验。

4. 培养多种兴趣爱好。增强生活艺术情调，常听音乐，看电影，培养艺术修养。

5. 时间安排井然有序且留有余地。要踏实稳健地去做每件事，不以数量衡量成绩，讲究工作质量。

6. 主动控制调节自己情绪。避免争论和冲突，以幽默态度化解生活中的波折，培养宽容、广博的胸怀。

7. 善于倾听别人意见。不打断别人讲话，不把别人的事情抢过来，对别人多加鼓励和赞赏。

8. 有目的地利用机会培养耐心和悠闲感。比如排队、逛公园等。

9. 多交知心朋友。建立归属感和安全感，多体会与朋友交流交心的真切感受。

四、性格与职业发展

职业心理学的研究表明，不同的职业有不同的性格要求：从事财务工作的人细致谨慎，从事销售工作的人热情主动，从事技术工作的人理性逻辑。人的性格千差万别，或热情外向、或羞怯内向、或沉着冷静、或火爆急躁。不同性格的人在从事某些不同类型的工作时会更加得心应手，取得好的工作绩效。虽然每个人的性格都不能百分之百地适合某项职业，但却可以根据自己的职业倾向来培养、发展相应的职业性格。不同性格特征的人员，对企业而言，决定了每个员工的工作岗位和工作业绩；对个人而言，决定着自己的事业能否成功。一些教育学心理学研究人员根据我国的实际情况，将职业性格分为九种基本类型，如表 2-1 所示。

绝大部分职业都同时与几种性格类型特点相吻合，而一个人也都同时具有几种职业性格类型的特点。在实际的选择过程中，应根据个人的性格与职业的要求，具体情况具体处理，不能一概而论。

表2-1 九种性格对应岗位

性格类型	性格描述	适合岗位
变化型	在新的和意外的活动或工作情境中感到愉快，喜欢有变化的和多样化的工作，善于转移注意力。	记者、推销员、演员等。
重复型	按固定的计划或进度办事，喜欢重复的、有规律的、有标准的工种。	纺织工、机床工、印刷工、电影放映员等。
服从型	愿意配合别人或按别人指示办事，而不愿意自己独立做出决策，担负责任。	办公室职员、秘书、翻译等。
独立型	喜欢计划自己的活动和指导别人活动或对未来的事情做出决定，在独立负责的工作情境中感到愉快。	管理人员、律师、警察、侦察员等。
协作型	在与人协同工作时感到愉快，善于引导别人，并想得到同事们的喜欢。	社会工作者、咨询人员等。
机智型	在紧张和危险的情况下能自我控制沉着应对，发生意外和差错时能够不慌不忙出色地完成任务。	驾驶员、飞行员、公安员、消防员、求生员等。
自我表现型	喜欢表现自己的爱好和个性，根据自己的感情做出选择，能通过自己的工作来表现自己的思想。	演员、诗人、音乐家、画家等。
严谨型	注重工作过程中各个环节、细节的精确性。愿意按一套规划和步骤将工作尽可能做得完美，倾向于严格、努力地工作以看到自己出色完成工作的效果。	会计、出纳员、统计员、校对员、图书档案管理员、打字员等。

第二节　兴趣

一、兴趣概述

兴趣是指一个人力求认识某种事物或从事某种活动的心理倾向。兴趣是保证职业稳定、职场成功的重要因素。对某一职业有浓厚的兴趣，是智力开发的"孵化器"，兴趣是工作动力的主要源泉之一。兴趣可以调动你的全部精力，让你以敏锐的观察力、高度的注意力、深刻的思维和丰富的想象力投入工作，促进你能力的发挥，提高工作效率。只有将能力和兴趣结合起来考虑，才更有可能规划好职业生涯并取得职业生涯的成功。

二、兴趣的分类

人的兴趣是多种多样的，但概括起来基本可以分为三大类。

1. 物质兴趣和精神兴趣

物质兴趣主要指人们对舒适的物质生活（如衣、食、住、行方面）的兴趣和追求；精神兴趣主要指人们对精神生活（如学习、研究、文学艺术、知识）的兴趣和追求。

2. 直接兴趣和间接兴趣

直接兴趣是指对活动过程的兴趣。间接兴趣主要指对活动过程所产生结果的兴趣。直接兴趣和间接兴趣是相互联系、相互促进的，如果没有直接兴趣，工作的过程就很乏味、枯燥；而没有间接兴趣的支持，也就没有目标，过程就很难持久下去。因此，只有把直接兴趣和间接兴趣有机结合起来，才能充分发挥一个人的积极性和创造性，才能持之以恒，目标明确，取得成功。

3. 个人兴趣和社会兴趣

个人兴趣是个体以特定的事物、活动及人为对象，所产生的积极的和带有倾向性、选择性的态度和情绪。社会兴趣指社会成员对某一领域的普遍兴趣，或社会某一领域对社会成员的普遍需求。

兴趣和爱好是受社会性制约的，不同环境、不同阶级、不同职业、不同文化层次的人，兴趣和爱好都不一样。有的人兴趣和爱好的品味比较高，有的人兴趣和爱好的品味比较低，兴趣和爱好品味的高低会直接影响和表现一个人的个性特征的优劣。

三、兴趣的作用

兴趣对一个人的个性形成和发展、对一个人的生活和活动有巨大作用，这种作用主要表现在以下几个方面。

1. 对未来活动起准备作用

例如，对于一名学生来说，对化学感兴趣，就可能激励他积累各种化学知识，研究各种化学现象，为将来研究和从事化学方面的工作打基础、做准备。

2. 对正在进行的活动起推动作用

兴趣是一种具有浓厚情感的志趣活动，它可以使人集中精力去获得知识，并创造性地完成当前的活动。

3. 对活动的创造性态度起促进作用

兴趣会促使人深入钻研、创造性地工作和学习。对学生来说，对一门课程感兴趣，会促使他刻苦钻研，并且进行创造性的思维，不仅会使他的学习成绩大大提高，而且会大大地改善学习方法，提高学习效率。

四、兴趣的培养

人的爱好兴趣不是天生的，而是后天过程中以需要为基础逐渐形成的，同时兴趣也是通过实践活动形成的。兴趣的培养方法很多，主要有以下几种。

1. 增加知识储备，培养兴趣的基础

知识是兴趣产生的基础条件，因而要培养某种兴趣，就应有某种知识的积累，如要培养写诗的兴趣，就应先接触一些诗歌作品，体验诗歌美的意境，了解写诗的基本技能，这样就可能诱发出诗歌习作的兴趣。可以说，知识越丰富的人，兴趣也越广泛；而知识贫乏的人，兴趣也会是贫乏的。

2. 开展有趣活动，培养直接兴趣

直接兴趣是对活动本身感兴趣，因而要培养这种直接兴趣，应使活动本身丰富而有趣。例如，生动的课外实践活动，能培养学生学习实践操作、动手动脑、发明创造的兴趣；开展劳动竞赛、体育比赛、文体活动，能激发学生对劳动、学习、体育、文体活动等的热情与兴趣。

3. 明确目的意义，培养间接兴趣

在学校中我们也不难发现这样的情形，刚开始学习篮球，大家都表现出很高的热情，但遇到相对枯燥的练习，有的学生表现出不耐烦的样子，注意力开始不集中；而参加过篮球训练，经历过重要篮球比赛洗礼的学生则并不因此感到无趣，他们认为这种训练更有挑战性。这就是直接兴趣和间接兴趣的最大区别。间接兴趣是对活动的结果或意义感兴趣，因而，要培养人们间接的稳定兴趣，就应让人们明确活动的目的与意义。

4. 根据自身的兴趣特点，培养优良的兴趣品质

由于不同人所处的环境、所受的教育及主体条件各不相同，所以兴趣都带有个性特点，因而要根据自身条件进行兴趣爱好的自我培养。例如，有人兴趣广泛而不集中，就应加强中心兴趣的培养；有人兴趣单一而不广泛，就应加强兴趣广泛性的培养；有人兴趣短暂易变，就应加强兴趣稳定性的培养；有人兴趣消极被动，就应加强兴趣效能性的培养。

五、兴趣与职业发展

在实践活动中，兴趣能使人们工作目标明确，积极主动，从而能自觉克服各种艰难困苦，获取工作的最大成就，并能在活动过程中不断体验成功的愉悦。兴趣对人生事业的发展至关重要，所以兴趣自然是职业选择应考虑的重要因素之一。下表是对各种职业兴趣类型的特点与相应的职业的介绍，如表2-2所示。

表 2-2 十二种职业兴趣对应岗位

兴趣类型	类型特征	适合岗位
1	愿与事物接触,喜欢接触工具、器具或数字,而不喜欢与人沟通。	制图员、修理工、裁缝、木匠、建筑工、出纳员、记账员、会计、勘测、工程技术、机器制造等。
2	愿与人沟通,对销售、采访、传递信息一类的活动感兴趣。	记者、推销员、营业员、服务员、教师、行政管理人员、外交联络等。
3	愿接触文字符号,喜欢常规的、有规律的活动。	邮件分类员、办公室职员、图书馆管理员、档案整理员、打字员、统计员等。
4	愿从事地理地质类的活动。	地质勘探人员、钻井工、矿工等。
5	愿从事农业、生物、化学类工作,喜欢种养、化工方面的实验性活动。	农业技术员、饲养员、水文员、化验员、制药工、菜农等。
6	愿从事社会福利类的工作,喜欢帮助别人解决困难,乐意帮助人。	咨询人员、科技推广人员、教师、医生、护士等。
7	愿做组织和管理工作,喜欢掌管一些事情,以发挥重要作用,希望受到众人尊敬和获得声望。	组织领导管理者,如行政人员、企业管理干部、学校领导和辅导员等。
8	愿研究人的行为和心理,喜欢谈涉及到人的主题,对人的行为举止和心理状态感兴趣。	心理学、政治学、人类学、人事管理、思想政治教育研究工作以及教育工作者、行为管理工作者、社会科学工作者、作家等。
9	愿从事科学技术事业,喜欢通过逻辑推理、理论分析、独立思考或实验发现和解决问题,善于理论分析。	生物、化学、工程学、物理学、自然科学工作者、工程技术人员等。
10	愿从事有想像力和创造力的工作。喜欢创造新的式样和概念,乐于解决抽象的问题,而且急于了解周围的世界。	社会调查、经济分析、各类科学研究工作、化验、新产品开发,以及演员、画家、创作或设计人员等。
11	愿做操作机器的技术工作,喜欢通过一定的技术来进行活动,对运用一定技术,操作各种机械,制造新产品或完成其他任务感兴趣。	飞行员、驾驶员、机械操作员等。
12	愿从事具体的工作,喜欢制作看得见、摸得着的产品并从中得到乐趣,希望很快看到自己的劳动成果,并从完成的产品中得到满足。	室内装饰、园林、美容、理发、手工制作、机械维修、厨师等。

第三节 价值观

一、价值观概述

价值观是基于人一定的思维感官之上而作出的认知、理解、判断或抉择，也就是人认定事物、辨定是非的一种思维或价值取向，从而体现出人、事、物一定的价值或作用。在阶级社会中，不同阶级有不同的价值观念，价值观具有相对的稳定性和持久性。在特定的时间、地点、条件下，人们的价值观总是相对稳定和持久的。比如，对某种事物的好坏总有一个看法和评价，在条件不变的情况下这种看法不会改变。在不同时代、不同社会生活环境中形成的价值观是不同的。一个人的价值观是从出生开始，在家庭和社会的影响下逐步形成的。一个人所处的社会生产方式及其所处的经济地位，对其价值观的形成有决定性的影响。报刊、电视和广播等宣传的观点以及父母、老师、朋友和公众名人的观点与行为，对一个人的价值观也有不可忽视的影响。

价值观是人们对于什么是价值、怎样评判价值、如何创造价值等问题的根本观点。价值观的内容，一方面表现为价值取向、价值追求，凝结为一定的价值目标；另一方面表现为价值尺度和准则，成为人们判断事物有无价值及价值大小，是光荣还是可耻的评价标准。思考价值问题并形成一定的价值观，是人们使自己的认识和实践活动达到自觉的重要标志。

任何一个社会在一定的历史发展阶段上，都会形成与其根本制度和要求相适应的、主导全社会思想和行为的价值体系，即社会核心价值体系。社会核心价值体系是社会基本制度在价值层面的本质规定，体现着社会意识的性质和方向，不仅作用于经济、政治、文化和社会生活的各个方面，而且对每个社会成员价值观的形成都具有深刻的影响。

二、价值观的作用

价值观对于主体而言，具有以下主要作用。

1. 价值观具有行为导向功能

价值观是人们行为方式、生活道德选择的最根本动机之一。价值观对人的行为和生活发挥着重要的导向作用。比如对于金钱的概念，"拜金主义"者总是把金钱本身当作生活最为重要的因素，因此在利益的诱惑下丧失道德、迷失自我、唯利是图；而有些人则把金钱看作是证明自己能力的一种方式，这些人就普遍不会成为守财奴。

2. 价值观具有道德定向功能

价值观是关于是非对错，以及价值大小衡量的评价体系。价值观一旦建立，人们就形成了在道德层面的定向标准。那些与自己价值观相吻合的行为、语言和事件将得到内心的认同和支持；反之，则会受到内心深处的反对、谴责。人们的行为一旦与自身价值观相违背，就会出现理性的不安或者失衡。那些被认为理所当然的行为必然是与自我价值观相一致的行为。

3. 价值观具有认知反映功能

价值观能够反映主体对于世界和社会的认识和理解。价值观作为一种内心的价值和评判体系，能够综合反映出个体的认识程度和能力。在通常情况下，对于外部世界正确的认知能够帮助人们形成积极上进的价值观，而对于外部世界认知的不足与偏离则可能让人建立不正确或者错误的价值观。

价值观作为一种思想体系，具有层次性。就个体而言，处于其价值观最高层的是人生观和世界观，即人对于人生和世界的整体观念，第二层次的价值观则体现在基本生活方面。这一层面的价值观包括经济价值观、政治价值观、审美价值观、文化价值观等。第三层次的价值观就是目的性价值观。所谓目的性价值观是指对于具体生活情景的观念体系，对于自己具体生活状态的价值认识和评价。价值观的三个层次是彼此联系的动态体系。人生观、世界观是其他价值观的基础，决定着主体的基本价值取向，对于第二、第三层次的价值观形成具有导向性作用，每一层次价值观都是对上一层面观念的细化和具体化，也是对于上层价值观的表达。上一层次的价值观也规约着下一层次的价值观。

三、正确价值观的表现

对人生价值的看法，在整个人生观体系中具有重要地位，它在深层次上影响、制约和指导人们的实践活动，为人们的人生目的和人生态度的选择提供依据。当代大学生只有正确地理解人生价值的内涵，明是非、辨善恶、知荣辱，才能在实践中最大限度地创造人生的价值，成就人生的辉煌。实现人的自由全面发展是人类社会的最高建设目标，因此，与人的自由全面发展相符的价值观就是正确的。

1. 有利于人类整体的自由

对于人类整体而言，自由意味着对于自然束缚的摆脱，取决于人类自身改造自然的能力。而要提升人类整体对于自然而言的自由度，就必须探索、发掘自然规律和人类历史发展规律，遵循这些规律安排人类生活。求真、求知是人类进步的不竭源泉。尊重自然、社会发展规律是使人类整体获得自由的根本途径。任何人都不能违背自然和历史发展的趋势。

2. 有利于人性的发展

任何正确的价值观都必须以尊重人的主体性为基础。人的自由并不等同于脱离一切束缚。人作为社会化的动物，必须依照某种秩序行动。促进人的自由意味着人能够在社会秩序的规范中最大程度地展示自己的主体性。正确的价值观必然是尊重、促进人性发展的价值观。

四、正确价值观的培养

培养正确的价值观就是对个人进行价值引领。学会做人做事的观念、准则、规范。培养优秀的价值观必须做好以下三点。

1. 要对价值观有较全面的认识

（1）人类基本价值，即为全人类所普遍认可和提倡的价值，如人道关怀、同情感恩、自由平等、公平正义、尊重自然、尊重生命等。

（2）中华民族优秀传统价值是中华民族在历史发展过程中所积淀下来的积极的、健康的并被全民族共同认可的基本价值原则，如爱国、孝亲、仁爱、勤奋、礼让谦逊、恪守诚信等。

（3）现代社会价值是与当代社会经济发展相适应的价值观，如个体独立与自主、社会公正与平等、经济市场化等。

2. 要着力提高个人的价值判断能力

在价值多元和社会实践日趋复杂的今天，要做出理性的、正当的、合适的价值选择和判断，不是一件容易完成的事。需要全面正确地理解各种价值，并在个人实践中拥有价值判断能力。

3. 通过学习建立正确的价值观

结合学科教学有机地进行个人价值引领。学校里的各门学科知识都是建立价值观、人生观、世界观的基础，不同学科中蕴含着具体丰富、不尽相同的价值内容及形态，要积极有效地从课本中学习优秀的价值观。

五、价值观与职业发展

职业价值观指人生目标和人生态度在职业选择方面的具体表现，也就是一个人对职业的认识和态度以及他对职业目标的追求和向往。价值观测评会有助于职业决策和提高工作满意度。理想、信念、世界观对于职业的影响，集中体现在职业价值观上。经过大量的调查，职业价值观被分为八类并与不同的职业岗位相对应，如表 2-3 所示。

表 2–3　八种职业价值观对应岗位

价值观类型	类型特征	适应岗位
自由型（非工资生活者型）	不愿受别人指使，喜欢凭自己的能力拥有自己的独立空间，不愿受人干涉，想充分施展本领；希望在工作中能有弹性，不想受太多约束，可以充分掌握自己的时间和行动，自由度高，不想与太多人发生工作关系，既不想治人也不想治于人。	室内装饰专家、图书管理专家、摄影师、音乐教师、作曲家、编剧、雕刻家、漫画家等艺术性职业。
小康型	追求虚荣，优越感强。很渴望能有社会地位和名誉，希望常常受到众人尊敬；欲望得不到满足时，由于过分强烈的自我意识，有时反而很自卑。	记帐员、会计、银行出纳、法庭速记员、成本估算员、税务员、核算员、打字员、办公室职员、计算机操作员、统计员、秘书等。
支配型（权力型）	有较高的权力欲望，希望能够影响或控制他人，使他人照着自己的意思去行动；认为有较高的权力地位会受到他人尊重，从中可以得到较强的成就感和满足感。想当上组织的一把手，飞扬跋扈，无视他人的想法，为所欲为，且视此为无比快乐。	推销员、进货员、商品批发员、旅馆经理、饭店经理、广告宣传员、调度员、律师、政治家、零售商等。
自我实现型	不关心平常的幸福，一心一意想发挥个性，追求真理，不考虑收入地位及他人对自己的看法，尽力挖掘自己的潜力，施展自己的本领，并视此为有意义的生活。	气象学家、生物学家、天文学家、药剂师、动物学者、化学家、报刊编辑、地质学者、物理学者、数学家、实验员、科研人员、科技工作者等。
志愿型	富于同情心，把他人的痛苦视为自己的痛苦，不愿干表面上哗众取宠的事，把默默地帮助不幸的人视为无比快乐。	社会学家、福利机构工作者、导游、咨询人员、社会工作乾、社会科学教师、护士等。
技术型	认为立足社会的根本在于一技之长，因此钻研一门技术，认为靠本事吃饭既可靠，又稳当。	木匠、农民、工程师、飞机机械师、自动化技师、野生动物专家、机械工、电工、司机、机械制图员等。
经济型	认为世界上的各种关系都建立在金钱的基础上，包括人与人之间的关系，确信金钱可以买到世界上所有的幸福。	各种职业中都有这种类型的人。
享受型	喜欢安逸的生活，不愿从事任何挑战性的工作。	无固定职业类型，工作能够免于危险、过度劳累，免于焦虑、紧张和恐惧，使自己的身心健康不受影响。

价值观对个人的行为具有导向作用，支配着人们如何表达自己的情感、态度并左右自己的行为，在宏观上决定了个体是一个什么样的人，会采用什么样的学习和生存方式。我们必须摒弃不正确的价值观念，树立正确的人生观和价值观，这样才会在以后的学习生活中发挥人的主观能动性的强大作用。前进路上的困难是绊脚石还是踏脚石，取决于放脚的位置，放脚的位置取决于态度和能力。

第四节　能力

一、能力概述

能力跟事业发展之间有着不容置疑的直接关系。能力是一个人能否进入职业的先决条件，是能否胜任职业工作的主观条件。无论从事什么职业总要有一定的能力作保证。人在一生之中，要从事各种各样的社会生活和社会生产活动，必须具备多种能力与之相适应。我们这里所说的能力，是指劳动者从事社会生产活动的能力，也指职业工作能力。

二、能力分类及优秀能力表现

能力可分为一般能力和特殊能力两大类。一般能力通常又称为智力，包括注意力、观察力、记忆力、思维能力和想象力等，一般能力是人们顺利完成各项任务都必须具备的一些基本能力。特殊能力是指从事各项专业活动的能力，也可称之为特长，如计算能力、音乐能力、动作协调能力、语言表达能力、空间判断能力等。由此可见，能力是一个人完成任务的前提条件，是影响工作效果的基本因素。在自我管理方面应该具备九项自我管理的能力，可以结合自己的实际情况，有目的地去锻炼提升自己。

1. 角色定位能力——认清自我价值，清晰职业定位；
2. 目标管理能力——把握处世原则，明确奋斗目标；
3. 时间管理能力——学会管理时间，做到关键掌控；
4. 高效沟通能力——掌握沟通技巧，实现左右逢源；
5. 情商管理能力——提升情绪智商，和谐人际关系；
6. 生涯管理能力——理清职业路径，强化生涯管理；
7. 人脉经营能力——经营人脉资源，达到贵人多助；
8. 健康管理能力——促进健康和谐，保持旺盛精力；
9. 学习创新能力——不断学习创新，持续发展进步。

三、能力的培养

能力是完成一项目标或者任务所体现出来的综合素质。能力是直接影响活动效率，并使活动顺利完成的核心。能力总是和人完成一定的实践相联系在一起的。离开了具体实践既不能表现人的能力，也不能发展人的能力。

如何提高个人能力，可以从以下三个方面入手。

1. 要树立不断学习的理念

学习是一场革命，是创新的基础，是一个开拓视野、塑造自我的过程，是一个丰富思想、加深认识的过程。学习不但能增长我们的知识，还能让我们在面对复杂的工作时，具有头脑清醒、处置得当、应对及时的工作能力，让我们在工作中能够开拓创新、与时俱进。学生在校期间要努力学习各专业课程，扩展自己的知识面，为进入社会接触学习更多的专业知识打下一个好的基础。

2. 要树立善于思考和勇于创新的意识

古人云"学而不思则罔，思而不学则殆。"勤动脑，勤思考，才能把学到的知识转化为能力。知识的应用过程要有创新，创新要从实际出发，不能为了创新而创新。保持创新的同时还应注意对优秀传统思想的师承。

3. 要具备爱岗敬业和无私奉献的精神

在实际工作中，不是被动服从，要积极主动；不是粗枝大叶、要尽职尽责；充分认识到工作的本质就是责任。只有有了强烈的责任意识，才会在工作过程中发挥主人翁作用，用工作磨砺自己，在工作中不断提升个人的能力。

四、能力与职业发展

发挥自己的长处和优势，通过学习使长处更长，优势更优。职业发展和高度能力之间，有直接的关联。高度能力，不是抽象的素质，可通过职业角色得以表现。吴静吉教授提出了八大智慧类型的核心能力与职业对应关系，如表2-4所示。

表 2-4 八种智慧类型的核心能力对应岗位

能力类型	类型特点	适应岗位
人际智慧（同理心能力）	能够倾听别人，深入别人的感情和思考天地，理解别人的不同观点，进而以开放的心胸欣赏、思考不同的观点，最后能设身处地而与他人产生有意义、有成长性的互动关系，所以不管是教导别人、被教导或平行关系都能够有效从事团队合作。	校长、教师、传教者、谈判协调专家、团体活动带领者、企业家、政治家、行销人员、公关专家、心理学家、人力资源管理师等。
内省智慧（自我反思能力）	能够了解自己的优缺点、定位和目标，能够有效地自我调节及规划自己的生涯，这项智慧包括了解自己，能意识到内在情绪、动机、脾气和欲求，有自律自尊自知之能力。	哲学家、科学家、宗教家、临床心理学家、精神科医师等。
语文智慧	以语言思考、表达和沟通，对语文的声韵、结构、意义和功能的感觉敏锐，这些潜能表现在口语表达技巧、修辞技巧或写作技巧方面，进而表现在运用语文创造方面。	诗人、编辑、记者、作家、演说家、相声演员、脱口秀演员、节目主持人、语言老师、剧作家等。
视觉空间智慧（图像思考或三度空间思考）	在没有具体的物件时，能在脑海中产生意象而让这些意象发生互动的关系，所以擅长构图、重组物件、转换空间，在混乱空间中找到定位。	画家、雕塑家、美工设计、建筑师、室内设计师、服饰设计师、电脑绘图、景观设计、港口领航员、机械设计、美术工艺教师、探险家、艺术学者或研究人员等。
音乐智慧	对节奏、音阶、音色等的感觉敏锐，也能用这些能力来思考，擅长对声音的记忆分析或利用声音来创造，这些能力表现在声音、乐器的弹奏、作曲与欣赏评论等。	声乐家、歌星、各种乐器演奏者、作曲家、编曲家、音响、音控、配音专家、调琴师、音乐教师、指挥、音乐学者或研究人员等。
肢体动觉智慧	拥有部分或整体的身体思考、表达、运作的能力，在需要部分或全体肌肉协调或平衡方面的能力，或者在操作或表演时，要使用全体或双手的灵巧度及技巧性。	编舞、动作设计、舞者、演员、默剧、喜剧演员、运动员、外科医师、舞蹈、体育教师、武术等。
数理逻辑智慧	擅长逻辑推理，能运用程式找出组型和因果关系，解决问题能力的表现突出，科学推理、策略游戏方面表现优秀。	物理学家、数学家、科学家、律师、精算家、会计师、推理小说家、成功办案人员、工程师、软体设计师、数理老师、科学研究人员及学者等。
自然博物智慧	能够辨别进而分类自然界中个体、物种与生态的关系与生物的互动。自然博物智慧会自然地联想到自然界的动植物、矿物以及其他的山水。	植物学家、医生、医学研究人员、生物科技、遗传工程、考古学家、农业研究者等。

如果你的工作职位确实需要这种能力，那就必须补上这个"短板"。比如，沟通能力是管理者最基本的素质要求，如果你要想在管理岗位上有所发展，你就必须补上这一课，否则你无法有更好的职业发展。假如你的性格和习惯无法改变，你就应该考虑是不是需要转换职业。

练一练

从性格、兴趣、价值观、能力四个方面对自己进行分析，找到适合自己的职业方向。

测一测

MBTI 职业性格测试见附录一。

第三章　专业认知与职场

　　高度的社会化分工为某一特定人群的工作内容进行了规划、设计和研究，促进了新职业的专业化传播。以教育、工业等现代科学技术迅猛发展为基础的现代专业因此应运而生。

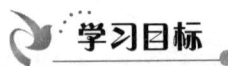

知识目标

1. 专业与职业的内涵
2. 大学所学专业与职业选择关系
3. 职业选择的原则及策略
4. 岗位任职要求及职业发展轨迹
5. 职业信息的获取途径

能力目标

1. 掌握专业概念并了解专业构成
2. 掌握职业素质的构成
3. 掌握正确进行职业选择的策略方法
4. 了解岗位认知要求并能正确分析当代职业发展趋势
5. 掌握职业信息收集途径和使用策略

第一节　专业的内涵

案例导入

　　小周第一天来学校报到时，向学院提出了转专业申请，并向老师提出了自己的问题：我目前比较困惑，老师和父母都希望以成绩为主，让我选一个好点的专业，可是我还是想学个自己喜欢的专业。今天来就是想知道怎样能把成绩和喜好结合起来。

　　经过老师与小周的深入交流，老师发现小周英语和数学成绩比较好，但不喜欢选择英语相关专业，性格文静，不喜欢做拆装之类的事情，但喜欢与人交往。

　　最后，小周选择了电子商务专业。三年的高职学习即将结束，她对未来的就业很有信心。她说："很庆幸在重新选择专业时，老师给予引导，对录取学院各个专业设置和培养目标做了很多分析工作，了解了所要学习的专业的内容，现在我在大学里的学业很顺利，也很顺心。"

一、专业的定义

专业一般指高等学校或中等专业学校根据社会分工而划分的学业门类，是依据确定的培养目标而设置的教育基本单位或组织形式。高等学校中的专业，是社会分工、学科知识和教育结构三位一体的组织形态，其中社会分工是专业存在的基础，学科知识是专业的内核，教育结构是专业的表现形式，三者缺一不可，共同构成高等学校人才培养的基本单位。

二、专业的划分

专业的划分一般是按照社会对不同领域和职业岗位的专门人才需求来进行的。以不同领域的专门人才需要什么样的知识结构作为基础，不同专业以此来设置相应的人才培养目标、模式及课程。

高职专业设置体现了高职的高等教育属性，课程组合科学、合理，能够满足学生终身发展的需要。专业目录是高校人才培养方面具有方向性、指导性的基础工程。2004年底，我国首次为高等职业教育和高等专科教育量身打造了专业目录，并要求次年招收的新生全部按新目录进行专业培养。

三、专业的构成

我国的高等院校，根据国家建设需要和学校性质设置了各种专业。各专业都有独立的教学计划和与之配套的专业人员，以实现专业的培养目标和要求。这就涉及专业的构成三要素，即：专业培养目标、课程体系和专业人员。

专业培养目标即专业活动的意义表达，培养目标对整个专业活动起导向和规范作用。

课程体系是社会职业需要与学科知识相结合的产物，是专业活动的内容和结构。课程体系的设置合理与否、质量高低、实施效果好坏，将直接影响人才培养目标能否实现。

专业人员主要包括教育者和受教育者，没有"人"的介入，专业活动就不可能完成。

四、专业学习的重要性

对每个高校学生来说，抓住在校学习的机会，努力学好专业知识和技能，积极拓展专业能力和素质，对实现职业生涯规划具有重要意义。

1. 学好专业是顺利就业的必备条件

扎实的专业知识和技能是就业的必备条件。无论在什么岗位上，没有一定的专业知识和专业技能，都无法履行岗位职责来完成工作任务。在就业竞争日趋激烈的新形势下，只有具备扎实的专业知识、过硬的专业技能和较高的职业素养，才能在就业竞争中占有优势，为顺利就业创造有利条件。

2. 学好专业是实现职业生涯目标的基础

只有完成学业，学好所学的专业知识，才能找到与专业相应的职业，并在所从事的职业领域内灵活运用专业知识，充分发挥专业特长，出色完成工作任务。这是一个人职业生涯发展的基础，也是实现职业生涯目标的基础。

3. 专业与职业相互联系、相互促进

由于社会分工，人们从事着不同的职业。学校所设置的专业是学业分类，它是从学科与技术角度进行划分的，所以，专业和职业既有区别，又密切联系。

一个具体的专业，它与职业的对应关系可以是一个职业岗位，但更多的情况是一个专业对应一个职业岗位群或职业领域。职业岗位群一般由工作内容、社会作用相近，从业者所应该具备的素质接近的若干个职业岗位构成。如机械设计与制造专业，毕业生所对应的职业岗位有机械设计、加工工艺制定、工艺装备设计、工程软件应用、数控编程、数控机床操作及技术管理等。不管什么专业，学校在制定人才培养方案时都明确该专业毕业生的就业方向或职业岗位群。

所以，大学生在校学习期间，除了学好专业知识，练习好专业技能外，还应该培养职业素养，熟悉与自己所学专业对应的职业群，关心、关注这些职业或职业群的变化情况。

中国未来社会对人才的需求趋势

根据人社部、各类全国性专业协会以及国家有关部门相关资料统计显示，未来十年中国将急需以下16类人才。

（1）会计类。随着多种类型的经济实体不断涌现，随着社会经济的发展和财务管理的规范化，会计师的需求幅度增加较大，尤其是熟知业务和国际事务的会计师将成为热门人才。

（2）法律类。目前中国各类律师奇缺，近十年内将有大量需求。随着中国对外经贸往来的进一步增多和对外交流的加深，深熟国际法则的律师将扮演举足轻重的角色，通晓国内外法律的人才也将受青睐。

（3）计算机应用类。为某一行业（如银行、医院、通讯、政府部门等）的需要而进行电脑软件与硬件的设计、开发、管理的技术专家在将来会逐渐走红，相关的热门人才为程序设计师、网络管理专家、4G/5G技术应用人才。

(4) 环境类。随着环保意识的增强，社会对环境人才的需求将呈上升趋势，相关热门人才为工业卫生学者和毒物学者、生物环保、化学环保、工业环保等人才。

(5) 咨询服务类。咨询服务将渗透到社会的各个行业，同时现代社会对咨询精确程度要求提高，使得该行业日益走俏。此类人才需要经济、金融、统计、计算机等专业知识为一体的通才。

(6) 保险类。天灾人祸的频繁出现以及未来社会对理赔速度的要求，使索赔估价员的作用越来越大。

(7) 医学类。21世纪，中国人口老龄化问题比较严重，老人医学将变得十分重要。

(8) 个人服务类。来自人口老化及医疗超支两方面的压力，使得家庭护理成为需求量较大的行业。相关热门人才为熟知护理学的家庭服务员和幼儿教师。

(9) 营销类。中国商业、金融业的繁荣需要一批熟悉业务、思维敏捷、善于公关的推销员，特别是需要从事证券及金融等方面的业务代表，以及通信设备的业务员。

(10) 公共关系类。企业家们越来越重视自身企业的形象设计问题，企业需要高素质的公关人才。

(11) 社会工作类。市场竞争、人才竞争的加剧，生活节奏的加快，导致人们心理健康问题越来越突出，私人心理治疗师、家庭（社会）问题分析专家等将成为热门人才。

(12) 健康医药类。随着经济社会的发展和人们生活水平的提高，健康问题已成为人们最为关切的事情。

(13) 工程类。尤其是需要相关的环保、土木和工业工程专门人才。

(14) 生物科学类。蛋白质的药物价值决定了生物化学的光明前景，新的药物不断被生物化学家开发出来，社会也不断期望有新的开发。相关的热门人才为分析化学和药理学专门人才。

(15) 旅游类。旅游业在21世纪将继续长足发展，境（国）外人员将大量进入中国旅游观光，内地也将有大批人员出境（国）观光、考察，对旅游代理公司的需求也将大幅度增加。

(16) 人力资源类。各种各样的竞争，归根到底是人才的竞争。

第二节　职业的内涵

一、职业的概念

职业从词义的角度看，由"职"和"业"构成，"职"是指职位、职责、职权和义务。"业"是指行业、事业、专业和业务。职业是一种社会现象，是社会分工的产物。因此，所谓职业是指参与社会分工，利用专门的知识和技能，相对稳定地创造物质财富、精神财富，并获得合理报酬的社会劳动。

对职业的理解包括以下几方面内容。

第一，职业是社会分工的产物，只有当某项社会劳动具有足够的重要性，才能够吸引劳动者长期稳定地投入其中，从而成为职业。

第二，职业是劳动者获取现金或实物报酬的重要形式，是谋生和发展的重要基础。

第三，职业是在一定社会历史条件下形成的，在一定时期内具有相当的稳定性和持续性。

第四，职业是劳动者在劳动中获得社会角色，并为社会承担一定的义务和责任，劳动者必须要按这一社会角色的行为规范去行事。

第五，职业为劳动者发挥知识和技能提供了平台，为其实现自我价值和社会价值提供了可能。

二、职业的要素

职业要素体现了社会整体依靠个体通过职业活动来推动和实现发展目标，个体则通过职业活动对整体做出贡献，并索取一定的报酬以维持生活，是个体与社会的连接点，整个社会因众多的职业分工和劳动者的工作而构成了人类共同生活的基本结构，其要素包含以下五点。

1. 职业名称

职业的符号特征，它一般由社会通用的称谓来命名。如出租车司机、警察。

2. 职业主体

指具备职业活动所需要的任职资格和能力，从事一定社会分工的劳动者。

3. 职业客体

职业活动的工作对象、内容、劳动方式和场所等。

4. 职业报酬

通过职业活动所取得的物质财富和精神财富。

5. 职业技术

劳动者在从事职业活动中所运用的自然技术、社会技术和思维技术的总和。

三、职业的特征

1. 社会性

职业的社会性主要表现在职业与社会分工紧密相连，有些职业随着社会分工的发展而逐步缩小，甚至逐渐淘汰而消亡，同时，也诞生了一些新的职业，如网络营销师等。

2. 广泛性

随着科学技术的进步、劳动工具的改进和生产的社会化，社会分工越来越细，职业越来越多。同时，由于职业涉及社会的大部分成员，也涉及社会的经济、政治、心理、教育、技术、伦理等许多领域，因此具有广泛性。

3. 层次性

从社会需要的角度看，职业没有高低贵贱之分，但现实生活中由于对从业者的素质要求及人们对职业的看法或舆论评价的不同，不同职业有了层次之分，如从纵向级别层次上分为中央、省、市、县、乡的级别层次。

4. 差异性

我国自古有"三百六十行"之说，每种职业都需要特定的知识和技能，这也就决定了不同职业的劳动条件、工作性质和福利待遇等都不相同，并随着社会的进步和发展，各种职业之间的差异也在不断变化。

5. 专业性

每一种职业都需要专门的知识、技能和特定的职业道德品质，只有具备了特定的条件，才能胜任所对应的职业。例如，从事数控机床加工，需要有机械原理、机械制图等方面的知识，还应具有一丝不苟的工作态度和作风。职业的专业性和技术性要求会随着科学技术的进步越来越高。

6. 相对稳定性

对整个社会而言，需要将一部分劳动者长期稳定地安置在社会分工体系的岗位上，从事某项专门活动来保证社会的正常运转和发展。如军人、医生、警察、教师等。但对个体劳动者来说，职业的稳定性是相对的，大部分人可能在较长时间内持续从事某种职业，但也有少部分人比较频繁地换工作。

四、职业的分类

在日常生活中，人们习惯使用的"工种""岗位"等概念，实质上就是将职业按不同需要或要求进行的具体划分。通常，一个职业包括一个或几个工种，一个工种又包括一个或几个岗位。因此，职业与工种、岗位之间是包含和被包含的关系。例如"焊工"职业就包含"电焊工""气焊工"等12个工种；同样是负责"销售"的工种，可以细分为销售经理、市场专员、客户代表、终端服务员、大客户专员等不同岗位。

所谓职业分类，是指按照一定的规则和标准，把一般特征和本质特征相同或相似的社会职业归纳到一定类别系统中去的过程。这不仅是进行产业结构、产业组织及产业政策研究的前提，同时也是对劳动者及其劳动进行分类、分级和系统管理的需要。

1. 按劳动性质和层次分类

按脑力劳动和体力劳动的性质、层次进行分类，可将工作人员分为蓝领工作人员、白领工作人员和金领工作人员3类。

蓝领是指以实际动手能力为判定标准，具有丰富的操作经验和高超的操作技能，能够传授操作技巧的人才。

白领是指受过良好教育，因出色的工作技能而被老板聘用，工作上能独当一面，既能积极乐观地面对困境，又能稳重妥善地处理突发事件的人才。

金领是指受过良好教育，具有相当的经营策划能力和一定的社会资源关系的人才；不一定拥有生产资料所有权，但拥有一个公司或企业最重要的技术和经营权。

2. 按心理的个别差异分类

美国著名的职业指导专家霍兰德创立的人格与职业类型匹配理论，把职业类型划分为6种，即现实型、研究型、艺术型、社会型、企业型和常规型。

3. 按工作性质分类

按照2015年版《中华人民共和国职业分类大典》，职业分类结构为8个大类、75个中类、434个小类、1481个职业，新增了大数据、人工智能等职业。我国职业按工作性质分类如表3-1所示。

表3-1 中国的职业分类

序号	职业名称
第一类	党的机关、国家机关、群众团体和社会组织、企事业单位负责人（6个中类、15个小类、23个职业）
第二类	专业技术人员（11个中类、120个小类、451个职业）
第三类	办事人员和有关人员（3个中类、9个小类、25个职业）
第四类	社会生产服务和生活服务人员（15个中类、93个小类、278个职业）
第五类	农、林、牧、渔业生产及辅助人员（6个中类、24个小类、52个职业）
第六类	生产制造及有关人员（32个中类、171个小类、650个职业）
第七类	军人（1中类、1小类、1细类）
第八类	不便分类的其他从业人员（1中类、1小类、1细类）

4. 按产业分类

一般来说，产业的划分是以劳动性质、作用和内容的同一性为标志，通常分为三大产业部门。

（1）第一产业是农业，包括种植业、林业、畜牧业、渔业等。农业是国民经济的基础，是人类粮食和其他生活资料的来源，也是许多工业原料的提供者。

(2) 第二产业是工业、建筑业。作为国民经济的支柱，工业在许多国家的国民经济中都起着主导作用。工业包括冶金、煤炭、石油、机械、电子、纺织、化工、食品等，是采掘自然资源和对原材料进行加工的物质生产部门；建筑业则是从事建筑和安装工程施工的社会生产部门。

(3) 第三产业是除第一、二产业以外的流通和服务类产业部门。具体可分为4个部门：

① 流通部门，包括交通运输业、邮电通信业、商业、饮食业、物资供销和仓储业等；

② 为生产和生活服务的部门，包括金融、保险、房地产、公共事业、居民服务、旅游、咨询信息服务业和各类技术服务业等；

③ 为提高科学文化水平和居民素质服务的部门，包括教育、文化、广播电视业、科学研究事业、卫生、体育和社会福利事业等；

④ 为社会公共需要服务的部门，包括国家机关、党政机关、社会团体以及军队和警察等。

五、职业的意义

1. 职业对个人的意义

职业对于个人的意义有以下三个方面。

(1) 职业是个人谋生的手段

职业生活是构成人生的重要组成部分，个人的职业生活首先表现在必须参加社会劳动来获取生存必需的物质资料，实现个人和家庭生存的需要。解决好就业问题，是个人安身立命之本，是人最根本的需要。

(2) 职业使人获得社会归属感

职业为个人的生存和发展提供了最普遍的社交场所，满足了人们对归属和爱的需要。个人的价值必须通过社会职业才能表现出来，择业的成功和职业上的成就，能够满足人们实现社会价值的需要，使其成为在社会中有所作为的人，从而满足其受到社会尊重的愿望。

(3) 职业是促进个性发展的手段

世界上没有完全相同的人，这种个体差异有先天的生理和心理上的原因，但更主要的是由后天环境、教育、机遇所形成的，比如，军人、教师、艺术家各有特质。人们可以通过对职业的选择来发挥特长、满足兴趣、实现理想。同时人们根据社会发展和职业的需求，不断地完善自我，促进自身的全面发展。

2. 职业对社会的意义

人类社会的生存与发展都是基于劳动创造实现的，没有每个人的劳动创造，也就没有人类社会的进步和发展，职业是社会存在和发展的基础。因此，职业具有重大的社会意义，其意义和作用有以下几点。

（1）职业是社会存在的基础

职业的内容结构和形式是社会经济制度的重要组成部分，是社会经济发展水平的体现。

（2）职业是社会发展的动力

在人类历史进程中，不同的社会生产活动形成合力，共同推动社会发展，而社会进步就体现在各行各业的具体劳动当中。

（3）职业是社会控制的手段

职业提供了满足个人需求和愿望的条件，从而达到安居乐业的目的，也就相应减少了各种社会问题的发生。

六、职业素质

职业素质是从业者在一定生理和心理条件基础上，通过教育、劳动实践和自我修养等途径形成和发展起来的，是一种内在基本品质，在职业活动中发挥着重要作用。对职业素质的认识和理解应从以下四个层面进行。

1. 职业道德

职业道德是适应各种职业活动的要求而产生的道德原则、规范及相应的道德品质，是占一定社会主导地位的道德在职业活动中的具体体现。例如，医务人员对不同社会地位、政治派别和宗教信仰的病人，要一视同仁给予治疗，要树立献身医疗事业的精神等。

2. 职业意识

职业意识是从业者在特定的社会条件和职业环境影响下，在岗位任职实践中形成的某种与所从事的职业有关的思想和观念，是人在职业问题上的心理活动。它包括敬业意识、诚信意识、团队意识、自律意识、学习意识等。

3. 职业能力

职业能力是人们从事某种职业的多种能力的综合。例如，一位教师不仅要具有语言表达能力，还必须具有对教学的组织和管理能力，对教材的理解和使用能力，对教学问题和教学效果的分析、判断能力等。

4. 职业态度

职业态度是指个人职业选择的态度，包括选择方法、工作取向、独立决策能力与选择过程等，简而言之，职业态度就是指个人对职业选择所持的观念和态度。

练一练

1. 职业的要素有哪些？
2. 职业的特征是什么？
3. 谈一谈你今后打算从事哪些职业？你所期望的职业需要具备哪些职业素质？

第三节　所学专业与职业选择

一、职业选择的概念

职业选择，就是择业者根据自己的职业理想和能力，从社会上的各种职业中选择适合自己的职业的过程。任何已经具备劳动能力的人，都要进入社会职业领域选择特定的职业。在职业选择过程中，择业者不仅要考虑到个人的需要、兴趣、能力等因素，还要考虑社会发展的需要。

从个人角度来看，职业选择有助于达到个人的人生目标。从社会角度来看，职业选择将满足一定的社会要求。只有将二者辩证地统一起来，才能使职业选择的价值得到体现。

二、职业选择的类型

从社会的角度看，人的职业选择可以分为以下几种类型。

1. 标准型选择

标准型选择，即在人的职业生涯历程中顺利完成职业准备、职业选择、职业适应期，比较成功地进入职业稳定期。

2. 先期确定型选择

先期确定型选择，即人们在职业准备期接受方向明确的职业，通过相应的专业教育以达到用人单位的职业要求。

3. 反复型选择

反复型选择，即当一个人走上工作岗位选择职业时，不能顺利完成职业适应，或者随着自己的职业期望值的提高，导致的两次或多次选择。

三、影响职业选择的要素

1. 职业能力

（1）职业能力的含义

从心理学角度讲，能力是指完成一定活动的本领，它包括完成活动的具体方式以及顺利完成活动所必需的心理特征。职业能力是职业领域中的"能向",每一种具体的职业都有不同的职业能力的要求,这就要求从事某一种职业的人具有特定的职业能力。这正是职业选择最根本的条件。

(2) 职业能力形成的条件

职业能力的形成是一个长期的过程,通常要经过相当长时间的学习以及一定的实践活动才能完成。人的职业能力的形成需要由先天条件、后天教育以及职业实践活动等条件共同发挥作用。

(3) 职业能力的变化

职业能力形成后,随着时间和内、外部环境条件的变化,也会发生一定的变化,其变化的类型包括下述三个方面。

① 强化。人们通过长期特定职业的劳动,会积累丰富的经验,通过各种形式的加强学习,会掌握广泛、深入的理论知识,使得职业能力大大增强。

② 弱化。弱化又分为相对弱化、绝对弱化两种类型,相对弱化指人的能力不变的条件下,由于客观物质条件的变化如设备更新、工艺技术难度增加,导致的职业能力相对下降;绝对弱化指人们自身条件的变化所导致的职业能力下降。

③ 转化。转化即职业能力方向发生转移。这种转移往往以原有的职业能力为基础,转移到与其相似、相关联、相交叉的职业方面。这种转化形成以后,原有职业能力可能减退,可能维持,也可能得到强化,形成"一专多能"的更高等级的职业能力。

2. 职业意向

(1) 职业意向与选择

职业意向,是指个人对于社会职业的评价和选择偏好。一个人可以对社会上各种各样的职业作出评判:哪个最好、哪个较差、哪个自己最适宜、哪个自己不愿从事、哪个自己难于胜任等。这些都体现了个人的职业意向。

在人们的思想观念中,众多的职业可以按照一定的"好""坏"标准顺序进行排列,从而成为一个职业系列。决定其"好""坏"的标准主要有职业的社会地位、劳动强度、劳动报酬、个人兴趣、才能的发挥、工作环境、职业的社会意义等因素。因此,把握人的职业意向是促进人的职业选择合理化的途径。

(2) 影响职业意向的因素

人的职业意向一般要经过萌芽期、空想期、现实期后,才能比较清晰地确定下来。其影响因素如下:

① 个人的生理条件与心理特征;

② 教育状况,包括各个时期接受教育的内容,以及最后达到的教育水平和专业;

③ 家庭影响,尤其是父辈及兄长所从事职业的范例作用;

④ 社会习俗、风尚、传统及多种环境;

⑤ 个人的年龄、阅历（特别是其职业经历）及个人对经济的考虑；

⑥ 社会的人力需求状况，以及职业信息的传播；

⑦ 社会政策对于职业方向的导向作用；

⑧ 职业知识教育和社会的职业指导。

(3) 职业意向的变化

造成职业意向变化的原因主要有：最新职业信息的获得；个人所面对的各类现实职业机会；职业适应状况（适应或挫折）；对于某一职业内容的深入了解（一般在从事该职业较长时间后）；接受较高等级的教育培训；个人阅历的增长；企业、事业、机关等用人单位的培训和职业生涯指导等。

3. 职业岗位

职业岗位是人们进行职业选择的对象和前提，一个人能选择某种职业并在该岗位就业，除去走创业道路外，绝大部分都必须要以这种职业有空缺、需要招收人员为前提。同时，不同的职业岗位具有不同的劳动特点，它们对求职人员的能力及其他条件进行评价和选择。

四、职业选择的原则

1. 客观原则

从客观实际出发是个人进行职业选择的首要原则。具体来说，客观原则包括三个方面。

(1) 个人素质条件

要做到正确选择职业，首先要做到正确了解自己、把握自己，即要把个人的职业意愿和自身素质相联系，给予充分考虑，估计自己能否胜任某项职业的要求。

(2) 社会需求的可能性

选择职业，必须考虑当前社会上实际存在的职业岗位，考虑其需要，而不能只考虑自己的主观意愿。

(3) 基于现实的选择

当一个人原来的就业意愿暂时不能得到满足时，要根据社会需要作出别的选择。

第一，根据社会需要作出新的选择，走另一条职业道路。

第二，选择一种与自己的理想职业相接近的职业，继续接受教育培训，积累就业条件。

第三，先到社会上容易就业的职业岗位上去工作，再根据自己在这一职业的工作情况，决定是否进行职业流动。

2. 主动原则

对于要就业的人来说，不应消极地待业，应积极准备就业条件，如参加就业培训，留心收集各种职业知识和用人信息，寻求父母、兄长、同学、老师、同事、朋友的各种帮助等。

3. 匹配原则

每个职业岗位都有特定的工作内容、岗位规范和对从业者的素质要求，一个人的择业意愿决定了其所看中的职业类别，但是个人的从业条件与职业岗位要求能否相匹配是至关重要的。

4. 比较原则

(1) 个人和岗位的比较

职业选择是岗位和个人双方间的相互选择，因此，在职业选择中必须把个人和岗位结合起来相互比较，看岗位对个人的要求和个人对岗位的适应能力是否协调一致。

(2) 几个职业间的比较

在职业选择初期，人们的职业兴趣往往比较广泛，而不是局限于某个职业；此外，社会提供的职业岗位也不会局限在一两种职业上。这就使得求职者面临如何从几个可以从事的职业中选取适合于自己职业的问题。

5. 主次原则

选择职业时要有主有次、有取有舍。在个人职业选择的各项标准中，有些是合理的希望，有些是非分之想；有的是现实、客观的因素，有的是虚幻、主观的考虑；有的确实非常重要、缺之不可，有的则是可以舍弃的。

五、专业与职业选择的包含关系

通过近年来对毕业生的跟踪调查分析，发现专业和从事的职业主要有以下五种关系。

1. 专业包容职业

在专业的领域内发展职业，个人的职业发展基本上限制在专业领域内。其特点是个人选择的职业与所修的专业高度一致。

2. 专业为核心

以专业为核心发展职业。其特点是个人选择的职业与所修专业较为一致，但是职业发展明显超越专业领域。

3. 专业与职业部分重合

以专业为基础发展职业，一生的职业发展建立在专业基础上，有重点地沿某个方向发展。其特点是个人选择的职业与所修专业部分一致，在重点掌握某些专业技能的同时，注重其他领域的发展。

4. 专业与职业有关但没有重合

一生的职业发展与专业基本无关或在专业边缘发展职业。其特点是个人选择的职业与所修专业基本不一致。

5. 专业与职业分离

一生的职业发展与专业完全无关。其特点是个人选择的职业的工作内容和技能要求与所修的专业很不符合。

六、职业锚

职业锚就是指当一个人不得不做出选择时，他无论如何都不会放弃职业中哪种至关重要的东西或价值观。

1. 技术型职业锚

这一类型的人在进行职业选择时，总是围绕着技术能力或业务能力的特定领域安排自己的职业，根据能否在该领域最大限度地发挥才干为标准进行工作交流，这些特定领域包括工程技术、财务分析、营销策划和系统分析等。他们对自己的认可来自于专业水平，喜欢面对专业领域的挑战。如咨询公司的项目经理、工厂的技术员、企业中的研发人员、统计人员和会计人员等。

2. 管理型职业锚

管理型职业锚的人把管理本身作为职业目标，而具体的技术工作或职能工作仅仅被看作是通向更高管理层的必经阶段。他们认识到在一个或多个职能领域展现能力的必要性，却没有一个职能领域能让他们久留。他们想去承担整体的责任，如市长、局长、校长、厂长和总经理等。

3. 创造型职业锚

创造型职业锚的人时时追求建立或创造完全属于自己的成就。他们要求拥有自主权、管理能力和施展才华的特殊能力，创造是自我发展的核心。他们敢于冒险，具有形形色色的价值观和动机。他们宁愿放弃发展机会，也不愿意放弃自由与独立，比如发明家、冒险性投资者、产品开发人员和企业家等。

4. 自主与独立型职业锚

自主与独立型职业锚的人追求最大限度地摆脱组织约束，施展自己的职业能力。认为组织生活是受限制的、非理性的，侵犯个人自由的。因此，他们更喜欢有独立性和自主性的职业，随心所欲地制定自己的步调，掌控自己的生活方式和工作习惯，如学者、科研人员、职业作家、个体咨询人员、手工业者和个体工商户等。

5. 安全型职业锚

安全型职业锚的人倾向于按照组织对他们提出的要求行事，力图寻求一种稳定的职业、稳定的收入和稳定的事业前途。因此，他们比较容易接受组织的工作安排，相信组织会根据实际情况秉公办事。尽管有时他们可以达到一个高的职位，但其实并不关心具体的职位和具体的工作内容。

职业锚的五种类型不一定能涵盖所有的职业类型，在一个人的职业早期阶段，也没有明显的可分类型。但是，每个人都有适合自己的职业锚，每个人的职业选择只有定位在适合的职业锚上，才能取得与能力相称的业绩，从而获得人生满足感。职业锚理论为大学生的职业选择提供了独特的视角和全新的理论基础。大学生就业时，如果能发现自己的职业锚，明确职业定位，那么就会少走弯路，及时找到满意的工作单位。

七、职业选择的策略

职业选择策略大致可以分为：探索性策略、以专业为重点的策略、以工作单位为重点的策略和稳定性策略。

1. 探索性策略

当人们刚涉足职业领域时，往往对自己所选择的新的生活模式不能完全把握。这时就可以运用探索性策略，也就是试验的方法，即把自己生活的一部分转向新的生活模式。通过一段时间的实践，试探这种新的生活模式是否适合自己，然后决定自己未来的职业方向。探索性策略只是帮助人们在多种职业中选择一份较为理想的工作，它是暂时性的。通过尝试，人们可以在特定的时间里，看看自己在某一领域或某方面所能取得的成绩，然后根据自己的体验和成绩，做出更有远见、更确实可靠的决定。

2. 以专业为重点的策略

以专业为重点的策略是指在择业时，将"专业对口"作为考虑的重心。这对学习过一定的专业知识和接受过一定职业训练的人来说，专业内容是他们曾经定向并为之准备而相对熟悉的东西。

采取以专业为重点的择业策略的人，在选择专业之初就已经基本上限定了自己今后的发展方向和前进道路，并在职业选择时有明确的目标、足够的兴趣和信心，追求学以致用和才能的施展。

3. 以工作单位为重点的策略

不同的单位，由于其所处的地理位置、文化氛围和社会历史背景等不同，逐渐形成了独特的风格和传统。不同的人正是看到了工作单位所代表和蕴藏的不同内涵和不同前景，在择业时把工作单位作为首要考虑对象而作出选择。

4. 稳定性策略

"求稳拒变""安居乐业"仍不失为一些人追求的生活模式。相应地，在择业中，便产生了稳定性择业策略。选择稳定性择业策略的人，主要追求的是职业生活中三方面的稳定性：工作性质的稳定性；工作内容的相对稳定性；稳定工作能给予人的地位、待遇等方面较为稳定的保障。

练一练

1. 你怎么看"性格决定命运"这句话?
2. 高职高专院校专业设置原则与教育特色是什么?
3. 职业选择的类型有哪些?
4. 职业选择的原则是什么?
5. 请阐述下职业锚理论。
6. 职业选择的策略有哪些?

第四节　岗位任职要求及职业发展轨迹

案例导入

小金在大学学习的是动画专业。毕业之后,他来到一家网游公司工做美术指导,如人物动作、场景变化等。虽然工资比较高,但工作很累,再加上行业变数非常多、压力也非常大,他慢慢失去了信心。

没多久,小金辞职去了一家广告公司,做设计总监助理。这份工作稍微轻松一点,而且在这一行创意永远比无价值的重复劳动重要,再加上市场环境不错,小金能给公司带来巨大收益。小金在这家公司干得不错,在任职将近一年的时候,总监突然要拉着他一起创业,因为这一年的工作让双方都产生了一定的信任和默契,出去创业对小金的职业生涯来说,确实是非常大的诱惑;但另一方面,如果总监走了,他很有可能将升任这家公司的设计总监。

在经过艰难的抉择之后,小金选择了留在公司发展。首先,他毕业才一年多,各方面的经验都不是很充足,各方面的人脉和资源也不足,还需要更多的磨炼。其次他要对自己负责,要对公司负责。走的话便是不忠诚的表现,这个行业,人员流动大,所以忠诚度就会显得非常可贵。

果然,总监走后,小金很快被升职成为了公司的设计总监。然而这个职位也不是小金所理解得那么简单。以前总监在的时候,他虽然很多事都耳濡目染,但真要自己当一把手了,仍是手忙脚乱。

就在小金担任设计总监刚刚顺手一点的时候,广告行业的冬天来了。大批公司生存困难,开始裁员、减薪甚至解散,小金也走进了失业大军的队伍。

前任总监得知这个消息,找到小金,他非常欣赏小金的能力和操守,邀请他加入他们的队伍。前任总监现在的主营业务是为广告公司、客户以及广告投放市场牵线搭桥。这是一个新行业,充满了光明的前景。

小金的职场之路可谓是一波三折。但小金却对职业的内涵有着相当不错的认知，这也是他今后创业的宝贵财富。从这个案例中也可以看出，对职业的认知和发展趋势的了解，直接决定着一个人的职业命运。小金之所以能够一直被大家所欣赏，一路走来都在一个相对正确的方向，这跟他的以下优点有关：一是对职业内涵把握准确；二是对职业发展趋势把握准确；三是有正确的职业价值观。

一、岗位的内涵

"岗位（Post）"，通常都与"工作（Job）"一同出现。可见，岗位并不像职业一样，泛指一群人的共同属性，通常它具体对应个人，一个人一个岗位。它是组织要求个人承担一项或多项职责而赋予个体工作范围的总和，是职责同具体工作结合的产物。

二、岗位任职要求

在市场竞争日趋激烈的形势下，用人单位对大学毕业生的要求越来越苛刻，用人标准越来越高。实现高质量就业，需要每一位大学生转变就业观念。毕业文凭、证书、专业知识和技能等硬件条件固然重要，但是沟通协调能力、问题解决能力、责任心、事业心、团队合作精神等影响人可持续发展的"软实力"更为重要。提升"软实力"需要在日常学习工作中乐于学习、勤于思考、善于实践、敢于创新。只有具备足够的就业竞争力，才能找到适合自己的岗位，才能实现自身高质量就业。以下9个方面是企业招聘毕业生重点要求的因素：

1. 积极乐观的心态；
2. 学习和获取信息的能力；
3. 强烈的责任心；
4. 规范的行为意识；
5. 坚定的毅力和勇气；
6. 团队合作精神；
7. 具有一定的专业知识和技能；
8. 一定的社会经历；
9. 身体健康。

三、职业发展轨迹

1. 个人职业发展轨迹

每个人的职业发展轨迹不尽相同，正确认识职业发展轨迹对制订有效的职业生涯规划是非常重要的。一般认为，每个人的职业发展可以分为六个阶段。

(1) 职业准备阶段

职业准备阶段一般从 14~15 岁开始，延续到 18~22 岁。这是一个人就业前学习专业知识和技能的时期，也是一个人素质形成的主要时期。每一个择业者都有着选择一份理想职业的愿望和要求，希望能够很快地找到自己理想的职业，顺利地进入职业角色。但实际上，在职业生涯准备阶段，许多人是盲目的，甚至是由家长或老师代替决定的。

(2) 职业选择阶段

职业选择阶段一般集中在 17~30 岁。这是一个人从学校走上工作岗位，在职业准备的基础上选择职业的时期，也是由潜在的劳动者变为现实的劳动者的关键时期。在这一阶段，人们要根据实际需要和自己的素质及愿望作出职业选择，这是人生职业生涯的关键一步。职业选择不仅仅是择业者个人挑选职业的过程，也是社会挑选劳动者的过程。

(3) 职业适应阶段

职业适应阶段一般在就业后的 1~2 年。这一阶段是对一个人走上工作岗位的职业能力的实际检验。择业者刚刚踏上职业岗位，必然有一个适应过程。要完成从一个择业者到职业工作者的角色转变，就要尽快适应新的角色，适应新的工作环境。

(4) 职业稳定阶段

职业稳定阶段一般从职业适应后延续到 35~45 岁。这时期是人的职业生涯主体，也是成就事业和获得社会地位的关键时期。这一阶段可能发展稳定并取得成功，但也可能遭遇发展瓶颈，面临中年危机等。对于大部分来说，这一阶段应该致力于某一领域的深入发展，以求得升迁和能力的提升，努力成为某一领域出色的人才，从而获得职业生涯的成功。

(5) 职业衰退阶段

职业衰退阶段一般从 45~50 岁开始，延续到 55~60 岁。一般来说，这一阶段上升的空间已经很小，应该规划退休以及退休后的目标转移方案。

(6) 职业结束阶段

职业结束阶段一般是指 60 岁以后。这一阶段，人们由于年龄或身体状况等其他原因，逐渐丧失职业能力和职业兴趣，从而结束职业生涯。

2. 当代职业发展趋势

职业作为人类社会发展到一定历史阶段的产物，分门别类不断精细化，这标志着社会的进步。就历史演变来看，职业变化也呈现出加快的趋势。对大学生来说，牢牢把握变化趋势，顺应趋势制定和调整自己的职业规划，既能使个人价值得到良好发挥，为自身发展奠定稳固基础，又能对社会人力资源配置起到积极作用。

当代职业的发展表现为以下 3 种趋势。

(1) 职业需求的教育含量不断升高

社会进步带来分工精细化程度提高，加上就业人口同就业岗位比例严重失调，使得竞争进一步激化。而竞争激化的结果最主要体现在教育含量上，用人单位在招聘大学毕业生时，无法准确全面获取每个人的信息，如能力如何，性格如何。他们所关注的往往是一些简单的有代表性的硬性指标，如学校排名、专业排名、成绩排名、获得过哪些证书等。

(2) 职业呈现多重发展方向

我国经济持续增长，促使从业者对未来职场抱有充足的信心；我国经济结构和技术的快速更迭，也在很多新的领域创造了就业机会。这将导致永久性职业逐渐减少，取而代之的则是就业呈现多重发展方向的态势。

根据全球某领先权威报告显示：我国约七成从业者欲在五年之内转换职业方向。在这七成从业者中，大学毕业生是比重最大的一类人群。他们年轻，有活力，不安于现状，不愿一生都被一个工作所束缚。

(3) 以信息技术为主导的高科技行业发展势头持续强劲

这些年来，科技进步对传统行业产生了巨大冲击。一些老牌传统报媒巨头的市值，甚至不及一些新兴信息技术行业市值的零头。在这些老牌企业大规模裁员节流的同时，新兴信息科技行业却在迅速扩张，这都是以信息技术为主导的高科技领域的巨大进步所带来的转变。

练一练

小 A 是一名新入职场的年轻人，他的口头禅是"及时行乐"。小 A 平日里过得非常潇洒，和朋友吃吃喝喝，最令家人担忧的是：毕业不到两年，已经换了五份工作，而最近，他又打算辞职了。这在一辈子坚守自己岗位的父亲眼里，小 A 的行为简直就是胡闹。

但小 A 有自己的说法：一方面，他觉得薪水低不能满足他的消费需求，另一方面，他和顶头上司不合，发生过一些正面冲突，而且多换工作也能多交不同层面上的朋友。"做自己感兴趣的事，青春才能值回票价"，这一直是小 A 这类年轻人的择业观念，而且虽然现在工作难找，需要工作的人多，竞争也异常激烈，但相应地职位也多，只要不挑剔，找到一份工作应该还是不难的。

以 5 人为一小组，讨论下小 A 的想法和做法可取吗？为什么？

第五节　职业信息的获取与分析

案例导入

某大学毕业生宿舍里，小赵在电脑前不停搜寻着各种招聘网站的信息，他根据自己的专业和兴趣浏览着就业岗位，脸上不时闪过焦虑和迷茫的表情。然而，同一宿舍的杨阳却早已胸有成竹，手中拿着几个单位的接收函。

为什么同一个专业、同一个宿舍的他们在就业的重要关头却面临不同的境况呢？原因在于他们对就业信息掌握的情况不同。

小赵只是单一地将就业信息来源定位在传统的网站搜索，杨阳则有更多的想法，他说："我觉得自己能在就业上脱颖而出，主要是因为手头有很多就业信息可以选择。从综合学校就业指导中心提供的就业信息，到自己去心仪企业的网站上搜集招聘信息，并根据企业的要求提前做好了能力、经验等方面的准备。我一直在尽可能多地搜集和利用就业信息。"

在信息爆炸的时代，就业信息已经成为高校毕业生求职择业的基础和前提，是通向用人单位的桥梁。对于求职的大学生来说，就业信息的获取可以通过多种途径来实现，搜集就业信息是就业活动的第一步。能否有效地获取和处理就业信息，决定了能否找到更多的就业机会，从而决定自己是否能赢在起跑线上。

一、职业信息的概念和作用

1. 职业信息概念

职业信息是指通过各种媒介传递的与就业有关的消息和情况，包括就业机构、人事制度、劳动力的供求状况、劳动用工制度、经济发展形势与趋势、国家发展规划、就业方法和招聘信息等。

2. 职业信息的作用

（1）职业信息是大学生就业的基础

劳动力市场上的职业信息是供给方和需求方共同提供的供需信息，当就业信息发布和接收相对应时，就可以确认工作岗位。如果这些信息不能有效地传送，就会造成"有业不就、无业可就"的局面。毕业生所获取的用人单位的需求信息越多，其择业范围越大，就业可能性就越大。

（2）职业信息是职业决策的重要依据

毕业生需要掌握大量的职业信息，为科学择业提供决策依据。例如，国家的就业方针、各地方及行业的就业政策、有关就业机构的功能职责及所在院校的就业工作流程等。当然,最重要的还是用人单位的需求信息。

(3) 职业信息是顺利就业的可靠保证

毕业生依据自己所拥有的就业信息,经过筛选比较、科学决策,锁定一个或几个目标,全面了解这些目标的基本情况,如企业的经营方式、产品结构、市场行情、企业历史和发展前景,特别是要了解应聘岗位的要求,从而保证顺利就业。

二、职业信息的获取途径

1. 通过学校毕业生就业指导机构获得

通常各类学校都设有就业指导机构,这是毕业生就业工作的主管部门。毕业生就业指导机构的职责是:向国家地方主管部门和用人单位征集用人信息并加以整理、归纳、分析;通过各种方式组织毕业生、用人单位的供需见面会;负责毕业生的就业指导,提供就业咨询服务;编制毕业生就业建议方案,处理毕业生就业的一系列问题等。

2. 通过各级政府、社会就业机构、人才市场获得

各级政府、社会就业机构、人才市场会定期收集所在地用人单位的需求信息,然后通过多种渠道发布出去。这些信息几乎涵盖了当地各行业的需求信息,地域性较强,对于有明确的就业地点要求的毕业生来说,这种渠道的就业信息显得尤为重要。他们既是信息来源中心,又是咨询服务中心,能指导毕业生顺利实现就业。

3. 通过大众传播媒介获得

网络、报纸、杂志、广播、电视、网络等媒体是每年毕业生毕业前夕获取需求信息的重要手段。特别是网络,它既方便,又快捷,已成为获得职业资讯的一种重要途径。因此,毕业生必须学会利用网络获取求职信息,这样不仅可以自由获取各种就业信息,还可以直接投递自己的简历进行应聘。许多院校就业指导中心也建立了就业信息网为毕业生提供服务。但是,网络招聘的缺点也很明显:一是网络的虚拟性为少数虚假信息提供了可乘之机,因此要确认信息的真实性后再作选择;二是无效信息多,个别网站为了提高点击率,将过时信息也发布在网上,这会浪费毕业生大量的时间和精力;三是网络带来的"信息爆炸"让毕业生和人事经理非常头疼,人事经理看到大量不符合条件的简历不胜其烦,有可能使毕业生发出去的邮件石沉大海。

4. 通过各种社会关系获得

每个人都生活在自己的社会关系网中,毕业生在求职时,不要忘记通过自己的社会关系寻求就业信息。谁的社会关系网能提供更多的就业信息,谁的主动性就更大,成功的概率就更高。当然,在利用社会关系网这一途径时,必须正当,切不可不择手段。毕业生必须树立正确的求职理念:自己的主观努力是最重要的,也是最终的决定因素。

5. 通过参加人才交流会、招聘会获得

为做好每年的毕业生就业工作，各地方、各行业及各高校都要举办规模大小不等的人才交流会、招聘会，这些招聘会为毕业生求职择业提供了很好的场所，为毕业生提供了大量的需求信息，毕业生应珍惜并抓好这些机会。

6. 通过社会实践或实习获得

毕业生社会实践有多种方式，如勤工俭学、社会服务、毕业实习等。社会实践实际上是大学生获取就业信息的重要渠道。在社会实践过程中，不仅可以通过自己的努力赢得用人单位的认可，进而培养社会实践能力，还可以有目的地关注一些行业发展，加强对职业世界的了解，提升自己的求职意识。

7. 通过寄求职信、打电话、登门拜访等方式获得

毕业生结合自己的专业、爱好、特长，对相关部门可有重点地进行毛遂自荐。这种方法虽然花费的时间、精力较多，带有一定的盲目性，但是主动性强，尤其是在没有熟人介绍以及缺乏其他信息渠道的情况下，不妨一试。

总之，收集信息的方法很多，只要毕业生充分利用一切可能的机会，广泛地接触社会，就可能获得所需要的信息，取得求职的成功。

拓展阅读

收集就业信息需要注意的问题

1. 广泛与重点相结合

当今社会科学技术迅猛发展，边缘学科、交叉学科不断出现，知识的渗透性更加明显。社会行业也由过去的专项性向综合性、复合性发展。所以在收集信息时不要局限于专业对口单位，对与专业相关的单位的需求信息也要注意收集。

2. 纵向与横向相结合

市场经济的发展，要求地域之间加快人、财、物的流动和流通，取长补短，相互促进，形成合理完善的人才机制。所以在收集人才信息时，一方面，要把本区域的人才需求收集起来；另一方面，也要注意收集不同地区、不同领域的人才需求信息。

3. 动态与静态相结合

一方面，社会各行业对人才的需求方面具有相对的连续性和稳定性，需要我们及时准确地获取当年的需求信息（静态）；另一方面，各行业是在竞争中求生存，随时随着经济的发展、市场的调节而变化。因此，必须同时了解、掌握、预测社会各行业在一个时期内对各类人才需求的动态信息，增强就业指导的预见性和主动性。

4. 注重用人单位对毕业生招聘条件的信息收集

总的来看，社会上急需德才兼备的人才。改革开放的今天，对大学生提出了更高

要求，从政治素质、知识、实际工作能力，乃至身体状况，都要适应时代的发展，需要毕业生不仅要有远大的理想，还要有丰富的专业知识，较强的竞争意识，勇于开拓和脚踏实地的苦干精神，这些都需要我们早作准备。

三、职业信息的分析

1. 职业信息的筛选

（1）甄别

甄别是信息处理的第一步，甄别信息首先要确定信息的可靠程度，对于不确定的信息要通过各种渠道和知情人士去证实；其次，要甄别信息的内容是否齐全，特别是发现自己想知道的细节不全面或者不清楚时，要抓紧时间进行调查、咨询，确保全面了解实情。

（2）分类

对就业信息的专业、时效和地域进行分类，然后以自己的现实情况为标准进行排序，进而采取不同的应聘方式。

（3）发现细节

要根据单位的现状，判断、预测自己今后的发展状况。有些单位虽然暂时条件可能差一些，但从长远看是有前途的，能够给员工带来较大的发展空间。这就要求毕业生既要站在高处，从长远的角度看单位的发展趋势，又要留意职业信息的细枝末节，特别是招聘陷阱，要提高警惕，保护好个人权益。

2. 职业信息的有效使用策略

（1）专业的适合性

专业对口，往往是用人单位与应聘者的共同目标。专业对口可以缩短个人进入职业岗位后的适应期，使个人更容易发挥专业特长，既可以避免自己专业资源的浪费，也可以减少企业在职业培训中的投入。

（2）兴趣爱好的适合性

兴趣爱好是一个人在职业中取得成功的重要条件，对一项工作有兴趣不仅可以促使你投入大量的精力，而且有益于身心健康。在专业特长与兴趣爱好不相符的情况下，一定要权衡利弊，作出选择。

（3）性格特征的适合性

性格特征本身无所谓好坏，但就具体的工作职位而言，性格特征有适合和不适合之分。例如，严谨、诚实、谦逊的性格适合从事科研工作，活泼开朗的性格适合从事社交工作，勇敢、沉着、果断的性格适合从事管理工作等。为此，在考虑专业和兴趣爱好的同时，也要兼顾到职业信息与自己的性格之间的吻合性。

就业信息的使用原则

1. 发挥优势和学以致用的原则

即处理就业信息时，要尽量做到专业对口、发挥所长，学以致用，这样可以避免人才资源的浪费。

2. 面对现实、理论联系实际原则

在使用就业信息时，要事先对自己有一个全面的认识和正确的自我评价，无论个人的愿望如何美好，在实际操作时则要面对现实，检查自己是否具有必备的条件。

3. 在政策范围内择业的原则

使用就业信息时，要把个人意愿和国家需要结合起来，并根据社会需要作出职业选择，这是使个人的择业愿望具有客观可行性的保证。

4. 辩证分析原则

辩证分析原则，即用辩证唯物主义方法论来分析信息，用历史的、发展的、变化的眼光研究、处理信息的实际利用价值。

5. 综合比较原则

综合比较原则，即把所有的信息放在一起从各方面比较各自的利弊，寻找符合自己条件的职业。

6. 善于开拓原则

善于开拓原则，即将那些有潜在价值的信息，深入思考，加以引证，充分利用。正如人们常说的，信息的价值会用则有，不会用则无。

7. 早做抉择原则

信息有很强的时效性，及时用之是财富，过期不用等于无。因为较好的职业总会吸引更多求职择业者，而录用指标却是有限的。如果延迟抉择，不及时反馈信息，往往会痛失良机。

8. 学习原则

善于总结，寻找不足，根据相关岗位的要求，并结合自身现有的能力，在求职中发现自己的不足。因此，求职者应该善于总结，调整自己的知识结构，锻炼自己欠缺的能力，弥补不足。

9. 舍得原则

部分信息对自己也许没用，但对别人也许就有着很大价值，遇到这种情况，应该乐于输出这些信息，在你输出信息的同时，既帮助了别人，也许同时减少了自己的一个竞争对手，何乐而不为。

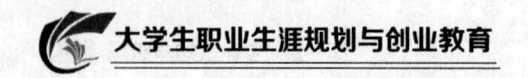

总之，在使用就业信息时，一定要头脑清醒，不可随波逐流，人云亦云，不可偏听偏信，不能一味地追求高理想，而应该做到面对现实情况，实事求是，客现地评估自我，作出正确的选择。

第四章　职业生涯目标与职业决策

冬天计划，春天播种，夏天耕耘，秋天收获，原本成功并不神秘，只要有计划，成功必会适时而至。

学习目标

知识目标

1. 掌握职业生涯目标的内涵
2. 了解职业决策特点、类型
3. 掌握职业决策的原则、步骤和方法
4. 掌握大学生职业生涯规划方案制定的原则和步骤

能力目标

1. 能够确定自己的职业生涯目标
2. 能够进行职业生涯目标分解
3. 能够进行职业决策
4. 制定适合自己的职业生涯规划方案

第一节　职业生涯目标

案例导入

1952年7月4日清晨，加利福尼亚海岸笼罩在浓雾中。一位名叫查德威克的34岁妇女，从海岸以西21英里的卡塔林纳岛上，涉水下到太平洋中，开始向加州海岸游过去。

那天早晨，海水冻得她身体发麻，雾很大，她连护送她的船都几乎看不到。时间一点点过去。有几次鲨鱼靠近了她，被人开枪吓跑。

15个小时过去了，她又累又冷，有了放弃的想法。她的母亲和教练在另一条船上，告诉她海岸很近了，劝她再坚持一下。但她朝加州海岸望去除了浓雾什么也看不到。在又坚持了几十分钟，距她出发15小时55分钟的时候，她最终放弃，被拉上了跟随的船只。

最后人们发现，拉她上船的地点，离加州海岸已经不到一公里！她说："如果当时我看的见陆地，我肯定能坚持下来。"令她半途而废的不是疲劳，也不是寒冷，而是因为在浓雾里看不到目标。

古人云："凡事预则立，不预则废"。这里所谓的"预"实际上就是计划、规划的意思。事实证明，有很多人对自己的职业生涯毫无规划，人生的每一步都没有明确目标，最终导致了事业的失败。职业生涯目标的设定，是职业生涯规划的核心内容。

一、职业生涯目标的含义

职业生涯是指一个人一生中所有与职业相联系的行为和活动，包含相关的态度、价值观、愿望等连续性经历的过程。而职业生涯目标是指个人在选定的职业领域内未来时间里所要达到的具体目标，一般都是在进行个人评估、组织评估和环境评估的基础上确定的。职业生涯目标通常包括人生目标、长期目标、中期目标与短期目标，它们分别与人生规划、长期规划、中期规划和短期规划相对应。

职业生涯目标的设定可以根据不同时期的特点，分层次制订，将职业生涯目标分为多个并不互相排斥的子目标，如职务目标、能力目标、成果目标、经济目标等。一个多层次的目标设定可以使我们保持开放、灵活的心境。另外，对职业生涯的每一个目标都应该标记两个时间：开始执行行动方案的时间和目标实现的时间。这对高职院校大学生来说，有针对性地制定分年级的学业、生活和社会活动目标以及分层次的职业目标显得格外重要。

二、职业生涯目标设定的原则

1. 具体性原则

具体性 S（Specific）是指目标必须明确而具体，不能模糊不清。生涯目标必须明确、清晰、具体，才具有可行性。在设定具体目标之前，首先要问自己以下问题：我要做什么，为什么做，它们和我的长远目标和价值观一致吗？我什么时候完成这些目标？我身边的人是否可以帮我完成这些目标？我所处的环境是否允许我设定这些目标？了解了以上问题之后，我们才能知道如何来完成这些目标，利用哪些资源，从哪里获得这些资源，等等。比如从事某一专业、到哪年学完、学习哪些知识、达到什么程度，都要具体明确地确定下来。

2. 可衡量原则

可衡量 M（Measurable）是指目标要有量化的标准，是可测定的。量化的标准便于评估目标的完成情况，也便于有针对性地制定相应措施。制定目标尽可能用数字表示，不能用数字的描述要清晰。制订一个可测量的目标，能让一个人真切感受到他在逐步的进步中积累成功经验和树立信心。此外，制订长远的目标最好将之分成几个渐进达成的步骤，并且随时检视是否需要修正进度或方向。

3. 可完成原则

可完成 A（Attainable）是指目标要适度，既要有挑战性，又一定是可达成的。也就是说制订目标要在我们力所能及的范围下，订出我们可以逐步达成且能让自己有成就感的目标。有效的目标能起到激励作用，能促进学习。所定目标如果已经处于自己能力范围之内，虽然工作轻松省力，但会回避新的激励，使人陷于畏缩不前、消极保守的状态。如果所定目标过于远大，甚至根本不能实现，会使人陷入绝望状态，失去目标的意义。因此，制订的目标应是依照本身的能力条件、内外部可用资源、当前发展和未来可能的情势，通过自己的能力和努力能够完成的。

4. 相关性原则

相关性 R（Relevant）是个人目标与所在公司、部门目标的联系，个人目标与家庭目标和期望的联系，与长、中、短期目标的联系，做到个人发展、经济事业、兴趣爱好、和谐关系四大目标系统平衡关联，目标之间彼此不冲突。比如你想做的是大学英语教师，学习一些西方文化方面的知识是有必要的，这与本职工作有关联，但是如果你花时间去考注册会计师，这就与未来的职业生涯规划没有关联了。

5. 时限性原则

时限性 T（Time bounding）是指要设定目标达成的时间。在目标执行过程，设定中间检核点，强调行动速度与反应时间，依不同期间设定阶段性目标。职业生涯目标的制定，应从一生的发展写起，然后分别设定十年计划，五年计划，以及一年、一月、一周、一天的计划。计划订好后，再按一日、一周、一月目标实施下去，直到实现一年目标、三年目标、五年目标、十年目标。因此，一个合理的时间表不仅能帮助一个人建立信心，还可以学会做好时间管理。

三、确定自己的职业生涯目标

1. 职业生涯目标设定的六个步骤

第一步：自我分析，认识自我，找出自己的特点和优势。

第二步：对自己所处的外在环境进行分析，确定自己在外在环境中的位置及发展潜力和机会。

第三步：确定人生目标，把目标具体、详细地写出来。

第四步：选择自己的职业生涯路线，决定向哪一方面发展。是从事行政管理工作，还是从事专业技术工作，或者从事其他工作。

第五步：对于应届毕业生来说，可根据前面的分析结果进行评估调整。

第六步：制订行动计划，包括详细的十年计划、五年计划、三年计划、明年计划、下月计划、明日计划。

2. 职业生涯目标设定的具体方法

① 发现愿望。在自我分析的基础上，冷静思考，想象你这一生最想得到的某些东西是什么。

② 坚定信念。必须绝对相信你有足够的能力达到目标。

③ 记录下来。把你的目标记录下来，不作记录的目标将仅仅是愿望或者空想。

④ 明确利益。想象你的目标达成后为你带来的喜悦、成就、收获和满足。你的这些利益必须有鼓舞性，必须能给予你足够的动力。

⑤ 找到着眼点。对自己认识越清楚，你就越可以发现从什么地方入手去达成你的目标，去实现你的愿望。

⑥ 最后期限。明确目标达成的最后时间，一般而言，有切合实际的目标、详细的计划和不懈的坚持，80%的目标都会实现。

⑦ 理清障碍。扫除实现目标的障碍，包括内部的、外部的、你本身的或者是环境造成的。

⑧ 附加信息。根据实现目标的需要，按优先次序区分所需的信息、技能、能力、经验，以决定如何去实现。

⑨ 明确可以从哪里得到帮助。现代人的成功绝不是单打独斗的结果，都需要团队和别人的帮助，因此，想成功地完成某事，需要很多人的帮助。

⑩ 制订计划。要达成目标，必须根据时间的优先次序写下你的活动计划。这些计划可以是初步的、轮廓性的，不求计划是完美的。

⑪ 可预见性。当你达成一个目标或阶段性目标时都要庆祝一下，并留下一个清晰的记忆，反复回忆达成目标时的喜悦由此对未来充满信心。

⑫ 坚持。在实现目标的过程中，千万不要放弃。

最后要记住，对于目标要每天回忆，经常重复你的目标。

练一练

结合自己的专业，分5人一组，每人阐述自己的职业生涯目标，其他组员分析该同学提出的职业生涯目标是否可行。

第二节 生涯目标分解

案例导入

大学生李华的职业生涯目标分解

五年前,某大学四年级企业管理专业学生李华,通过学习职业生涯规划知识,在进行了职业认知和进行环境分析的基础上,制订了五年职业生涯目标,并又分解了各个阶段的子目标。

五年职业生涯目标:某外资企业战略发展部经理。

1. 2015~2016 年

职务目标:企业战略发展部秘书。

经济目标:年收入 5 万元。

能力目标:具备从事具体法律事务性工作的理论基础,积累企业策划经验,了解涉外商务活动,英语应用能力具备权威资格认证。

成果目标:协助部门经理编制年度企业发展计划,取得律师从业资格证。

2. 2016~2018 年

职务目标:企业战略发展部主管。

经济目标:年薪 10 万元。

能力目标:熟练处理本职务工作,工作业绩在同级同事中居于突出地位;熟悉外资企业运作机制及企业文化,能与公司上层进行无障碍沟通。

成果目标:继续攻读 MBA,取得 MBA 文凭,负责公司部分发展战略制定。

3. 2018~2020 年

职务目标:企业战略发展部经理。

经济目标:年薪 20 万元。

能力目标:形成自己的管理理念,有较高的演讲水平,具备组织、领导一个团队的能力;与公司决策层有直接流畅的沟通;具备应付突发事件的心理素质和能力;有广泛的社交范围,在业界有一定的知名度。

成果目标:领导一个团队制订公司企业发展的长期规划和年度规划工作。

如今,五年过去了,李华凭借坚强的毅力和自我管理能力,逐步实现了自己的职业规划。

一、生涯目标分解的内涵

生涯目标分解就是把整体目标分解成各个具体目标，这是综合——分析——综合的科学思维方法在目标管理中的具体作用。目标分解不是最终目的，而是更好地实现整体目标的手段。

科学家们经过精密计算得出结论：火箭飞向月球需要一定的速度和质量，其中火箭的自重至少要达到100万吨，而如此笨重的庞然大物无论如何也是无法通过简单的方法摆脱地心引力的。因此，在很长一段时间里，科学界都一致认定：火箭根本不可能被送上月球。直到有人提出"分级火箭"的设想，问题才豁然开朗起来。将火箭分为若干级，当第一级将其他级送出大气层时便自行脱落以减轻重量，这样火箭的其他部分就能轻松地逼近月球了。

分级火箭的设计思想启示我们：学会把目标分解开来，化整为零，变成一个个容易实现的小目标，然后将其各个击破。

二、生涯目标分解的思路

1. 按时间分解

首先，确定长期目标。在对自我认知和外在环境分析后确定最终目标，并终生朝这个目标努力前进。

其次，把最终目标分解为若干长期（5~10年）目标，它应该具有易于分解操作等特征。每个阶段都有一个具体目标，这些目标应该高度符合个人价值观，顺应社会发展需求，具有一定的挑战性和创造性，一经实现会带来较大的成就感。

再次，把长期目标分解成若干中期（3~5年）目标，这些目标应该与长期目标相一致，基本符合个人价值观，是自我与组织环境相结合的产物，具有创新性、灵活性等特点。

最后，继续将中期目标分解为几个短期（1~2年）目标。与长期目标和中期目标相比，短期目标要求有更高的操作性和灵活性。它必须与最终目标、长期目标相一致，能够适应组织环境需求，灵活简单，可操作性强，切合实际，比较容易实现。

2. 按性质分解

我们可以把职业目标分解为外职业生涯目标和内职业生涯目标。外职业生涯目标包括职务目标、工作内容目标、工作环境目标、经济收入目标、工作地点目标等；内职业生涯目标侧重于在职业生涯过程中知识经验的积累，观念能力的提高以及内心的感受，主要包括工作能力目标、工作成果目标、心理素质目标、观念目标等。

(1) 外职业生涯目标

① 职务目标。职务目标应具体明确，清晰的职务目标应该是"专业职务"。例如

"我在两年之内成为公司技术主管"是可以的,但"在两年之内成为公司的经理"就比较模糊。我们还必须明确是哪一类专业职务。例如,某大学生10年职业生涯规划的职务目标是"采购经理",而担任采购经理需要有仓储管理、材料管理、物流规划、物流采购等方面的工作经验,为了获得这些经验,这位大学生必须从基层干起。因此,按时间远近分解,采购经理这个职务目标可以分解为采购专员和采购工程师。

② 工作内容目标。在现实生活中,能够达到高层职位的人毕竟是少数;而且,能否晋升很大程度上并不完全取决于我们自身。所以建议大学生把外职业生涯目标的重点移到工作内容目标上来,即详细列出计划完成的工作内容。工作内容目标对于做技术工作的人格外重要,因为这些人的发展体现在专业技术领域取得的成果及相应职称晋升上。

③ 经济收入目标。获得经济收入是工作的目的之一,毕竟每个人都离不开生存的物质基础。在职业生涯规划中列出收入期望无可非议,但应根据自己的能力素质和实际,大胆规划出一个具体数目,这个数字将成为你的重要激励源。

④ 工作地点目标和工作环境目标。如果对工作地点或工作环境有特殊要求,就要在规划中列出这两项内容。但切忌琐碎,以免选择面过窄。

(2) 内职业生涯目标

① 工作能力目标。工作能力是对处理职业生涯中各种工作问题能力的统称,如组织领导能力、策划能力、管理能力、研究创新能力、人际关系沟通能力以及与同事协调合作的能力等。

② 工作成果目标。工作成果是进行绩效考核的重要目标,优异的工作成果不仅带给我们荣誉感和成就感,也铺砌了通往晋升之途的阶梯。大学生在制定某一阶段的职业目标时,一定要设定自己的阶段性成果目标,这样才能对自己产生激励作用。

③ 心理素质目标。在职业生涯中,只有心理素质合格的人才能正视现实,努力克服困难,追求卓越。心理素质差的人只会怨天尤人,自暴自弃。要想使职业生涯规划蓝图能够变成现实,就要不断地提高自己的心理素质。

④ 观念目标。观念是对人对事的态度和价值观。当今社会是一个强调观念的社会,各种各样新的观念层出不穷。这些观念影响着我们的行动,也影响组织、领导。大学生需要随时更新观念,这是职业生涯规划中重要的一环。

第三节 大学阶段的职业决策

生活是由一系列的选择所组成的,其中,职业生涯决策是一个人一生中必然要面临的重要决策,一个人在职业发展中所遇到的麻烦和不如意,往往是由于作出了不合适的职业生涯决策或未能正确地作出职业生涯决策造成的。

一、职业决策的内涵与分类

1. 职业决策的内涵

职业决策就是个人在多项与职业生涯相关的选择之间权衡利弊，综合个人对自我认知、环境认知、职业认知等因素的判断，在面临职业决策情景时所做出的各种反应，以达成最大价值的过程。

2. 职业决策的分类

职业决策与风险同步，根据决策所面临的风险等级程度，将职业决策分为以下几种类型：一是确定性职业决策，所有的选择及结果都清楚明白；二是风险性职业决策，每种选择的后果不完全确定，带有一定风险，但能在一定程度上了解可能会有什么样的后果；三是不确定性职业决策，对于各种选择会产生什么样的后果几乎完全不清楚。

生活中的决策大多属于第二种。大多数决策是有风险的，并且选择就意味着放弃了另一种可能，面临着一定的机会成本。不存在风险的选择很少，因为我们不可能掌握决策所需的全部信息。对于第三种，我们尽量去搜集一些信息，以尽量把它变成第二种类型的决策。

二、职业决策的特点

职业决策作为一种重要的决策类型，具有目的性、选择性、满意性、过程性和动态性等特点。

1. 目的性

职业决策是根据一定的目的作出的。其目的就是组织或个人在未来特定的时限内完成任务所预期要达到的目标。没有目标，人们就难以拟订未来的活动方案，评价和比较这些方案也就没有了标准，就无法根据预先确定的目的来选择、调整未来一定时间内的活动方向、内容。

2. 选择性

职业决策因"选择"而生，没有选择就没有决策。职业决策一是必须提供可以相互替代的多种方案，使选择成为可能；二是要有选择的依据，提供选择的标准和准则。

3. 满意性

职业决策中依据的选择标准往往和经济领域的标准不同，它根据的是满意化标准，而不是最优化标准。

4. 过程性

职业决策是一系列决策的综合，包括前期的决策（即职业生涯规划）、中期的决策（即职业生涯规划的实践）和后期的决策（即现实的择业决策）。从决策目标确定，到决策方案的拟订、评估和选择，再到决策方案执行结果的评价，诸多步骤和过程构成了一项完整的决策。

5. 动态性

职业决策是一个不断循环的、动态的过程。决策的主要目的之一是使决策者的活动适应外部环境的变化。必要时作出新的决策，以及时调整自己的活动，从而更好地实现自身与环境的动态平衡。

三、职业决策的基本原则

对大学生而言，恰当的职业决策意味着成功的职业生涯开始。大学生职业发展决策一般要遵从以下基本原则。

1. 择己所好：根据兴趣决策

兴趣是最好的老师，是成功之母。从事一项自己喜欢的工作能给你一种满足感，职业生涯也会因此变得妙趣横生。调查表明，兴趣与成功概率有着明显的正相关性。在设计自己的职业生涯时，务必注意考虑自己的特点，珍惜自己的兴趣。

2. 择己所长：根据特长决策

任何职业都要求从业者掌握一定的技能，具备一定的能力条件，在进行职业选择时择己所长，从而有利于发展自己的优势。实际操作中可运用比较优势原理分析别人和自己，尽量选择冲突较少的优势行业。

3. 择世所需：根据需求决策

社会的需求不断进化，旧的需求不断消失，新的需求不断产生，新的职业也不断产生。因此，在设计自己的职业生涯时，一定要分析社会需求。最重要的是目光要长远，要能准确预测未来行业或职业发展方向。

4. 择己所利：根据利益决策

职业是个人谋生的手段，其目的在于追求个人幸福。在择业时，首先考虑的是自己的预期利益最大化。明智的选择是在由收入、社会地位、成就感和工作付出等变量组成的函数中找出一个最大值，这就是职业生涯选择的收益最大化原则。

四、大学阶段职业决策的基本类型

在职业发展决策过程中，决策者的决策类型对职业决策的影响很大，不同的决策类型做出的决策结果是不一样的。决策者主要类型如表4-1所示。

表 4-1 决策者的类型

决策者类型	说明	行为特征
冲动型	决策的过程基于冲动，决策者遇上第一个选择方案，立即反应。	先做了再说，以后再来想后果。
宿命型	决策者知道需要做决定，但自己不愿做决定，把决定的权力交给命运或别人，认为做什么选择都是一样的。	船到桥头自然直。
服从型	自己想做决策，但无法坚持己见，常会屈服权威者的指示和决定。	如果你说可以，我就同意。
延迟型	知道问题所在，但经常迟迟不做决定，或者到最后一刻才做决定。	急什么？到明天再说。
直觉型	根据感觉而非思考来做决策。只考虑自己想要的，不在乎外在因素。	嗯，感觉还不错，就这么决定。
麻痹型	害怕做决定的结果，也不愿负责，选择麻痹自己来逃避做决定。	我知道该怎么做，可是我就是做不到。
犹豫型	选择的项目太多，无法从中取舍，经常处于挣扎的状态，做不了决策。	决不能轻易决定！万一选错，那就惨了。
计划型	做决策时会倾听自己内在的声音，也考虑外在环境的要求，以做出适当明智的抉择。	一切操之在我。我是命运的主人。

练一练

你决策时具有什么特点？你属于哪种类型的决策者？这种决策者具有什么缺点？你希望成为什么类型的决策者？

五、大学阶段职业决策的基本步骤

由于我们的个体差异和个人的偏好不同，很难对职业发展决策或问题解决建立一个精确的按部就班的程序。一般来说职业决策有以下九个步骤。

第一，认识问题，承担责任。意识到自己对职业前景的困惑，并采取行动解决这一问题。职业决策首先要界定决策的目标，例如：选择主修专业，选择职业或雇主。

第二，了解自己。你需要做一个非常彻底的自我分析，它将帮助你从能力、兴趣、性格和价值观等方面全面地了解自己。

第三，了解环境。了解你所处的社会、经济、政治和地理环境，从而衡量可能影响你职业选择的环境因素。

第四，了解职业，搜集信息。搜集并研究关于你职业前景的准确信息。

第五，找出可能的职业选择项目。全面研究可供你选择的职业选项，筛选出可供选择的目标。

第六，运用人职匹配等方法进行个人与职业的对比分析。

第七，做出决定。根据你对自己的特点和职业前景的判断选择，确定一个目标。

第八，执行决定。通过求职活动将你的职业决策付诸实施。

第九，获得反馈。评估你的职业决策，如果有太多的负面反馈，那就重复以上过程加以修正。

六、大学阶段职业决策的方法

决策方法有很多种，下面介绍几种职业生涯规划领域常用的决策方法。

1. SWOT 决策分析法

SWOT 决策分析法是一种常用的职业决策工具，它是指在职业选择过程中通过对自己的优势（Strength）、弱势（Weakness）、机会（Opportunity）、威胁（Threat）进行分析，对各种机会进行评估，以便选择最佳决策方案的一种职业评估和选择方法。其中，优势和弱势是针对个人自身特点而言，机会和威胁主要指外部的环境因素，包括社会、行业和组织内部环境等，SWOT 分析样表如表 4-2 所示。

表 4-2　SWOT 分析样表

内部因素	优势（S）	弱势（W）
外部因素	机会（O）	威胁（T）

（1）优势分析

主要分析自己出色的地方，特别是较之于竞争对手而言的优势因素。

首先是分析"曾经做过什么"，即已有的人生经历和体验，如在学生组织担任过什么角色，曾经参与或组织的实践活动，获得过的奖励等。这些可以从侧面反映出一个人的素质。在自我分析时，要善于利用过去的经验，以利于推断、选择未来的工作方向。

其次是分析"学习了什么"。从专业课程学习、职业技能培训、自学中获取了哪些知识与技能，有什么专长，大学里学习的专业知识也许在未来职业中派不上大用场，但专业思想和专业技能也经常是职业方向的决定因素。

最后分析的是"最成功的是什么"，你可能做过很多事情，但最成功的是什么？为何成功，是偶然还是必然？通过分析，可以发现自我性格优势。

（2）弱势分析

弱势主要是指与竞争对手相比处于落后的方面。

我的性格弱点是什么？

我的经验经历上欠缺什么？

我最不擅长的是什么？

我最失败的是什么？

(3) 机会分析

首先是对社会大环境的认识和分析，主要是考虑当前社会的政治、经济、科技、文化发展趋势是否有利于所选职业的发展。

其次是对自己所选组织或单位的外部环境进行分析，分析组织在本行业中的地位和发展趋势、面对的市场、有无职位空缺、需要具备哪些条件等。

最后是人际关系分析，分析哪些人可能对自己的职业发展有帮助、作用大小、持续时间、如何保持联络等。

(4) 威胁分析

威胁分析主要是对潜在的危险进行分析，比如单位的效益、领导层的变化、同事的竞争等是否会对自己造成不利甚至构成威胁。

通过分析，一幅清晰的职业生涯机会前景图就呈现在面前。要注意的是，运用SWOT进行职业生涯机会评估时，要尽可能考虑全面，权衡各种发展机会，然后从中选出最佳方案。

拓展阅读

王萍，女，某师范大学中文专业在读研究生，希望毕业后在企业从事人力资源方面的工作，但担心自己不是人力资源专业的学生，不知道是否适合这一职位。现通过SWOT分析法进行评估，得出SWOT矩阵，如表4-3所示。

表4-3 王萍的SWOT分析表

优势 (S)	弱势 (W)
1. 硕士学位，成绩优秀 2. 担任研究生会副主席，有丰富的学生干部工作经验 3. 有大型公司人事部门实习经验（6个月） 4. 辅修心理学课程，能利用心理学知识进行人才评估 5. 师范生，有授课经验，可以开展员工培训 6. 性格外向，善于沟通	1. 专业不对口 2. 实际工作经验不够丰富 3. 缺乏人力资源管理类知识 4. 容易冲动，性格急躁
机会 (O)	威胁 (T)
1. 人力资源管理部门逐渐受到企业重视 2. 外企进入导致人力资源管理人才需求量大增 3. 心理学在人力资源管理中的重要性日益凸显	1. 人力资源管理在我国属于起步阶段，许多企业运作不规范 2. 与人力资源专业毕业的毕业生相比缺乏专业优势 3. 相对于学历，企业更看重经验

SWOT分析：王萍同学毕业后会去企业从事人力资源管理工作的优势是比较大的，但是在校期间要继续强化优势、弥补不足，如通过自学或参加培训，考取人力资源管理师职业资格证书，利用假期继续到企业人事部门实习等。

2. 平衡单技术

平衡单技术是一种卓有成效的职业生涯决策方法。人们在职业决策时面临着许多困难和干扰，使得原来就很棘手的决策变得更加复杂而难以操作。平衡单技术恰好给人们提供了一面镜子，帮助人们把复杂的情况条理化、模糊的信息清晰化、错误的观念正确化，最终帮助人们做出正确决策。

个体可以借助决策平衡单系统分析每一个可能选项，判断各选项的利弊得失，依据利弊得失上的加权计分排列选项的优先顺序，然后执行最优化或个人偏好的选项，其具体程序如下。

(1) 列出可能的职业选项

个体要在平衡单中列出3~5个有待深入评价的职业选项。

(2) 判断各职业选项的利弊得失

各职业选项的利弊得失主要集中于四个方面，分别是自我物质方面的得失、他人物质方面的得失、自我赞许（精神）方面的得失、他人赞许（精神）方面的得失。逐一检视各职业选项，依据重要程度，以+5，+4，+3，+2，+1，0，−1，−2，−3，−4，−5来衡量各职业选项。

(3) 各项考虑因素的加权计分

各方面的利弊得失之间，会因身处于不同情境而有不同的考量。因此，在详细列出各项考虑层面之后，须再进行加权计分。即对当事人而言，重要的考虑因素可乘以1~5倍分数，依次递减。

(4) 计算出各职业选项得分

逐一计算各职业选项"得"（正分）、"失"（负分）的加权计分与累加结果，并计算各个职业选项的总分。

(5) 排列各职业选项的优先顺序

依据各职业选项在总分上的高低，排列优先次序。职业选项的优先次序即可作为职业生涯决策的依据。

拓展阅读

李刚，某大学软件工程专业三年级学生，与同学在淘宝开了家卖电脑配件的网店，盈利不好不坏，目前仍在经营。他原本想毕业后自主创业，开一家软件公司，但家庭无法提供资金支持；父母是中学老师，希望他能考研，将来有机会留在大学任教；一些已经毕业的学长则邀请李刚毕业后到他们公司就业，做编程，虽然累了点，但收入比较可观。

李刚一时拿不定主意，在认真填写一份决策平衡单（如表4-4所示）之后，心情豁然开朗，有了清晰的职业发展方向。

表4-4 李刚的职业决策平衡单

选项 考虑因素		直接就业公司职员 分数	直接就业公司职员 加权	直接就业公司职员 小计	自己创办软件公司 分数	自己创办软件公司 加权	自己创办软件公司 小计	考研究生继续深造 分数	考研究生继续深造 加权	考研究生继续深造 小计
自己物质方面的得失	1. 收入情形	2	*4	8	5	*4	20	-5	*4	-20
	2. 健康状况	1	*3	3	-1	*3	-3	2	*3	6
	3. 工作时间									
	4. 休闲生活	3	*2	6	-3	*2	-6	2	*2	4
	5. 未来展望	-2	*5	-10	4	*5	20	4	*5	20
自己精神方面的得失	1. 潜能、兴趣发挥	1	*5	5	5	*5	25	5	*5	25
	2. 成就感	-1	*4	-4	5	*4	20	5	*4	20
	3. 改变生活形式				3	*1	3	2	*1	2
他人物质方面的得失	1. 收入	2	*2	4	3	*2	6	-2	*2	-4
	2. 与家人分担家事	2	*1	2	-2	*1	2			
	3. 与朋友相处时间	3	*2	6	-2	*2	-4	1	*2	2
	4. 与家人相处时间	1	*2	2	-3	*2	-6	2	*3	6
他人精神方面的得失	1. 家人的荣耀感				3	*2	6	3	*2	6
	2. 家人认同	1	*2	2	3	*2	6	2	*2	4
	3. 家人的担心	-2	*1	-2	-4	*1	-4	-1	*1	-1
合计				22			77			68

第四节 大学生职业生涯规划方案的制定

案例导入

金某是某院校2019届微电子专业毕业生，曾想出国留学，但因德语口语面试不合格而没有实现。于是他开始四处寻找工作，也曾在网上投递多份简历，大都是应聘电子技术工程师之类的岗位，但由于缺乏工作经验，获得的面试机会很少。一家软件销售公司给了他面试机会，但因专业不对口，又无销售工作经验，结果又以失败而告终。后来他进了一家朋友开的公司工作，主要从事简单的计算机操作。但干了几个月，他觉得长此以往，不仅对自己的职业发展不利，而且大学三年所学的专业知识将付诸东流。

内心的彷徨和迷惘使金某迷失了求职的方向。经过几次职业指导，他逐步了解了自己的特长和适合自己的职业之路。之后，他被成功地推荐到某电子公司参加职业见习。通过一个月的实习，他不仅了解了企业的文化和背景，还学到了书本上没有的知识和技能，心境也豁然开朗起来。

一、职业生涯规划的概念

职业生涯规划也称职业规划、职业生涯设计，是指一个人对职业生涯的主客观条件进行测定、分析、总结的基础上，对自己的兴趣、爱好、能力特点进行综合分析与权衡，结合时代特点，根据自己的职业倾向，确定其最佳的职业奋斗目标，并为实现这一目标做出行之有效的安排。

二、大学生职业生涯规划方案制定的原则

大学阶段只是职业的准备期，大学生进行职业生涯规划的主要目的是为踏入社会工作做好各种准备。职业生涯规划具有很强的导向作用，如果大学生的职业生涯目标定位准确，职业路线选择正确，且措施得当、方案科学，就能够引导其走向成功；否则，就是失败的规划。为了使大学生的职业生涯规划科学合理，切实可行，在制定职业生涯规划的时候，应把握以下几个原则。

1. 清晰性原则

无论是目标、措施，还是规划本身，都要清晰、明确，各阶段的划分、路线及具体实施一定要具体、可行。

2. 长期性原则

规划一定要从长远考虑，明确个人职业发展的大方向。大方向如果定位不准确，阶段性目标和措施制定得再好，也不会产生好的效果。

3. 挑战性原则

所确定的目标要有一定的高度，一个轻易就能够实现的目标不能反映出一个人的真实能力，也不能充分体现一个人的人生价值。因此，目标要具有一定的挑战性。

4. 可行性原则

目标或措施应充分考虑到个人、社会和企业环境的特点与需要，从实际出发。各阶段的路线划分与措施安排要脚踏实地、切实可行。

5. 阶段性原则

职业生涯目标的实现，并不是一蹴而就的，而是要对整个职业生涯目标进行分

解，指定每一时期的阶段性目标以及计划完成的时间和具体措施。这一点对大学生来说尤为重要,只有充分注意到这一点,才能确保职业规划目标的实现。

6. 可持续性原则

拟定职业生涯规划方案时要考虑到职业生涯发展的整个历程,持续连贯。要使主要目标与次要目标相一致,目标与措施相一致,个人目标与组织发展目标相一致。

7. 可评估原则

目标要明确,措施要具体,完成时间要有限定,以便检查和评估,方便自己随时掌握执行情况,为规划的修正和调整提供参考依据。

12种行为阻止你的职业生涯规划的实现

(1) 强行压制反对者。他们言行强硬,毫不留情,因为横冲直撞,不懂得绕道的技巧,结果可能影响到自己的职业生涯。

(2) 天生喜欢引人侧目。他们总是很快表明立场,如果没有人注意他,他们会变本加厉,直到有人注意为止。

(3) 无止境地追求卓越。这种人要求自己是英雄,也严格要求别人达到他的水准。他们在工作上要求自己与部属做到更多、更快、更好,结果部属被拖得精疲力竭,离职率节节升高,造成企业的负担。这种人适合独立工作,不适合当主管。

(4) 无条件地回避冲突。这种人会不惜一切代价,避免冲突。为了维持和平,他们压抑感情,使他们严重缺乏面对冲突,解决冲突的能力。

(5) 总觉得自己不够好。这种人虽然聪明有经验,但是一旦被提拔,反而毫无自信,觉得自己不胜任。此外,他没有向上的决心,总觉得自己的职位已经很高。这种自我破坏与自我限制的行为,有时候是无意识的。

(6) 非黑即白看世界。这种人眼中的世界非黑即白,他们相信,一切事物都应该像有标准答案的考试一样,客观地评定优劣。他们总是觉得自己在捍卫信念,坚持原则。其实,这些原则别人可能完全不以为然。

(7) 过度自信。这种人过度自信,不切实际。

(8) 被困难捆绑。他们是典型的悲观论者,喜欢杞人忧天。采取行动之前,他会想象一切负面的结果,会遇事拖延,按兵不动。因为太在意羞愧感,甚至担心部属会出差错,让他难堪。

(9) 疏于换位思考。这种人完全不了解人性,很难了解恐惧、爱、愤怒、贪婪及怜悯等情绪,缺乏将心比心的能力。

(10) 不懂装懂。他们希望年纪轻轻就功成名就,但是他们又不喜欢学习、求助或征询意见，因为这样会被人以为他们不能胜任工作，所以他们只好装懂。而且，他们要求完美却又严重拖延，导致工作严重瘫痪。

(11) 管不住嘴巴。他们不清楚什么话题可以公开交谈，什么内容只能私下说。

(12) 没有目标没有方向。这种人总是觉得自己失去了职业生涯的方向。我走的路到底对不对？他们总是这样怀疑。他们觉得自己的角色可有可无，跟不上别人，也没有归属感。

请认真反思一下，自己有没有以上问题，如果有请尽快加以改正。

三、大学生职业生涯规划方案制定的步骤

1. 自我分析

自我分析即全面了解自己。一个有效的职业生涯设计必须建立在充分审视自己、认清自己、了解自己的基础上。做好自我评估，包括自己的兴趣、特长、性格、学识、技能、智商、情商、思维方式等。要弄清我想干什么、我应该干什么、在众多的职业面前我会选择什么等问题。在此基础上，我们便可以确定自己的职业方向。在这里可以通过利用SWOT法分析自己的优势、弱势、机会和威胁，也可以利用霍兰德职业兴趣测试理论分析自己的职业性格特征。

霍兰德的职业兴趣理论

约翰·霍兰德是美国约翰·霍普金斯大学的心理学教授、美国著名的职业指导专家。他于1959年提出了具有广泛社会影响的职业兴趣理论。

霍兰德的职业兴趣理论认为，人格特质可以分为六种类型，即现实型（R）、研究型（I）、艺术型（A）、社会型（S）、企业型（E）、常规型（C）。

相应地，职业环境也可分为同样的六种类型，人格特质与职业的匹配如表4-5所示。

霍兰德认为人的人格类型、兴趣与职业密切相关，兴趣是人们活动的巨大动力，从事具有职业兴趣的职业，可以提高人们的积极性，促使人们积极地、愉快地从事该职业。

表 4-5　霍兰德人格特质类型

人格类型	兴趣特点	适合职业
现实型	① 愿意使用工具从事操作性工作；② 动手能力强，做事手脚灵活，动作协调；③ 不善言辞，不善交际。	各类工程技术工作、农业工作，通常需要一定体力，需要运用工具或操作机器，如工程师、技术员、机械操作工、矿工、木工、电工、鞋匠、司机、农民、牧民和渔民等。
研究型	① 抽象思维能力强，求知欲强，肯动脑，善思考，不愿动手；② 喜欢独立的和富有创造性的工作；③ 知识渊博，有学识才能，不善于领导他人。	科学研究和科学实验工作，如自然科学和社会科学方面的研究人员、专家；化学、冶金、电子、无线电、电视、飞机等方面的工程师、技术人员；飞机驾驶员、计算机操作员等。
艺术型	① 喜欢以各种艺术形式的创作来表现自己的才能，实现自身的价值；② 具有特殊艺术才能和个性；③ 乐于创造新颖的、与众不同的艺术成果。	各类艺术创作工作，如戏剧等方面的演员、编导。
社会型	① 喜欢从事为他人服务和教育他人的工作；② 喜欢参与解决人们共同关心的社会问题，渴望发挥自己的社会作用；③ 比较看重社会义务和社会道德。	各种直接为他人服务的工作，如教师、保育员、行政人员、医护人员、衣食住行服务行业的经理、管理人员。
企业型	① 精力充沛、自信、善交际，具有领导才能；② 喜欢竞争，敢冒风险；③ 喜爱权力、地位和物质财富。	组织与影响他人共同完成组织目标的工作，如企业家、政府官员、商人、行业部门和单位的领导者、管理者等。
常规型	① 喜欢按计划办事，习惯接受他人指挥和领导，自己不谋求领导职务；② 不喜欢冒险和竞争；③ 工作踏实，忠诚可靠，遵守纪律。	与文件档案、图书资料、统计报表相关的各类科室工作，如会计、出纳、统计人员。

2. 环境分析

环境因素对个人职业生涯规划的影响非常大。个人作为社会中的一员，只有顺应外部环境的需要，趋利避害，因势利导，才能实现个人目标。外部环境分析包括对社会政治环境、经济环境、行业环境、职业环境、企业环境等的分析，找出自己与上述环境的关系以及环境对自己的有利条件与不利条件等，以便相应地调整自己的目标，并适应环境的要求，制定出有效的、切实可行的职业生涯规划。

3. 制定规划

认识自己、了解环境之后，我们就要对自己的职业生涯方向做出完整、清晰的规划。规划分为短期目标、中期目标和长期目标。

要选择你有优势、有兴趣、发展潜力较好的行业；根据自己的专业优势和性格、兴趣特点选择适合自己的职业岗位；规划自己的职业发展路径、收入目标等。

4. 实施方案

要制定实现职业生涯目标的行动方案，并且有具体的行动措施来保证。

根据你所选定的行业和职业岗位，可以通过到招聘网站查询或者向老师、学长咨询等渠道了解相应的能力需求，然后分解需求、制定计划，按部就班地进行准备，以确保目标的实现。

5. 评估与反馈

在人生的发展阶段，由于社会环境的巨大变化和一些不确定因素的存在，会使我们随时做出调整。职业生源规划的评估与反馈过程是个人对自己不断认识的过程，也是对社会的不断认识过程。

职业规划是个不断动态调整完善的过程。在职业规划实施过程中要不断根据实际工作情况评估职业规划的科学性，并在此基础上进行动态调整，最终达到自己真正的职业生涯目标。

练一练

结合自己的兴趣、专业背景和社会环境，为本人制定一份职业生涯规划书（从大学生活开始），并从现在开始按部就班地实施。

职业素养篇

第五章　职业意识与职场礼仪

在职场上，什么样的人最容易脱颖而出，什么样的人最受青睐？答案是具有"职业意识"的人，懂得"职场礼仪"的人。

学习目标

知识目标

1. 了解职业意识的概念。
2. 了解职业意识的重要作用。
3. 了解职场礼仪的重要作用。

能力目标

1. 掌握基本的职业意识。
2. 掌握基本的职场礼仪。
3. 掌握以职业意识指导实际工作的能力。

第一节　职业道德

案例导入

2019年11月19日凌晨1时55分，南航CZ399从广州出发，飞往大洋彼岸的纽约，旅客们大都进入了梦乡。当航班离目的地还有6个小时的时候，意外发生了。有位老年旅客反映自己的老伴无法排尿，急需医疗救助。

听到机上广播后，暨南大学附属第一医院（广州华侨医院）介入血管外科医生张红与海南省人民医院血管外科医生肖占祥赶过来，马上对老人进行检查。两位医生诊断后认为，老人膀胱大致存有1000毫升尿液，如不尽快排出，会面临膀胱破裂的危险。眼下可利用机上急救医疗设备尝试进行穿刺排尿。在征得老人老伴同意后，两名医生立即开始准备，乘务组也尽力找来机上可用的医疗救助设备及物料，协助医生进行救治。

3分钟后，肖医生利用便携式氧气瓶面罩上的导管、注射器针头、瓶装牛奶吸管、胶布自制穿刺吸尿装置，开始施救。

然而，因为客舱空间有限，将装置架设至高处的可能性较小，针头也过于尖细，无法因压力差自动引流老人膀胱内的尿液，加之因膀胱过度胀大，自主收缩功能减

第五章 职业意识与职场礼仪

弱,穿刺引流进入瓶颈。正当大家一筹莫展之时,张医生想到用嘴吸出尿液,这也是控制尿液排出速度与力度的最佳方法。

整整37分钟,张医生不间断地为旅客吸出尿液、吐到杯中,肖医生也不停地根据膀胱积尿情况调整穿刺位置和角度,确保最大限度排出积存尿液,乘务组将排出尿液导入酒瓶,实时测量已排出尿量,帮助医生更好地掌握旅客病情。

最后,医生顺利帮助老人排出700~800毫升尿液,老人病情得到缓解、情绪也逐渐平稳,老人转危为安。

——羊城晚报

毫不犹豫地用嘴为老人吸尿,这一举动令人敬佩。"当时情况紧急,一时也想不到其他更好的方法,看到疼痛难忍的老人,只想尽快帮他引出膀胱内积存的尿液,只能说是天职所在吧"。

一、职业道德的定义

职业道德是指人们在一定职业活动中应遵循的基本道德,是一般社会道德在特定的职业活动中的体现。

二、职业道德的内容

不同的职业有着不同的职业道德内容,但它们有着基本的共同点。我国《公民道德建设实施纲要》提出了职业道德的基本内容,即"爱岗敬业、诚实守信、办事公道、服务群众、奉献社会"。

1. 爱岗敬业

爱岗敬业是社会主义职业道德最基本、最起码、最普通的要求。爱岗敬业作为最基本的职业道德规范,是对人们工作态度的一种普遍要求。爱岗是热爱自己的工作岗位,热爱本职工作;敬业是要用一种恭敬严肃的态度对待自己的工作。

2. 诚实守信

诚实守信是做人的基本准则,也是社会道德和职业道德的基本规范。诚实是表里如一,说老实话,办老实事,做老实人;守信是信守诺言,讲信誉,重信用,忠实履行自己承担的义务。诚实守信是各行各业的行为准则,也是做人做事的基本准则,是社会主义最基本的道德规范之一。

3. 办事公道

办事公道是指在职业活动中对人和事的一种态度,它是在爱岗敬业、诚实守信的基础上提出的更高层次的职业道德要求。它要求人们待人处事要公正公平,不偏不倚,在处理工作时要秉公办事,不因职位高低、贫富亲疏的差别而区别对待。

4. 服务群众

服务群众是在职业活动中一切从群众出发，社会全体从业者通过互相服务，促进社会发展、实现共同幸福。服务群众是一种现实的生活方式，也是职业道德要求的基本内容。服务群众是社会主义职业道德的核心，它是贯穿于社会共同的职业道德之中的基本精神。

5. 奉献社会

奉献社会是要求从业人员在自己的工作岗位上树立起奉献社会的职业理想，并积极自觉为社会和他人做贡献，这是社会主义职业道德的本质特征。奉献社会自始至终体现在爱岗敬业、诚实守信、办事公道和服务群众的各种要求之中。奉献社会并不意味着不要个人的正当利益，不要个人的幸福，恰恰相反，一个自觉奉献社会的人才真正找到了个人幸福的支撑点。奉献和个人利益是辩证统一的。

三、职业道德的特点

1. 职业道德具有适用范围的有限性

每种职业都担负着一种特定的职业责任和职业义务。由于各种职业的职业责任和义务不同，从而形成各自特定的职业道德的具体规范。

2. 职业道德具有发展的历史继承性

由于职业具有不断发展和世代延续的特征，不仅其技术世代延续，其管理员工的方法、与服务对象打交道的方法，也有一定历史继承性。如"有教无类""学而不厌，诲人不倦"，始终是教师的职业道德。

3. 职业道德表达形式多种多样

由于各种职业道德的要求都较为具体、细致，因此其表达形式多种多样。例如，医生：救死扶伤；教师：为人师表；警察：秉公执法。

4. 职业道德兼有强烈的纪律性

纪律也是一种行为规范，但它是介于法律和道德之间的一种特殊的规范。它既要求人们能自觉遵守，又带有一定的强制性。就前者而言，它具有道德色彩；就后者而言，又带有一定的法律色彩。也就是说，一方面遵守纪律是一种美德，另一方面，遵守纪律又带有强制性，具有法令的要求。例如，工人必须执行操作规程和安全规定；军人要有严明的纪律等。因此，职业道德有时又以制度、章程、条例的形式表达，让从业人员认识到职业道德又具有纪律的规范性。

第二节　责任意识

案例导入

2018年8月20日凌晨0时28分,山东省寿光市110指挥大厅接到报警,因洪水灾害,有群众在弥河西岸孙家集街道岳寺高村果园内被困,请求救援。

民警孙超面对几十年不遇的特大洪涝灾害,不顾狂风骤雨、水急浪高,在连续值班24小时后,依然主动请缨参与救援被困群众,危急时刻不顾自身安危,心里想的仍然是群众和同事的安全,最后不幸被洪水卷走。孙超同志长年奋斗在基层,恪尽职守,默默奉献,有着强烈的责任意识。他用年轻宝贵的生命维护了人民群众的生命财产安全,践行了"人民公安为人民"的庄严承诺。

2018年8月31日,山东省政府认定孙超同志为烈士。

一、责任的定义

责任是一种职责和任务。它伴随着人类社会的出现而出现,有社会就有责任。责任即分内之事。如"救死扶伤是我们医护人员的责任",又如"我们应尽到做老师的责任"。责任感是衡量一个人精神素质的重要指标。责任产生于社会关系中的相互承诺。在社会的舞台上,每种角色往往意味着一种责任。当我们在承担一项责任的时候,要付出一定的代价,但也意味着获得回报的权利。

人在社会中生存,就必然要对自己、对家庭、对集体甚至对祖国承担并履行一定的责任。

责任体现一个人的心态、原则、作风、习惯、思想,是一个人价值观、人生观和世界观的综合体现,是一个人对待人生和生命环境的态度。在学习生活中,看到自己的责任所在并积极承担责任是一名合格大学生必须做到的。

二、职业中的责任意识

责任意识是一种自觉意识,是清楚明了地知道什么是责任,并自觉、认真地履行社会职责和在参加社会活动过程中把责任转化到行动中去的心理特征。

在美国著名心理学家麦克利兰的"素质冰山"模型中,人的个体素质就像水中漂浮的一座冰山,水上部分的知识、技能仅是表层特征,不能完全区分绩效优劣。而水下部分的动机、特质、态度、责任意识等,才是决定人行为的关键因素。基本的知识和技能是可以通过学习培训掌握的,而在职业职场中,用人单位更关注的是深藏的"冰山之下",员工要有基本的职业操守、职业道德、责任意识等。

在职业中，每个人的工作实际上是对自己的前途和未来负责，是对自己的职业生涯负责。我们认为，当一个人被评价为"不负责任"或者"无责任意识"时，那这个人就基本上没有职业发展前途了。

对大部分的职位而言，报酬和所承担的责任意识成正比。世界上没有报酬丰厚却不需要承担任何责任的工作。所以主动要求承担更多的责任或者自动承担责任是成功者必备的素质。

我们的生活中存在许多责任意识的表现。总有这样一些人让我们感动，他们用行动诠释着责任意识的最高境界。排雷战士杜富国面对边境复杂雷场中的不明爆炸物时喊出"你退后，让我来"，英勇负伤，失去双眼和双手；医学专家钟南山在抗击SARS非典型肺炎和新型冠状病毒感染的肺炎这两场没有硝烟的战场中无私奉献，敢医敢言；英雄机长刘传健在生死关头果断应对，带领机组成员临危不乱、正确处置，确保了机上119名旅客生命安全；80后乡村教师张玉滚靠一根扁担把学生的课本、文具挑进了大山，担起乡村未来。同样，在我们的身边也时刻能看到众志成城抗台风、挥汗如雨战高温、连夜施工抢进度、扶贫捐款献爱心……从中，我们无不感受到一种品格，一种境界，这就是对国家、对人民、对事业的责任。

拓展阅读

《把信送给加西亚》

在19世纪美西战争中，美方有一封具有战略意义的书信，急需送到古巴盟军将领加西亚的手中，可是加西亚正在丛林作战，没人知道他在什么地方。此时一名年轻中尉——安德鲁·罗文挺身而出。他没有任何推诿，不讲任何条件，历尽艰险，三周后走过危机四伏的国家，以其绝对的忠诚、责任感和创造奇迹的主动性完成了这件"不可能的任务"，把信交给了加西亚。

100多年来，罗文的事迹通过小说《把信送给加西亚》的出版在全世界广为流传，成为责任、敬业、忠诚的象征。

第三节　协作意识

案例导入

一家企业招聘职员，报酬不低，吸引了不少大学生前去应聘。

面试时，董事长让前六名应聘者一起进来，然后发了50元钱，让他们去街上吃饭，并且要求必须保证每个人都要吃到饭，不能有一个人挨饿。

第五章 职业意识与职场礼仪

六个人从公司里出来，来到大街拐角处的一家餐厅。餐厅服务员告诉他们，这儿的米饭、面条等，每份最低也要10元。他们一合计，照这样的价格，六个人一共需要60元，可是现在手里只有50元，无法保证每人一份。于是，他们垂头丧气地出了餐厅。

回到公司，董事长问明情况后摇了摇头，说："真的对不起，你们虽然都很有学问，但是都不适合在这个公司工作。"

其中一人不服气地问道："50元钱怎么能保证六个人全都吃上饭？"

董事长笑了笑说："我已经去过那家餐厅了，如果五个或五个以上的人去吃饭，餐厅就会免费加送一份。而你们是六个人，如果一起去吃的话，可以得到一份免费的午餐。可是你们每个人只想到自己，从没有想到凝聚起来，成为一个团队。这只能说明一个问题，你们都是以自我为中心、没有一点协作意识的人。而缺少协作意识的公司，又有什么发展前途呢？"

六名大学生哑口无言。

一、协作意识

协作，是人们为了实现共同目标而从事的共同活动，也是个体和团体为了达到某种目标、齐心协力、相互配合、相互促进，导向共同目标的心理状态和行为活动能力。

一般情况下，协作可产生分工和互助两种行为方式。分工，指团体中多人合作一件事，每人承担其中的一部分工作；互助，指团体成员互相补充，互相影响，互相支持，互相帮助。

在实际工作中，能充分理解团队目标、组织结构、个人职责，在此基础上有着与他人协调配合、互相帮助、共同完成工作目标或达到工作目的的意识，就是协作意识。

二、协作在工作中的体现

1. 在工作中尊重上级，服从安排

对于来自上级的决定、指令应无条件服从，这是判断一名员工是否具有协作意识的重要标准。在管理学中有一条重要原则，叫做服从原则，即为：下级对上级的命令必须服从，下级没有权力判断上级指令的对错，上级的对错只能由上级的上级来裁定。绝对不能出现自认为上级的指令不正确、不合理，就不去执行的行为（明显的违法违规行为不在此范围内）。现在很多单位企业有着有令不行、有禁不止、有法不依、有章不循的行为，甚至是"上有对策，下有政策"，这在我们学生群体中也不少见。造成这一问题的重要原因，就是缺乏对管理层和领导者的尊重。对抗上级既不有利于

77

工作开展，本人还要付出代价。领导的做法我们可以议论，也可以提出不同意见，但一定要注意方式、时机、场合。尊重上级是因为他的职位，服从领导是因为他手中有组织赋予他的职权。领导是法人或是受法人之托，他的行为是一种组织行为，不尊重、不服从领导，对抗破坏的是单位企业的整套管理指挥系统。

执行力强的团队必须是下级服从上级指挥，执行力高的模式。因此，只要你身在单位企业中，就不要轻易地指责或者蔑视你的上级领导。吹毛求疵的习惯会使人失去对自己的批判能力，失去进取精神，从而使自己的道路越走越窄，最终变得碌碌无为。

2. 在工作中团结同事，乐于奉献

同事之间应和睦相处，要通过自己的努力，使自己的周围出现一种互相关心、互相帮助的良好氛围，只有这样，团队、集体中才能开展有效协作。同事之间争辩是正常现象，可以谈观点，但是不要强迫同事认同或接受。当发现同事的缺点和问题时，提出批评要注意方式、时机、场合，让同事意识到你是在关心他，而不是挖苦他。在协作时，部门之间、同事之间会有分工，但是不能把界限划得太清楚，看到别人有困难，只要有能力，就要去帮助，不能站在一边袖手旁观，更不能借故走开。整个单位企业的业务都是互相牵制的，没有一项是由一个部门，一个人单独完成的。

三、如何培养协作意识

1. 欣赏他人

欣赏团队中每一个成员，就是在为团队增加助力。欣赏就是主动去寻找团队成员的积极品质，然后学习这些品质，并努力克服和改正自身的缺点和消极品质。三人行，必有我师。正如现在的全班同学，每一个人的身上都会有闪光点，都值得我们去挖掘并学习。

练一练

课堂小游戏：每位同学在全班名单中抽签，抽签的同学和被抽到的同学互相指出对方的一个闪光点。

2. 尊重他人

无论新人或旧人，尊重没有高低之分、地位之差和资历之别，尊重只是团队成员在交往时的一种平等态度。

3. 宽容他人

心胸更宽广是令人崇尚的团队精神，而宽容正是最被推崇的一种合作基础，因为这是一种真正的以退为进的团队策略。雨果曾经说过，"世界上最宽阔的是海洋，比海洋更宽阔的是天空，而比天空更宽阔的则是人的心灵"。

4. 信任他人

现代社会的发展使职业分工越来越细，一个人单打独斗的时代已经成为过去，越来越需要集体的合作。个人的能力再强、工作做得再出色，也不能离开团队这个大的氛围。因此，团队成员只有相互信任、主动做事、乐于分享，才能共同成长，共达成功的彼岸。

5. 锻炼表达与沟通能力

现代社会是个开放的社会，你的好想法要尽快让别人了解。学会沟通，抓住一切机会锻炼表达能力，积极表达自己对各种事物的看法和意见，并掌握与人交流和沟通的艺术。

6. 协调人际关系

校园时代中我们接触到的人多半是老师和同学，彼此之间不存在太多的经济利益冲突。初到工作岗位，人际关系有所改变，接触到的人际关系主要是与领导、同事之间的关系，以及与社会其他成员之间的关系。积极处理好自己与领导、同事之间的关系，学会与各种各样的人社交，这是我们必须要做到的。

7. 培养主动性

任何一个单位都不喜欢只知道听差的人，我们不应该被动地等待别人告诉你应该做什么，而应该主动去了解单位需要我们做什么，自己想要做什么，然后进行周密规划，并全力以赴地去完成。

8. 培养全局观念

有协作意识并不代表反对个性张扬，但个性必须与团队的行动一致，要有整体意识、全局观念，考虑团队的需要。它要求团队成员互相帮助，互相照顾，互相配合，为集体的目标而共同努力。

练一练

课堂小游戏：以10个人为一组，围成一个向心圈，每个人伸出右手握向对面的人，然后再拿出左手牵住另外一个人，在不解开手链的情况下想办法把网解开。几个组同时进行，比较一下，哪个组解开的更快一些。

拓展阅读

女排精神

女排精神是什么？郎平：团队精神，永不放弃。

一花独放不是春，满园花朵才是春，只有整个球队的队员都发挥得好，都能贡献自己的一份力量，才能战胜强大对手！

排球是一个团队项目，主攻、副攻、接应、二传各司其职，分工明确，每个成员各有特点，不可或缺，在场上都充分发挥着自己的特长，没有完美的个人，却能搭建出完美的团队。

每一次主动得分都需要多名队员的团结协作，没有人可以以一己之力带领团队获得胜利，每个人都在尽自己的努力去拼搏。即便是其中一环出现了问题，大家也都会为她加油鼓劲，并分担她的一部分工作，一起度过难关，去完成比赛、取得最后的胜利。

我们看到每场比赛开始、结束每个人之间都会相互击掌一次圈；每次上场比赛、下场都要围成一圈击掌加油鼓劲；看到每一次得分、每一次协作回球后都会击掌拥抱、互相鼓励。

团结协作、顽强拼搏的女排精神始终代代相传，极大地激发了中国人的自豪、自尊和自信，为我们在新征程上奋进提供了强大的精神力量。

第四节 质量意识

案例导入

1985年，海尔创始人张瑞敏的朋友来厂里选购冰箱，挑挑选选好久才找到一台没有任何瑕疵的冰箱。这件事深深触动了张瑞敏。他立即下令审查冰箱质量，最终从400台冰箱中找出了76台次品。当时的冰箱即便略有瑕疵也是紧俏货，在总管和员工一致认同将冰箱低价卖给员工的情况下，张瑞敏孤注一掷抡起大锤将76台冰箱全部砸烂。"砸冰箱事件"正式拉开了张瑞敏和海尔的传奇序幕，标志着中国制造业开启了"质量时代"。如今，在海尔科技馆里，那把"闻名遐迩"的大铁锤，仍向人们诉说着质量与品牌的故事。

2011年9月，老罗英语培训学校创始人罗永浩在网络上连续发布微博，称家中先后购买的三台西门子冰箱都存在"门关不严"问题，但是西门子"回避问题"。针对罗永浩的屡次投诉，西门子家电官方微博曾在2011年10月15日表示歉意，承诺免费上门维修，但始终否认冰箱存在质量问题："近日网友反映西门子冰箱门偶有不易关闭的现象，我们立即与生产、质控等部门进行了核查，确认不属于质量问题。尽管如此，我们将对遇到有类似情况的用户提供上门检测和维护服务。" 2011年11月20日，罗永浩和其他一些志愿者来到北京西门子总部进行维权活动，用铁锤砸烂三台有质量问题或设计缺陷的冰箱并递交书面要求，督促西门子公司立即改正拒不承认产品问题、推卸责任、忽视消费者诉求的恶劣做法，并召回有问题的冰箱。

同样是冰箱问题，同样是用铁锤砸烂，一方作为企业，重视质量问题；一方作为消费者，投诉质量问题。通过对比，我们能从中得到什么结论？

一、质量和质量意识

在 ISO 质量体系中，"质量"被理解为：一组固有特性满足明示的、通常隐含的或必须履行的需求或期望的程度。广义地讲，"质量"包括过程质量、产品质量、组织质量、体系质量及其组合的实体质量、人的质量等。

一般说来，"质量意识"则是一个企业从领导决策层到每一个员工对质量和质量工作的认识和理解，这对质量行为起着极其重要的影响和制约作用。质量意识应该体现在每一位员工的岗位工作中，许多人把质量认为仅是高层和质量控制部门的事，与自己无关，殊不知任何一个环节的疏漏，都会影响到整个产品链和企业形象。

二、工匠精神

在 2016 年的政府工作报告中，李克强总理说"要鼓励企业开展个性化定制、柔性化生产，培育精益求精的工匠精神。"

工匠们喜欢不断雕琢自己的产品，不断改善自己的工艺，享受着产品在双手中升华的过程。工匠们对细节有很高要求，追求完美和极致，对精品有着执着的坚持和追求，把品质从 0 提高到 1，其利虽微，却长久造福于世。

工匠精神是社会文明进步的重要尺度、中国制造前行的精神源泉、企业竞争发展的品牌资本和员工个人成长的道德指引。"工匠精神"就是追求卓越的创造精神、精益求精的品质精神、用户至上的服务精神。

三、在工作中如何提高质量意识

1. 坚持终身学习

一个人要想保持积极进取的精神状态，保质保量完成工作任务，就要在工作中不断学习，接受继续教育，吸收新知识，掌握新技能，保持和增强自身优势，努力适应社会发展的需要。

2. 保持工作热情

"热情优于智慧"，保持高度的工作热情，全身心地投入工作岗位中是保证质量的基础。

3. 杜绝工作顺境中的不良表现

工作顺利进展时，不要沾沾自喜、夜郎自大，应该谦虚谨慎，认真审视自己潜在的不足，并抱着积极的态度努力改造自己。

拓展阅读

99+1=0

为了一件艰难的任务，你坚持了99天，可最后一天放弃了，那么，你就失败了。

对于一件产品来说，如果它由100个零件组成，其中99个零件是优秀的，但有一个是低劣的，那么这件产品就不合格，生产成果就等于零。

如果生产一件产品需100道工序，其中99道工序是符合要求的，只有一道工序有问题，那么这件产品就是废品。

企业的99件产品都是合格的，但消费者买到了一件不合格产品，由这件产品引发的市场效果就等于零。

你一直为客户提供贴心的服务，有一次没做好，你们的合约有可能就此终止。

官员们清廉一辈子，快到退休了，没有把住清廉关，身陷囹圄，一生光彩毁于一朝。

第五节　服务意识

案例导入

美国诺斯通百货公司曾经对顾客不再光顾他们百货商店的原因进行过统计分析：1%因为去世；3%因为迁往别处；5%因为与其他的商店建立了良好关系；9%因为价格因素转移别家；14%因为对产品质量不满意转移别家；68%因为店员对顾客态度冷漠而流失。从此，诺斯通百货公司座右铭为："百货商店之间唯一的差别就是待客之道不同。"

中国餐饮企业海底捞，截至2019年10月，市值已达2000亿港元。即使价格偏贵，但它在中国各大城市的火锅餐饮业中备受欢迎。究其原因，很大程度上是海底捞的服务态度好。去海底捞用过餐的同学们一定深有体会，因为食客很多，经常要排队，餐厅就为等待的顾客提供免费美甲、美鞋和护手；还提供免费饮料、零食和水果。服务员来自五湖四海，可以找老乡服务，态度很热情，甚至在卫生间里都会有专人服务，包括开水龙头、挤洗手液、递擦手纸等。

提到中国的商业快递物流公司，大家最信任的是哪家呢？毫无疑问，顺丰在消费者心里是排第一梯队的。顺丰的成功之道，除了送货速度快，最大的亮点也是最深入人心的地方，就是它的服务。快递员态度好，送货时打电话确认并送货上门。当然，这样的服务会收费相对高一些，但顺丰并没有因为自己的高收费而失去很多客户，相反得到了很多注重品质、注重服务的年轻人的喜欢。

雷锋同志说过："人的生命是有限的，可是，为人民服务是无限的，我要把有限的生命，投入到无限的为人民服务之中去。"

一、服务的定义

服务是指履行职务，为他人做事，并使他人从中受益的一种有偿或无偿的活动，不以实物形式而以提供劳动的形式满足他人某种特殊需要。

服务意识是指企业全体员工在与一切企业利益相关的人或企业的交往中所体现的为其提供热情、周到、主动的服务的欲望和意识，即自觉主动做好服务工作的一种观念和愿望。它发自服务人员的内心。

二、如何提高服务意识

同学们即将走入职场，更应提高服务意识，应该做到以下几个方面。

1. 讲究礼貌，从改变自身习惯开始

要养成服务他人的习惯，提高服务意识，得先做到讲究礼貌。礼貌是一个人道德品质的缩影，没有礼貌，就不能更好地为他人服务。俗话说："礼多人不怪。"无论在生活中还是学习工作上，我们都应该注重自己的礼貌问题。

（1）首先，注意自身形象。要衣冠整洁、谈吐文雅、举止大方、待人亲切，多使用礼貌用语，如"您好""请""对不起""谢谢"（尽量多说"谢谢您"，比"谢谢"更真诚）、"再见"等。

（2）与人对话时尽量在前面加带称呼，称呼以别人听着舒服为宜。生活中，无论是现实社交还是网络聊天，很多同学在与人交流时并不注重这一点，甚至对长辈都以"哎"相称，这显然是不合适的。一旦养成习惯，走入职场后，是一定会吃亏的。

（3）与人交谈议事时，要根据与对方的亲密程度，保持适当距离。在职场中交流时，一般保持社交距离为0.5米~1.5米之间。

（4）见面时主动与他人打招呼，不能视而不见。对于不太熟的同学或同事，见面保持微笑，做个"点头之交"也未尝不可。

（5）学会职场礼仪，如接待、送客、握手、敲门、递物、接打电话等，都有约定俗成的礼仪规范，学会这些，我们才能更好地为他人服务。

2. 推己及人，多站在对方角度思考问题

在工作中，要热情、耐心、周到，设身处地为他人着想，使服务对象感到满意。能一次解决的问题，不要两次解决；能电话里解决的问题，就尽可能不要烦劳服务对象多跑一次。提高情商，学会见机行事，善于观察，用心发现他人需求，做一个周到又体谅他人的人。

3. 规范服务行为，提高服务质量

工作中的服务一定要规范，制定越详细的规范，越有利于开展工作，所以，我们在服务的同时，要注重服务质量，主动服务他人，认真做好手头的每一件事，充分发挥螺丝钉作用，从身边的小事做起，培养服务他人的习惯。

拓展阅读

骨子里是彼此的尊重

一家生意红火的蛋糕店门前站着一位衣衫褴褛、身上散发着难闻气味的乞丐。旁边的客人都皱眉掩鼻，露出嫌恶的神色来。

伙计过来赶他走，乞丐却拿出几张脏乎乎的小面额钞票小声地说："我来买蛋糕，最小的那种。"

店老板走过来，热情地从柜子里取出一个小巧精致的蛋糕递给乞丐，并深深地向他鞠了一躬，说："多谢关照，欢迎再次光临！"

乞丐受宠若惊般离开，要知道他从来没有受过如此殊荣。店老板的孙子不解，问道："爷爷，你为什么对乞丐如此热情？"

店老板解释说："虽然他是乞丐，却也是顾客呀。他为了吃到我们的蛋糕，不惜花去很长时间讨得的一点点钱，实在是难得，我不亲自为他服务怎么对得起他的这份厚爱？"

孙子又问："既然如此，为什么要收他的钱呢？"

店老板说："他今天是客人，不是来讨饭的，我们当然要尊重他。如果我不收他的钱，岂不是对他的侮辱？"

要尊重每一个顾客，哪怕他是一个乞丐，因为我们的一切都是顾客给予的。

第六节　诚信意识

案例导入

北京市一家大公司通过猎头聘请了一位"高级人才"，简历上显示，这位"高级人才"系北京大学光华管理学院MBA工商管理硕士毕业，拥有建造师执业资格证书和北京户口。不料，经审查档案后发现此人竟只是中学学历。公司一怒之下报了警，这位"高级人才"也因伪造国家机关证件罪、伪造公司和事业单位印章罪、伪造身份证件罪站到了被告席上。

一、诚信的重要性

诚信是人类共同的美德。中国自古就有"一诺千金""言必信,行必果""小信诚则大信立"的说法,周幽王烽火戏诸侯而致亡国,商鞅"徙木立信"为后世所传颂,从古至今,诚信不仅是中华民族的传统美德,也是社会主义核心价值观的重要内容、是社会主义市场经济的基本要素。在如今共享汽车、无人超市普及的信用经济时代,诚信更应该引起人们的重视。

二、诚信意识的培养

放在职业意识的范畴来讲,诚信作为基本的职业要求,是从业人员应具备的基本素质,也是最重要的品德之一。对此,大学生应该做到以下几方面。

1. 在经济上,树立正确的消费观,理性消费

上学期间,学费、生活费大多都来源于父母,在没有经济偿还能力之前,拒绝一切"花呗""借呗""打白条"、信用卡、网络贷款分期等提前消费,因为一旦发生偿还逾期,不但会对自己的征信产生重大影响,造成个人不良诚信记录,更可怕的是,小额分期利息之高,很快会使自己陷入"利滚利"陷阱。近年来,大学生因还不上欠款走上暴力犯罪或辍学自杀的事件屡见不鲜,对此,我们要务必保持警惕。工作上有了稳定收入之后,如果有信用卡消费或分期付款账单,一定要按时还款,要珍视自己的信用记录和诚信档案。在当今大数据时代,稍有不慎,就有可能影响个人征信,影响自己的一生。

2. 在社交上,讲究诚信,是我们在文明社会中的通行证

任何人在社会生活中都离不开与他人的交往,在交往中,相互信任是人们相处的基础。如果失去"诚实守信",也就失去了交往的基础。在与人交往中做到守时不迟到、讲真话、不弄虚作假、答应了别人的事一定要去做,这是我们为人处事的基础。

3. 在生活上,提高诚信意识,展示大学生优良道德品质

具体体现在在学校"奖、助、贷、勤、减、补"工作中,不欺瞒,不撒谎,如实上报真实数据;在行使自身权利评价他人时,不夹杂个人感情,客观公正评价;按时足额缴纳学费,不恶意欠费;诚信考试,不徇私舞弊;坚持原创,尊重版权,不剽窃他人作业或学术理论成果;找工作时按照自己现有成果和经验,尽全力表现,不伪造个人简历;要有契约精神,参加工作后遵守合同规则,不擅自毁约。

第七节　奉献意识

案例导入

在山东省威海市，有一个人26年如一日，如痴如醉地投身公益、无私奉献；他用火一样的热情，温暖着残障朋友的心房；他像磁铁一样吸引着数万名志愿者走上爱心奉献的道路；他牺牲几乎所有的节假日，用汗水和心血谱写着人间大爱。为此，他被人误解过，遭人嫉恨过，但他始终不渝，难忘初心。他就是在威海家喻户晓的"长城爱心大本营"创始人——刘长城。（齐鲁网）

刘长城出生在威海市经济技术开发区泊于镇盐滩村，年幼丧父，母亲拉扯4个未成年的孩子艰难度日，在乡亲们的接济下，他顺利完成学业。从那时起，母亲就经常告诉他，长大后一定要学会感恩，多去帮助别人。从1992年开始，刘长城运用所学专业法律知识为上百位职工讨回公道。1996年，为帮助一名打工妹拿到工伤赔偿，刘长城领着女工的父亲把官司打到山东省高院，历时两年，帮他们一次性拿到21.41万元的赔偿款。2008年11月，根据组织部门安排，刘长城到文登区侯家镇挂职党委副书记，负责招商引资。做好本职工作之余，他走村串户，访贫问苦，自掏腰包，四处"化缘"，筹集资金为群众铺路架桥，帮助全镇130多户贫困家庭排忧解难。

刘长城的脱贫事迹得到了来自社会各界的广泛认可。2016年12月和2017年11月，长城爱心大本营发起人刘长城作为首届全国文明家庭的代表和第六届全国道德模范先后两次受到了习近平总书记的亲切会见，并获得了第四届"CCTV年度慈善人物""助人为乐"中国好人榜上榜人物、"全国百名优秀志愿者"和全国首批"优秀五星级志愿者""全国志愿助残阳光使者""山东省脱贫攻坚先进个人"等荣誉称号。新华社、人民日报、中央电视台、人民网、新华网、光明网等16家全国网络媒体和多家中央以及省级媒体记者报道了刘长城的先进事迹。

一、奉献的定义

社会对从业者的要求是要运用知识和能力，向社会提供劳动、创造价值。从业者依靠自身知识和能力并按照一定的规范具体开展工作，同时取得相应劳动报酬。当社会不能及时按量为从业者所付出的劳动支付薪酬时，从业者不期望等价回报依然坚持提供劳动创造价值，这就是奉献。奉献是一种人生境界，奉献不仅要有明确的信念，还要有崇高的行为。

无论是心甘情愿的，还是不得已而为之的，只要是在自己既得的工作岗位上认真负责、尽心尽力、遵守职业道德，这就是一种普遍的奉献精神。在我们国家，如果大大小小的公务员、企事业单位职工、私营企业主、个体户都能够表现出这种奉献精神，人民就会更加富裕，国家就会更加强盛。

二、提高奉献意识

无论从事什么职业，我们都要树立正确的义利观，正确处理好公利与私利的关系。当"义"与"利"发生矛盾时，要有顾全大局、乐于奉献的精神，真正把国家、集体的利益放在首位。要杜绝斤斤计较、只讲索取不讲奉献、只讲权利不讲义务、只讲金钱不讲道德的思想观念。

奉献并非是放弃个人生存的必要条件，提高自己的奉献意识，只需在生活工作中尽量做到以下这几点：

1. 坐得住，静得下，不浮躁，把主要心思放在学习和工作上；
2. 分内分外的工作不必分得太清楚，能多做就多做；
3. 不但要干好本职工作和领导交办的事项，还得多想几步，多干一些；
4. 多参加一些力所能及的志愿服务活动，积极帮助社会上的弱势群体；
5. 理性看待加班，在不违反《劳动法》的前提下，有紧急重大工作时，多奉献自己。

三、马斯洛需求层次理论

1943年，美国心理学家马斯洛提出需求层次理论，如图5-1所示。他指出：人有一系列需求，按其优先次序可以排成梯式的层次。一般来说，人的需求有一个从低级向高级发展的过程，越是低级的需求就越基本，越与动物相似；越是高级的需求就越为人类所特有。同时这些需求都是按照先后顺序出现的，当一个人满足了较低的需求之后，才能出现较高级的需求。但是，有的人需求层次是不均衡的，他们有着奉献社会、创造个人价值等最高层次需要，在不满足低层次需求的情况下，直接启动高层次行为。奉献便属于最高层次的自我实现需要。

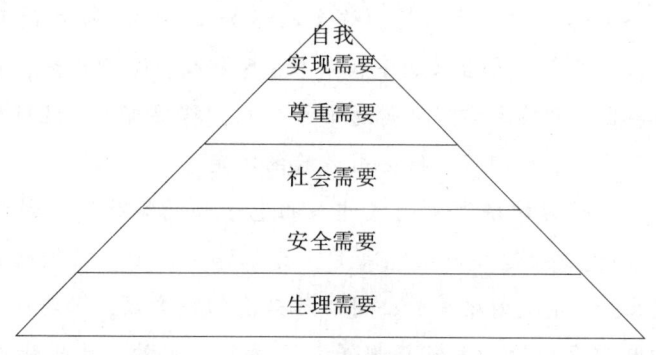

图5-1 马斯洛需求层次理论示意图

拓展阅读

大国工匠

他们文化不同，年龄有别，但都拥有一个共同的闪光点——热爱本职、敬业奉献。他们技艺精湛，有人能在牛皮纸一样薄的钢板上焊接而不出现一丝漏点，有人能把密封精度控制在头发丝的五十分之一，还有人检测手感堪比X光般精准，令人叹服。他们之所以能够匠心筑梦，凭的是传承和钻研，靠的是专注与磨砺。

例如顾秋亮，中国船舶重工集团公司钳工，蛟龙号载人潜水器首席装配钳工技师，在钳工岗位上一干就是43年，能把中国载人潜水器的组装做到精密度达"丝"级（0.1mm）。

例如高凤林，中国航天科技集团有限公司焊接工，1980年技校毕业后，一直从事火箭发动机焊接工作，完成长征二号、三号系列火箭关键部位的高难度焊接任务。30多年来，他始终坚持以国为重、扎根一线、勇于登攀、甘于奉献，一次次攻克了发动机喷管焊接技术世界级难关，为北斗导航、嫦娥探月、载人航天、国防建设等国家重点工程的顺利实施以及长征五号新一代运载火箭研制做出了突出贡献。

例如胡双钱，中国商飞上海飞机制造有限公司钳工。从业37年来，他先后负责过运十飞机、MD82飞机、波音737飞机、空客320飞机、ARJ21新支线飞机、C919大型客机等飞机型号零件的研制生产任务，经他手的几十万个零件没有一个出现质量差错。

第八节　基本行为礼仪

案例导入

一家公司的公关部招聘一位职员，许多人参加了角逐。公司的面试和笔试都十分繁琐，一轮轮淘汰下来，最后只剩下5个人。5个人个个都优秀，都有较好的外表条件和学识，都毕业于名牌大学。公司通知5个人，聘用哪个人还得由经理层会议讨论后才能决定。于是5个人回家等待公司最后的决定。

几天后，其中一位名叫陈立意的候选人的电子邮箱里收到一封信，信是公司人事部发来的，内容是："经过公司研究决定，你落聘了，但是我们欣赏你的学识、气质，因为名额有限，实是割爱之举。公司以后若有招聘名额，必会优先通知你。你所提交的资料录入电脑存档后，不日将邮寄返还于你。另外，为感谢你对本公司的信任，随寄去本公司产品的优惠券一份。祝你开心。"

第五章 职业意识与职场礼仪

陈立意在收到电子邮件的一刻，知道自己落聘了，十分伤心。但又为外资公司的诚意所感动，两天后，她收到了寄给她的材料和一份优惠券。她十分感动，于是花了3分钟时间用电子邮件给那家公司发了一封简短的感谢信。但两个星期后，她收到那家公司的电话，说经过经理层会议讨论，她已被正式录用为该公司职员。后来，她才明白，这是公司最后的一道考题。

公司给其他4个人也发了同样的电子邮件，也送了优惠券，但是回信感谢的只有她一个。她能胜出，只不过因为多花了3分钟时间去感谢。

礼仪是指在社会交往活动中，为了相互尊重，在仪容仪态、言行举止等各方面约定俗成的、共同认可的行为规范。从个人修养角度来看，礼仪是一个人内在修养和素质的外在表现；从交际角度来看，礼仪是人际交往中适用的一种艺术，一种交际方式或交际方法，是人际交往中约定俗成的示人以尊重、友好的习惯做法；从传播角度来看，礼仪是在人际交往中进行相互沟通的技巧。

一、仪容仪态

不同的仪容仪态从某个方面展露了不同人格，随之就会有不同际遇。保持良好的仪容仪表，既能使自己变得心情轻松、愉快，又能让别人对自己刮目相看。仪容仪表往往会给人留下非常深刻的第一印象。

第一印象也叫首因印象。指素不相识的人初次见面所形成的印象并对以后双方交往关系的影响。初次交往留给对方的印象总是最鲜明、最牢固、最深刻，并关系到交往能否继续下去以及交往的程度，是以后交往的基础。如果第一次交往留给对方的是好印象，双方就很容易接近，建立友好亲密关系；如果第一次交往留给对方印象不好，对方就不愿意再交往，即使因种种原因要接触，也会产生冷漠或抵触情绪。第一印象的获得主要来自对方的外观，如容貌、身材、着装、姿态等；或第一印象由五感而定：视觉、听觉、嗅觉、触觉、味觉。

在仪容仪态中，发型、面部、站姿、坐姿、走姿在一般的日常生活、工作中，有一定约定俗成的标准。

1. 发型

发型的选择应与脸形、年龄、职业、气质等相符。在发型选择上，应注重整洁、规范，长度适中，并适合自己，发色尽量不要选择太跳跃的颜色，应注重大方、美观。

2. 面部

总体来说，面部应保持洁净，无污物。男士胡子刮干净或修整齐，女士在正式场合，面部修饰应以淡妆为主，不应浓妆艳抹，也不应不化妆。

3. 站姿

最容易表现体态特征的是人处于站立时的姿势。社交场合中的站姿，要求做到

"站有站相"，注意站姿的优美和典雅。正确的站立姿势应是：端正、庄重，具有稳定性。

4. 坐姿

坐姿是人际交往中最重要的人体姿态，它反映的信息非常丰富。优美的坐姿是端正、优雅、自然、大方的。切忌：跷二郎腿、穿拖鞋、把脚放在自己的桌椅上或架到别人的桌椅上。

5. 走姿

行走是人生活中的主要动作。从一个人的走姿就可以看出其精神是奋发进取还是失意懒散，以及是否受人欢迎等，它最能体现出一个人的精神面貌。在生活中有的人精心打扮穿着入时，如果走姿不美，就会逊色三分；而有的人尽管服装样式简单，优美的走姿却使他气度不凡。标准的走姿要求行走时上身挺直，双肩平稳，目光平视，下颌微收，面带微笑；手臂伸直放松，手指自然弯曲，摆动时，以肩关节为轴，上臂带动前臂，向前、后自然摆动；身体稍向前倾，提髋屈大腿，带动小腿向前迈。

二、言行举止

1. 打招呼

一般情况下，打招呼时应和对方有目光交流，而不应左顾右盼。指引时需要用手指引某样物品。接引顾客和客人时，食指以下靠拢，拇指向内侧轻轻弯曲，指示方向。向远距离的人打招呼时，伸出右手，右胳膊伸直高举，掌心朝着对方，轻轻摆动。不可向上级和长辈招手。

2. 握手

握手次序应把握尊者优先和女士优先的原则，其次序是：上级、长辈、女士。具体说，在上下级之间，一般由上级先伸手，下级再相握；长辈与晚辈之间，应是长辈主动先伸手，晚辈立即反应；在男性与女性之间，应由女士先大方地伸手，男士有礼貌地响应。在表示祝贺、慰问的特殊场合，下级、晚辈、男士也可先伸手。主客之间：迎客时，主人先伸手，以示欢迎；告别时，客人应先伸手，表示感谢。告别时，若由主人先伸手，就有逐客之意。

3. 递物

行为举止要考虑到是否有礼貌，是否伤害他人。以日常生活常见的递交物品为例，请把握递交物品三原则：安全、便利、尊重。若递刀递笔给他人，就必须"授人以柄"，千万不要把刀尖、笔尖对着他人递过去，要令人有安全感并使对方很方便地接住，还要等对方接稳后才能松手，这就是尊重他人的表现。端茶递水最好双手递上，注意不要溅湿他人；要讲究卫生，捧茶杯的手不要触及杯口上沿，避免客人喝水时嘴唇碰到你手指接触过的地方。若递交书本、文件，也要尽量双手递上，让文字正向朝着对方，使对方一目了然，不能只顾自己方便而让他人接过书本文件后再倒转一

第五章 职业意识与职场礼仪

下才能看清文字。

4. 敲门

敲门的目的是为提醒房间内的人，正在敲门的你要走进来了。在生活或工作中的任何场所，不管门是开着、关着、半掩着，都需要敲门，因为我们不确定屋内正在发生什么，也许这时不方便进入。切忌不敲门直接进入，或先开门后敲门，边敲门边开门等错误行为，这样没有给房间里的人反应时间，失去了敲门的意义。一般来讲，敲门后需要屋内的人给予回应，才可以进入。如果迟迟没有回应，可以再次敲门，可比第一次力度稍大。

5. 距离

在社交活动中，人与人之间保持距离的远近具有特定的含义。比如，在0.5米以内是亲密距离，意为"亲密无间、爱抚"，适合于恋人、夫妻、母女等最亲近者的交流；0.5米~1米左右是社交距离，意为"亲切、友好、融洽"，适合于朋友、同事谈心；在1.5米~3米为礼仪距离，人们在这一距离时可以打招呼，如"刘总，好久不见"，这是商业活动、国事活动等正式社交场合所采用的距离。3米之外为公共距离，处于这一距离的双方只需要点头致意即可，如果大声喊话，有失礼仪。

6. 接打电话

接电话时，不应让铃声响得太久，应尽快接听。若周围吵嚷，应安静后再接电话。接电话时，与话筒保持适当距离，说话声音大小适度。如因周围吵嚷、急事或在接另一个电话而耽搁时，应表示歉意。听对方讲话时不能一直沉默，要适度给予回应，否则对方以为不在听或没有兴趣。工作中电话里不谈私事，不闲聊。

拓展阅读

小王刚刚被公司提拔为销售经理，经理的位置还没有坐热乎，就被拉了下来，原因就是小王不懂得职场礼仪。

小王前几天在上班的时候，跟公司的领导一起等待电梯，由于这家公司是一家大型企业，所以每天等电梯的人都很多。经过漫长等待后，小王和领导一起进入了电梯里，但电梯在两人进入后显示已超载，领导看了小王一眼，自己走出了电梯，电梯的门缓缓关上，就只留下领导自己在电梯外继续等电梯。

领导乘坐电梯回到办公室后，查阅了小王的资料，小王是由于上个月份业绩突出，被提拔为的销售经理。这时领导就在想，小王在跟客户相处的时候，是否也是这样没有礼仪意识？如果也像早上那样，那岂不是会大大影响公司一贯推崇的顾客至上的印象？领导找来了小王的顶头上司，跟他说：让小王去培训新人的部门去培训上一周的时间，再回来看他的业绩，然后再决定能不能官复原职。小王接到这个消息后，觉得很委屈，但也认识到了自己的不足，决定在培训的时候好好学习礼仪。

第九节　职场着装礼仪

案例导入

国内一家大型企业对外部门的小王，得知一家著名的英国企业在中国寻找合作对象，互相联系后对方都有进一步合作的意愿，而且对方希望尽快与他见面。到了双方会面的那一天，小王对自己的形象刻意进行了一番装饰，他根据自己对时尚的理解，上穿夹克衫，下穿牛仔裤，头戴棒球帽，足蹬旅游鞋。无疑，他希望自己能给对方留下精明强干、时尚新潮的印象。然而事与愿违，小王自我感觉良好的这一身时髦的"行头"，却偏偏坏了他的大事。

"佛要金装，人要衣装""人靠衣装马靠鞍"。如果希望建立良好的形象，那就需要全方位地注重自己的仪表，从衣着、发式、妆容到饰物、仪态甚至指甲都是从业者要关心的。在职场中，遵循着装礼仪非常重要，衣着某种意义上表明了人们对工作和生活的态度。

一、生活中的着装原则

着装对人们的外表影响非常大，大多数人对另一个人的认识，可以说是从其着装开始的。特别是对职场人士而言，衣着本身就是一种武器，它反映出你个人的气质、性格甚至内心世界。一个对衣着缺乏品味的人，在工作竞争中必然处于下风。着装应讲究场合原则、时间原则以及地点原则，遵从和掌握好正确的着装原则，能让自己在职场中事半功倍。

1. 场合原则

场合大致可分为喜庆、热烈、庄重、严肃、肃穆、自由等，衣着要与场合协调。与顾客会谈、参加正式会议等，衣着应庄重考究；听音乐会或看芭蕾舞，则应按惯例着正装；出席正式宴会时，应穿中国的传统服装或西方的晚礼服；而在朋友聚会、郊游等场合，着装应轻便舒适。

2. 时间原则

大致可分为时段、季节、日夜等。不同时段的着装规则对女士尤其重要。男士有一套质地上乘的深色西装或中山装就足以包打天下，而女士的着装则要随时间而变换。白天工作时，女士应穿着正式套装，以体现专业性；晚上如出席宴会就须多加一些修饰，如换一双高跟鞋，戴上有光泽的佩饰或围一条漂亮的丝巾。服装的选择还要适合季节气候特点，保持与潮流大势同步。

3. 地点原则

大致可分为星级酒店、家中、城市、乡村、室内、户外旷野等。在自己家里接待客人，可以穿着舒适但整洁的休闲服；如果是去公司或单位拜访，穿职业套装会显得专业；外出时要顾及当地的传统和风俗习惯，如去教堂或寺庙等场所，不能穿过露或过短的服装，如果参加户外活动应该穿户外服装或者运动装。

二、职场中的着装指南

1. 女士着装指南

在颜色搭配上，职场中的女士宜选择比较柔和的冷色调，如青灰色、炭灰色、驼色、米色、深棕色等来作为套装颜色，套装一般上下同色。套裙有时可以上下深浅不一、上下一单一花，或两种套裙进行组合。这两种方式，前者庄重而正统，后者富有活力和动感，各有千秋。职场上不宜选择绿、紫、淡黄、橘黄、大红、粉红等色彩。皮鞋除黑色，也可其他深色或与服装同色。

2. 男士着装指南

男士在职场中可选择西服套装，以黑色、深蓝色为宜。休闲西服也适合一些男士在不需要刻意体现权威性、严肃性的场合穿着。鞋子除正式皮鞋外，还可配皮制休闲鞋，应避免选择头过尖的款式，颜色应与西装颜色保持一致。袜子应选择深色、净色长袜，职场中不应穿白色袜子，否则会给人不成熟的感觉。袜子长度以坐下时不露出小腿皮肤为宜，材质应选择棉质。全身服装遵循三色原则。

3. 职场中的穿着禁忌

在职场上不应穿奇装异服。在工作时服装搭配应尽量端庄，做到不露、不透、不夸张，男士不穿短裤、背心、拖鞋上班，除了特殊工种或特殊场合，女士不应穿跟过高过细的高跟鞋，也不应穿得过分暴露。

4. 不同工作领域的着装管理

体现权威性的着装：适合金融业、法官、管理层等。款式保守、色调偏冷、裁剪精致、线条简洁、面料高档，以单色为主。显示权威的颜色：黑、蓝、灰，威严递减。显示权威的款式：细条纹、深冷单色、粗条纹、方格，威严递减。

体现亲和力的着装：适合商品销售人员等。款式普通、色彩较少、面料一般。

体现个性化的着装：餐饮服务人员。因餐饮特色、档次、民族而定，如民间特色、民族特色、国家特色、酒店个性特色。

体现同一企业不同层次、不同岗位的着装：不同层次的总经理、经理、一线工作人员着装不一样；不同岗位，如宾馆行业中，客房服务、总服务台、清洁工、保安等着装不一样，餐饮业服务中，前台、跑菜生、迎宾人员、厨师等着装不一样。

第十节　餐桌礼仪

案例导入

刚参加工作不久的小刘在一家外企做总经理秘书工作，中午陪领导到西餐厅参加英国客户的商务宴请。她到餐厅入座后，摊开餐巾别在衣服领口上。第一道食物面包和汤上来了，喝汤时，由于刚上的汤比较烫，为了加快汤的冷却，她一边用汤匙搅着热汤，一边用手在汤碗上不停地扇动。后来，又用刀切了面包放进汤中，然后又用叉子将面包叉出来吃。不一会牛排上来了，她右手拿刀，左手拿叉，将牛排全部切成小块，然后用叉子一块块的送入口中。中途她有事临时离开一下，起身时顺手将餐巾放在桌上。宴会结束后小刘并没有觉得有什么不妥的地方，却被领导提醒要注意一下餐桌礼仪。

同学们，她在宴会上有不妥的地方吗？

餐桌礼仪就是指在吃饭用餐时在餐桌上的礼仪常识。餐桌礼仪可谓源远流长。掌握基本的餐桌礼仪，会让周围的人觉得你是个有品位、有修养的人，因此学会餐桌礼仪不仅是社交的敲门砖，也是对别人的尊重。

一、中国餐桌礼仪

入座礼仪。座次是"尚左尊东""面朝大门为尊"。我国的餐桌多为圆桌，正对大门的为主客，主客左右手边的位置，则以离主客的距离来看，越靠近主客位置越尊，相同距离则左侧尊于右侧。在酒桌上座次有讲究，一般来说面门居中位置为主位，一般是长辈或领导的位置，其他按照重要程度分左右而坐。如果是作为客人，只需听从主人家安排即可。

进餐时，先请客人、长者动筷子。夹菜时每次少一些，离自己远的菜少吃一些，吃饭时不要发出声音，喝汤时也不要发出声响。喝汤用汤匙一小口一小口地喝，不宜把碗端到嘴边喝。汤太热时要等凉了以后再喝，不要一边吹一边喝。有的人吃饭时咀嚼食物的声音比较大，特别是使劲咀嚼较脆食物发出很清晰的声音来，这些做法都是不合礼仪要求的。特别是和众人一起进餐时，就要尽量防止出现这种现象。

进餐时不要打嗝，也不要出现其他声音。如果出现打喷嚏、肠鸣等不由自主的声响时，就要说一声"真不好意思""对不起""请原谅"之类的话以示歉意。

如果要给客人或长辈布菜，最好用公筷，也可以把离客人或长辈远的菜肴送到他们跟前。按我国的习惯，菜是一个一个往上端的。如果同桌有领导、老人、客人的话，每当上来一个新菜时就请他们先动筷子，或者轮流请他们先动筷子，以表示对他

第五章 职业意识与职场礼仪

们的重视。

吃到鱼头、鱼刺、骨头等物时将它们放到自己的碟子里或放在事先准备好的纸上。

要适时抽空和左右的人聊几句风趣的话以调和气氛。不要光低着头吃饭不管别人，也不要狼吞虎咽大吃一顿，更不要贪杯。

最好不要在餐桌上剔牙。如果要剔牙时，要用餐巾或手挡住自己的嘴巴。

要明确此次进餐的主要任务。要明确以谈生意为主，还是以联络感情或是以吃饭为主。如果是前者，在安排座位时就要注意把主要谈判人的座位相互靠近。如果是后者，只需要注意一下常识性的礼节就行了，把重点放在欣赏菜肴上。

最后离席时，必须向主人表示感谢，或者趁此时邀请主人以后到自己家做客以示回敬。

在餐厅进餐时，如果是作客，不能抢付账。未征得朋友同意，亦不宜代友付账。

二、西方餐桌礼仪

座位安排遵从女士优先。在排定西餐座次时，主位请女主人就座，而男主人位居第二位。在排定座次时，以右为尊。面门为上，面对正门者为上座，背对正门者为下座。

入座方式。最得体的入座方式是从椅子的左侧入座。当椅子被拉开后，身体在几乎要碰到桌子的距离站直，领位者会把椅子推进来，腿弯碰到后面的椅子时，就可以坐下来。

餐具的摆设。摆在中央的称为摆饰盘，用来装一般料理。餐巾一般是置于装饰盘的上面或左面。

用餐时注意仪表，穿着需得体。在西方，去高档餐厅，男士要穿着整洁的上衣和皮鞋；女士要穿套装和有跟的鞋子。如果指定穿正式服装的话，男士必须打领带。

坐姿有讲究。用餐时，上臂和背部要靠到椅背，腹部和桌子保持约一个拳头的距离，两脚交叉的坐姿最好避免。

餐巾在用餐前就可以打开。点完菜后，在前菜送来前的这段时间把餐巾打开，往内摺三分之一，让三分之二平铺在腿上，盖住膝盖以上的双腿部分。最好不要把餐巾塞入领口。如果你暂时离席，应该将餐巾放在椅子上。如果你将餐巾放在餐桌上，服务生就会认为你已经用餐完毕，可能收走你的餐具。

学会使用刀叉。基本原则是右手持刀或汤匙，左手拿叉。若有两把以上，应由最外面的一把依次向内取用。刀叉的拿法是轻握尾端，食指按在柄上。汤匙则用握笔的方式拿即可。如果感觉不方便，可以换右手拿叉，但更换频繁则显得粗野。吃体积较大的蔬菜时，可用刀叉来折叠、分切。要注意吃牛排时，一定要切一块吃一块，绝对不能先全部切成小块再吃。较软的食物可放在叉子平面上，用刀子整理一下。如果吃到一半想放下刀叉略作休息，应把刀叉以八字形状摆在盘子中央。若刀叉突出到盘子外面，不安全也不好看。边说话边挥舞刀叉是失礼举动。用餐后，将刀叉摆成四点钟方向即可。

饮酒的讲究。主菜若是肉类应搭配红酒，鱼类则搭配白酒。

喝汤的礼仪。西式料理用餐时，不能发出声音为一大原则。如果在喝汤时发出声音就是违反礼仪。食用装在有双耳的汤杯中时，为了测试汤的冷热程度，可以使用附带的小汤匙先试一口。使用后的小汤匙可以放在靠近身体这一边的底盘上；不可置于汤杯中。试过汤的温度后，可以用双手拿着汤杯耳，把汤杯端到口边直接饮用。至于汤中的食物则可以用汤匙来舀食。

面包的吃法。先用两手撕成小块，再用左手拿来吃。吃硬面包时，用手撕不但费力而且面包屑会掉满地，此时可用刀先切成两半，再用手撕成块来吃。要避免像用锯子似的割面包，应先把刀刺入面包中央部分，往靠近自己身体的部分切下，再将面包转过来切断另一半。切时可用手将面包固定，避免发出声响。

第六章　学会沟通

在缤纷复杂的现实世界中，沟通不仅是一种技巧，更是一门艺术，既是一个人综合能力的重要标志，也是个人在社会上生存的重要能力之一。

学习目标

知识目标
1. 沟通的概念与原则
2. 倾听的原则
3. 换位思考的方法
4. 人际关系建立的原则

能力目标
1. 掌握沟通的基本原则
2. 掌握倾听的技巧
3. 掌握换位思考的方法
4. 掌握人际关系建立的原则

第一节　有效沟通

著名组织管理学家巴纳德说："沟通是把一个组织中的成员联系在一起，以实现共同目标的手段。"

一、有效沟通

从最一般的意义上讲，沟通是指人与人之间传达思想和交流情报、信息的过程。有效的沟通意味着信息从发出者完整、准确地传递到接收者那里，接收者做出相应的、为信息发出者所期望的反应。

有效沟通是通过听、说、读、写等载体，通过演讲、会见、对话、讨论、信件等方式将思维准确、恰当地表达出来，以促使对方接受。

有效沟通是管理活动中最重要的组成部分。现代管理者都非常重视有效沟通在组织管理中的作用，视其为事业成功的关键所在。管理与沟通密不可分，有效的沟通意味着良好的管理，成功的管理则要通过有效的沟通来实现，管理者与被管理者之间的有效沟通是管理艺术的精髓。在所有沟通者之间传递的不仅仅有语言信息，还包括身体动作、表情、态度、观点、思想等的传递。这既说明了有效沟通在管理活动中的重要地位和作用，又说明了真正实现有效沟通并非轻而易举，需要参与沟通的双方付出努力和心血。

有效沟通是以准确清晰、反馈修正为特征的。首先，信息发送者清晰地表达信息的内涵，以便信息接收者能正确理解；其次，信息发送者重视信息接收者的反应，并根据其反应及时修正信息的传递，免除不必要的误解。二者缺一不可，由此可形成一个完整的沟通连环，达成有效沟通。

拓展阅读

隆冬时节，有一秀才去买柴。他对卖柴的人说："荷薪者过来！"卖柴的人虽然听不懂"荷薪者"（担柴的人）三个字，但是听得懂"过来"两个字，于是把柴担到秀才前面。

秀才开口便问："其价如何？"卖柴的人听不太懂这句话，但是听得懂"价"这个字，于是就告诉秀才价钱。秀才接着说："外实而内虚，烟多而焰少，请损之。（你的木柴外表是干的，里头却是湿的，燃烧起来，会浓烟多而火焰小，请减些价钱吧。）"

卖柴的人愣了半天，还是听不懂秀才的话，于是担着柴就走了。

寒风中等柴烧的秀才也是好生郁闷啊！

二、沟通的原则

沟通时要遵循一定的原则，只有按照沟通的基本原则实施人际交往，才能具有更广的人际网络。要使沟通达到预期的结果，一般应具备三个原则。

1. 诚信原则

诚信是我们做人的原则，每个人都希望自己得到诚信对待，而且更希望交到诚信的朋友。人与人之间交往就是用心去交流和沟通。当你得到别人认可时，你的诚信和善良打动了对方，让对方认为你是值得尊重和信任的人，所以，在与人沟通时，我们要真诚地用心去对待他人。

2. 清晰原则

人与人沟通时必须提供清晰的信息，握住表达主线，只有思路逻辑清晰，沟通才能顺利进行。如果所说的每句话都很清晰，但是连贯起来却让对方弄不清楚所表达的观点，这就是逻辑出现了问题。

3. 相互尊重

相互尊重是良好沟通的前提，也是形成良好人际关系的条件。尊重是一种修养，一种品格，一种对人不卑不亢、不俯不仰的平等相待，是对他人人格与价值的充分肯

第六章 学会沟通

定。在工作和生活中，要想取得别人信任和支持，首先要尊重别人。

三、沟通的作用

沟通主要有控制、协调、激励、交流等作用。有效的沟通不仅能传递意义，还能对其加以理解并让各方达成共识。

1. 控制

控制是指员工必须遵守组织中的权力等级和指导方针，执行企业的行为规范。要做到这些，必须通过沟通才能把企业的方针政策传达给员工，并把员工的不满和抱怨反馈给管理层，以适时调整，使控制得以真正实现。在实际工作中，只有经过有效的沟通过程，公司的新决策才能得到准确、有效的实施。

2. 协调

有效沟通是协调各个体、各部门形成良好企业文化的途径。各部门间能否及时消除误解、密切合作，不仅关系到同事间的团结，还关系到公司中心工作的顺利完成，严重的会影响到公司的安全。每个部门之间要相互理解，不断调整自己的沟通风格，保证信息接收和理解的准确性，保证部门间合作沟通所依据的信息的客观和准确性，即沟通的有效性，还要促进部门间的团结和合作、保持工作的高效性、避免不必要的损失发生。

3. 激励

在实际生活和工作中，每个员工都有要求得到他人尊重和实现自我价值的需要，即被激励、被赏识的需要。一个优秀的管理者就是要通过有效的沟通转变职员对工作的态度和对生活的态度，通过激励使职员从懒散的精神状态中解脱出来，激发他们的工作热情和潜力，把员工改造成充满乐观精神、积极向上的人。在实际的沟通激励工作中，对待不同的职员，管理者应采取不同的沟通激励方式。管理者的有效沟通一定能创造出和谐的工作环境和气氛，增强员工的责任感和对公司的归属感。

拓展阅读

有一天晚上，索尼董事长盛田昭夫按照惯例走进职工餐厅与职工一起就餐、聊天。多年来，他一直保持着这个习惯，以培养员工的合作意识和与他们的良好关系。

这天，盛田昭夫发现一位年轻职员郁郁寡欢，满腹心事。于是，盛田昭夫就主动坐在这名员工对面，与他攀谈。几杯酒下肚之后，这个员工终于开口了："我毕业于东京大学，有一份待遇十分优厚的工作。进入索尼之前，对索尼公司崇拜得发狂。当时，我认为我进入索尼，是我一生的最佳选择。但是，现在才发现，我不是在为索尼工作，而是为课长干活。坦率地说，我这位课长是个无能之辈，更可悲的是，我所有的行动与建议都得课长批准。我自己的一些小发明与改进，课长不仅不支持，还挖苦

99

我癞蛤蟆想吃天鹅肉、有野心。对我来说，这名课长就是索尼。我十分泄气，心灰意冷。这就是索尼？这就是我的索尼？我居然放弃了那份优厚的工作来到这种地方！"

这番话令盛田昭夫十分震惊。他想，类似的问题在公司内部员工中恐怕不少，管理者应该关心他们的苦恼，了解他们的处境，不能堵塞他们的上进之路，于是产生了改革人事管理制度的想法。

良好沟通的6C守则

良好的沟通能决定事情成败。曾经有人做出结论："一旦组织人数超过七人，沟通就很可能会变得困难或失败。"很多完善的计划，最后却因沟通不良而以失败告终。在沟通过程中要做到良好沟通就要遵循6C守则。即清晰（Clear）、简明（Concise）、准确（Correct）、完整（Complete）、有建设性（Constructive）、礼貌（Courteous）。

清晰——指表达的信息完整、顺序有效，能够被信息接收者所理解。

简明——指表达同样多的信息要尽可能占用较少的信息载体容量。这样既可以降低信息保存、传输和管理成本，也可以提高信息使用者处理和阅读信息的效率。

准确——衡量信息质量最重要的指标，也是决定沟通结果的重要指标。不同的信息往往会导致不同的结论和沟通结果。

完整——指表达的信息描述完整，没有遗漏，否则会出现"盲人摸象"的现象，即因片面的信息导致判断错误和沟通错误。

有建设性——即对沟通目的性的强调。沟通不仅需要考虑所表达的信息要清晰、简明、准确、完整，还要考虑信息接收方的态度和接受程度，力求通过沟通使对方的态度有所改变。

礼貌——情绪和感受是影响人们沟通效果的重要因素。礼貌得体的沟通形式，有利于沟通目标的实现。

第二节 倾听的魅力

一、什么是倾听

倾听与听是两个互相联系而又有区别的概念。听是人体听觉器官对声音的接收和捕捉，是人对声音的生理反应，是人的本能，带有被动的特征。为了成为善于学习的人，有的人有意到闹市去看书，通过后天的努力，提高抗干扰的能力，提高专注的能力。

倾听必须以听为基础，它是一种特殊形态的听。第一，它是人主动参与的听。人必须对声音有所反应，或者详细地说，在这过程中人必须思考、接收、理解，并做出必要的反馈。第二，它必须是有视觉感官参与的听。没有视觉的参与，闭上眼睛的听、只有耳朵的听不能称之为倾听。在倾听过程中，必须理解别人在语言之外的手势、面部表情，特别是眼神和感情表达方式。

由此，我们可以把倾听定义为：在对方讲话的过程中，听者通过视觉和听觉的同时作用，接收和理解对方的思想、信息及情感的过程。

二、倾听的作用

1. 调动谈话的积极性

倾听能激发对方的谈话欲。说话者感到自己的话有价值，他们会乐意说出更多有用的信息，好的倾听者会促使对方的思维更加敏捷，产生更深入的见解。

2. 改善人际关系

认真倾听通常能改善人们的关系，这样能给说话者提供说出事实、想法和情感等心里话的机会。倾听时，你将更好地理解说话者，同时他们也会感到愉快。认真倾听是给人留下良好印象的有效方式之一。

拓展阅读

一位心理学家回忆说："曾经有一位朋友面临去哪家公司就职的选择——有两家公司给他发了录用通知。他十分为难，于是来找我，要我提供参考建议。但事实上，在长达一个半小时的会面中，绝大部分时间是他在滔滔不绝地向我分析这两份工作的利弊，他时而激昂，时而平静，时而陷入一小会儿沉思，而我只是静静地听他陈述，偶尔提问启发他更深刻地思考，最后他如释重负地站起来，愉快地说：'我知道该怎么办了，你给我提了这么宝贵的意见，我真不知道该怎么感谢你才好。'事实上，我什么建议也没给他。"

3. 获取重要信息

为了解决问题和更有效地做出决策，尽可能多地获取相关信息是十分必要的。倾听有助于你得到说话者拥有的全部信息，仔细倾听常常使他们继续讲下去，并促使他们尽其所能举出实例。当你掌握了尽可能多的信息之后，就可以更准确地做出决策。倾听是获取信息的重要方式。

4. 增加认同掩盖弱点

通过仔细倾听，减少对方防卫意识，增加认同，产生同伴乃至知音的感觉。倾听者可以调整说话者的心态，提高思考力、想象力、客观分析能力。俗话说："沉默是金""言多必失"，沉默还可以帮助我们掩盖若干弱点。

5. 更具有说服力

只有善听才能善言。只有善听才能更好地说服别人，你能从他的讲话中发现他的出发点和弱点，是什么让他坚持己见，从而找到说服对方的契机；你的认真倾听会让人感到你充分考虑了他的需要和见解，增加了对他认同的可能性。

6. 有助于解决问题

第一，积极倾听可使管理者做出正确决策，尤其对于缺乏经验的管理者，倾听可以减少错误。第二，人们仔细地互听对方的讲话是解决异议和问题的最好办法，这并不意味着他们必须相互同意对方的观点，只需表明理解对方的观点。第三，仔细倾听也能为对方解决问题，很多人在生活中都会遇到不需要回答的问题，他需要的只是一个认真的倾听者，就能帮他完成艰难的选择，解决其难题。

三、倾听的原则

1. 要有正确的"听"的态度

专心地听对方谈话，态度谦虚，始终用目光注视对方。不要做无关动作：看表、修指甲、打哈欠……人人都希望自己讲话能引起别人的注意，否则，对方讲话还有什么兴趣，还有什么作用呢？

2. 要适应讲话者的风格

每个人发出信息时说话的音量和语速是不一样的，我们要尽可能适应对方的风格，尽可能接受其更多、更全面、更准确的信息。

3. 要耳朵和眼睛并用

耳朵听到的仅仅是一部分信息，而眼睛看到的是他传递给你的除内容之外的更丰富的思想和情感，因为这些需要更多的肢体语言去传递。所以倾听是耳朵和眼睛共同的工作。

4. 让别人知道你在听

倾听过程中，偶尔说"是""我了解"或"是这样吗"等，告诉说话的人你在认真倾听。

5. 理解对方

倾听的过程中一定要注意站在对方的角度去想问题，而不是去评论对方。有些人容易犯的错误是还没有听完对方的话就根据自己的理解打断对方，进行争论。这种粗暴的行为是不礼貌的，极易引起反感，造成矛盾。

6. 鼓励对方

在倾听的过程中，看着对方，保持目光交流，并且适当地点头示意，表示认同和鼓励，表现出有倾听的兴趣。

7. 适时引入新话题

人们喜欢从头到尾安静地听他说话，而且更喜欢被引出新的话题，以便能借机展示自己的价值。你可以试着在别人说话时，适时地加一句："你能不能再谈谈对某

第六章 学会沟通

个问题的看法呢?"

8. 要听出言外之意

一个聪明的倾听者,不仅仅能满足表层的听知理解,还要从讲话者的言语中听出话中之话,从其语情语势、身体的动作中演绎出隐含的信息,把握讲话者的真实意图。只有这样,才能做到真正的交流、沟通。

四、倾听的技巧

在沟通中,当你把注意力集中在他人所说的内容时,你已经成为一个倾听者。当你将谈话时重要的观点在头脑中进行勾画,并考虑提出问题或对提出的观点进行质疑时,你就成为一个主动的倾听者。

1. 以开放的心态,全面倾听

开放的心态是一个人成熟的标志之一,它代表着一种冷静的情绪,一种包容的胸怀,一种全面客观分析问题的角度,以及一种不逃避、敢于正视困难的勇气,开放的心态对于倾听是至关重要的。

2. 关注内容,捕捉要点

主动倾听的注意力应集中到内容信息本身上,不要去急于评判对与错或好与坏。

3. 使用目光交流

眼睛是心灵的窗户,双方交谈时要注意保持目光交流。通常情况下,用柔和的目光不时地注视对方的眼睛,表明自己对所讲的内容感兴趣;同时,也传达了友好的感情和积极鼓励的信息。

4. 使用肢体语言表示

用点头、微笑和皱眉等肢体语言表示自己的兴趣。参与的姿势要放松,手臂不要交叉,不要僵硬不动,要随说话人的语言做出反应。坐着的时候要面向说话人,身体略向前倾,可以随着说话人的姿势不断调整自己的姿势。同时,避免做出一些容易引起别人误会或不悦的动作。

5. 使用有声语言回应

必要时,边听边用"嗯""我明白了""没错""对"等词语来肯定和赞扬说者,表示你的兴趣并鼓励对方继续说下去。在主动倾听时,还要注意不要随意插嘴和打断对方讲话;不要抢着帮别人说话。一般情况下,需要确认接受的信息是否准确或表达自己的意见时,在合适的时机,可以礼貌地请求插话,如"对不起,打断一下",对方允许后,可以插话。

当别人讲到自己引以为自豪的事情时,要适时地赞美对方的成功之处;当别人的陈述比较含糊不清,要提出一些问题,比如:"请举一个例子?""能再说得详细一些吗?""能说说当时这么做的原因吗?"通过提问使自己能够更加准确地掌握对方的信息和情感，更可以进一步推动话题的进展。

练一练

1. 心理辅导训练

分小组，每位同学轮流抱怨一些困扰自己的事情，事情可大可小。要求其他同学做到：

（1）在有限的范围内同意对方的观点；

（2）复述对方刚才说的话；

（3）说出一种推断（澄清的方式）来鼓励对方更多地表达；

（4）注意确认一下话语后面隐藏的情绪。

2. 某高校计划在 11 月 15 日当天举行校园人才供需见面会，辅导员徐老师负责联系一些企业到学院来面试毕业生，为学生们争取更多的就业机会。现在徐老师正在和某公司的赵总打电话，想邀请该公司参加这次供需见面会，以下是两人的电话对话。

徐老师：赵总您好，我是XX学院的辅导员徐老师，请问您愿意来我校参加人才供需见面会吗？

赵总：谢谢徐老师，我们公司的确需要大量新员工。我们公司这几年发展速度迅猛，已经在全国成立了多家分公司，产品远销欧美市场，年销售额高达 30 个亿，已经成为我省本行业的龙头老大。

请同学们思考：

徐老师打电话的表达有什么问题？赵总的反馈有什么问题？此时徐老师应该如何继续这次谈话才能达到沟通目的？

第三节　学会换位思考

一、什么是换位思考

换位思考是人对人的一种心理体验过程。将心比心、设身处地是达成理解不可缺少的心理机制。它客观上要求我们将自己的内心世界，如情感体验、思维方式等与对方联系起来，站在对方的立场上体验和思考问题，从而与对方在情感上得到沟通，为增进理解奠定基础。换位思考，首先要做到对人对己同一标准；再则就是宽人严己。

二、换位思考的步骤

换位思考第一步：如果我是他，我需要什么？

第六章 学会沟通

虽然每个人的性格、经历、观念、爱好、学识等都不相同,但大家都是社会的一员,所做的一切都会对他人产生一定影响。所以,每个人都要学会通过把自己放在对方的角色中来考虑问题,并以此推断他人的想法,而这也是我们了解洞察别人心理的一个入口。

换位思考第二步:如果我是他,我不希望什么?

每个人都希望和喜欢别人肯定、鼓励和赞扬自己,而害怕批评、斥责,抵触他人对自己挑毛病、泼冷水。所以,在开口说话前,应该先问自己:

当我犯了过错时,我希望别人批评我吗?不希望!我希望得到原谅;

当我做得不好时,我希望别人嘲笑我吗?不希望!我希望得到鼓励;

当我情绪低落时,我希望别人冷落我吗?不希望!我希望得到安慰;

当我遭到挫折时,我希望别人幸灾乐祸吗?不希望!我希望得到帮助;

当我总是听不懂时,我希望别人觉得我烦吗?不希望!我希望得到耐心。

那么,无论你是领导,还是下属,当对方也处在类似情景时,就做他希望你做的事吧!

换位思考第三步:如果我是对方,我的做法是什么?

有时候,我们自己认为是非常正确的观点,在别人眼里却未必如此。每个人都有自己的想法,应该学会换个思维,也听听对方的想法,这既能使自己的观点更加完善,又能为自己赢得信任。

换位思考第四步:我是在对方期望的方式下对他的吗?

拓展阅读

有一天,一个10岁的男孩去食品店买冰激凌。他坐在桌子旁问售货员:"蛋卷冰激凌多少钱一个?"售货员回答说:"75美分。"男孩开始数他手中的硬币,然后又问小碗儿冰激凌要多少钱。售货员极不耐烦地回答道:"65美分。"男孩买了小碗儿冰激凌,吃完后就走了。当售货员来收空盘子时,她发现盘子里放着10美分的小费。

想想看,这时售货员心里想些什么?这又会对她今后与人交往带来什么影响?用别人对自己的方式来对待别人,是小肚鸡肠;用自认为好的方式对待别人,是自作多情;用希望别人对你的方式来对待别人,是将心比心;用别人期望的方式来对待别人,是善解人意;为对方着想,这是最朴素也是最高超的技巧。

在与人相处的过程当中,了解他人,体恤他人,设身处地站在他人的立场想问题,做到相互理解,可以激发人与人之间的关爱、同情和理解。凡事懂得换位思考,这不仅是人品的体现,也是处世的哲学。

第四节　营造良好的人际关系

案例导入

小张是大一新生，性格较内向，从来没有住过校，从小都住在属于自己的房间里，进大学后与7名同学同住，在条件优裕的环境中成长的他，看不惯同寝室同学"不良"的卫生习惯，更不喜欢他们随便的作息制度，尤其不喜欢他们的高谈阔论，总之，看谁都不顺眼。由于内向的他本来就不擅长与人沟通，再加上看不起那些同学，于是，就以独来独往来减少与同学们的交往。时间一长，小张发现寝室同学说说笑笑，进进出出都结伴而行，似乎视他不存在。他开始感到失落了，孤独感油然而生，曾经多次萌发过主动与他们交往的念头，可都事与愿违。小张回寝室时总觉得同学们都在议论他，对他品头论足，还窃窃私语，一副嘲笑、鄙视的模样，他觉得受不了了，想过换寝室，但没有得到批准。为了不和他们交往，他很少回寝室，只有睡觉时才回去，即使这样避开他们，小张觉得似乎还是没有减少他们对自己的议论与不满。他开始失眠，食欲下降，精神状态越来越差，身体急剧消瘦，在寝室，话越来越少，甚至连笑声都很少听见，他感觉听课的效率也越来越差，最后终于病倒了。

人际关系泛指人们在社会交往过程中所形成的各种关系，即社会关系。通常包括亲属关系、朋友关系、同学关系、师生关系、雇佣关系、战友关系、同事关系及领导与被领导关系等，妥善处理这些关系的能力就是人际交往的能力。

人际关系的建立和维持，其目的绝不单单是交往，往往是要通过交往作用来影响对方的态度，改变对方的行为，以符合自己的意愿。现代社会中人的交往范围越来越广，分工越来越细，竞争日趋激烈，人与人之间的相互依存也愈加紧密了。在复杂的社会形势下，人际交往能力成为决定一个人生存与发展的基本能力，学会与人共处、与人合作尤为重要。

一、人际关系的现状

大学生人际关系中的困惑和不适集中表现为以下几个方面。

1. 交不到知心朋友

一些学生能够与老师和同学进行正常交往，甚至人际关系还相当不错，但是总感觉缺乏能互吐衷肠的知心朋友，有一种心灵的孤独。

2. 与个别人难以相处

一些学生能够与多数人保持良好的关系，但与个别人交往不良。因此，常会影响情绪，如鲠在喉。

第六章 学会沟通

3. 与他人交往平淡

一些学生虽然能与他人交往，但多属点头之交，没有关系近的朋友。尤其遇到事情时，没有人想着他。比如，几个同学一起去食堂吃饭，谁也不会主动喊上他，让人倍感孤独和失落。大学生中不乏因同学关系冷淡而抑郁的例子。

4. 与他人交往困难

一些学生虽然内心深处渴望拥有良好的人际关系，但由于交往能力有限，或者有个性缺陷、交往心理障碍等原因，无法与人正常交往而倍感苦恼。

5. 惧怕与他人交往

一些学生回避与人接触，不得不交往时则紧张、害怕、心跳加快、面红耳赤、难以自制，总是处于焦虑状态。他们害怕自己成为别人注意的中心，害怕自己在别人面前出洋相，害怕被别人观察。总担心自己会出现错误而被别人嘲笑，总处于莫名的心理压力之下。与人交往，甚至在公共场所出现，对他们来说都是一件极其恐怖的任务。这叫做社交恐惧症，是一种心理障碍，会严重影响生活、学习和今后的工作。

二、人际关系建立的原则

人际关系建立的过程不仅取决于接触时间的长短和次数，还取决于在情感交流探索过程中，个体是否能遵循人际关系的原则。只有遵循了这些基本原则，人际关系的建立才能顺畅。

1. 社会互换原则

拓展阅读

大一新生小A，既勤快又热心，他每天都帮寝室里的同学打开水。一开始，同寝室的室友很感激，但是时间长了，大家也就习惯了。一旦水瓶里没水了，就会叫小A去打水。小A有时候在忙自己的事情，忘记了，则会引起室友的抱怨。这让小A很愤懑，他逐渐不再打水了，同时，他觉得这是室友在欺负他老实，终于在某一天，爆发了室友间的冲突。

这个案例很经典，常发生在寝室生活中，除了打开水外，还会有交纳电费、水费或其他寝室费用等问题。如果是你遇到了这样的情况，你会怎样做？

社会交换原则启示我们，如果期望建立和发展良好的人际关系，应该适当付出，过度的付出或者不当的付出都会让自己感受到不平衡，或者伤害对方的自我价值感，从而导致关系恶化。

一般而言，在一种长期相处的人际关系中，社会心理学家建议，制定相应的规则，遵守各自的人际边界，如AA制等，这样往往能够让人际冲突减少，使交往更持久。

2. 交互原则

阿伦森等人通过大量的实验研究发现，交互原则是人际关系建立和发展的基础。也就是说，交互原则就是人与人之间，你重视我，我也重视你，彼此相互支持。人际交往中的喜欢与厌恶、接近与疏远都是相互的。

在日常生活中，我们每个人都希望别人能够承认自己的价值、支持自己、接纳自己、喜欢自己，这是确立自我价值感和安全感的需要。交互原则告诉我们，在人际交往中，倾听、注视、及时给予对方回馈、赞美对方等交往技巧对于人际关系的建立和维持是非常重要的。

3. 自我价值保护原则

自我价值保护是指个体对自身价值的意识与评价。自我价值是通过他人的评价而确立的，每个人对他人的评价是极其敏感的。对肯定自我价值的他人，个体会喜欢他并对他予以肯定与支持；而对否定自我价值的他人则予以疏离，与这类人交往的时候，个体的自我价值保护动机往往会被激活。

拓展阅读

小L是一位新生，进校后她发现寝室里有两位同学来自外省，分数至少比自己低100分，她心里很不舒服，感觉这两个同学跟自己根本不是一个水平。在交往的过程中，她偶尔表现出歧视她们分数低的态度，说话居高临下，并喜欢夸耀自己的高考成绩。一个月过去后，小L发现寝室里的三位同学都对她有敌意，在她看书的时候，她们会故意大声说话影响她，有时还会假装听不见她在说什么，甚至当她正常表达一些看法的时候，其他同学也会联合起来一致攻击她。渐渐地，寝室气氛越来越紧张。

小L的问题在于她的表达伤害了同学的自我价值感。当一个人的自我价值感受到威胁的时候，往往会采取自我保护措施，拒绝接受负面信息，此时，往往就容易发生冲突。

总之，在人际交往中要保护他人的自我价值感，同时努力提升自我价值感，做一个内心强大的人。

三、改善人际关系的方法

1. 学会赞美

对很多人来说，能被人注意到自己小的优点和长处并得到赞美，他会很感激赞美的人，产生好感的程度也就会增加。但赞美要适度、要真心，如果小题大做，只能起到反作用。虽然当面的赞美是必要的，但是背后的赞美也是不可忽视的。背后的赞美也许不为人知，却会让人感到你的真心。

2. 学会倾听

生活中，最有魅力的人一定是一个倾听者，而不是滔滔不绝、喋喋不休的人。倾听，不仅仅是对别人的尊重，也是对别人的一种赞美。给别人说话的机会，一方面是表示你的谦逊，而使别人感到高兴；另一方面可以借此机会，观察对方的语气神色，给自己一个思考的机会，这是个两全其美的方法。

3. 学会合作

"团结就是力量"，只有合作才能有更强大的力量，才能顺利轻松地到达成功的彼岸。合作是一种极为普通的行为，在做任何事情时都应该记住这句话：只有合作，才能进步；只有合作，才能发展。

4. 学会理解

每个人都有自己的情感世界，都希望得到别人的理解，也希望理解别人。真诚地理解别人，会意外地发现你得到的理解也更多；而只希望别人理解自己，却不会理解别人的人，永远不会如愿以偿。学会理解，其实最终是在善待自己。

5. 学会宽容

法国作家雨果曾经说过："世界上最广阔的是海洋，比海洋更广阔的是天空，比天空更广阔的是人的胸怀。"在人际交往、待人处事中，宽容是一种美德、一种修养，也是衡量一个人层次高低的标准。

6. 学会换位思考

换位思考就是设身处地地为他人着想，即想人所想，理解至上。学会换位思考，理解和体会"己所不欲，勿施于人"的含义，遇到问题多从对方的角度考虑，以真诚的态度、友善的情怀，化解矛盾，从而修复人际关系。

7. 学会拒绝

成功的人都是那些敢于说真话的人，我们要善于接受，也要敢于拒绝。很多人不会说"不"，是因为从小未能获得这种技能。设计并练习适当的言语表达方式，能够使人针对特定的情境，在不伤害对方自尊心的前提下，及时、从容、镇定地表达出"不"的意思。如以下类似语句：

（1）也许你说得有道理，不过我想尝试下自己的想法；

（2）我觉得这样挺好，多谢你的关心，不用为我担心；

（3）你觉得那样对我合适吗？

（4）我的想法好像跟你不一样，你愿意听听吗？

（5）你这种态度让我很难受；

（6）抱歉，现在不行，以后再说行吗？

（7）实在抱歉，我没法满足你的要求；

（8）对不起，我需要用……了，请把它还给我吧；

(9) 对不起，请你不要做……好吗？

在进行语言训练的时候，你可以从压力较小的情境下开始尝试，逐步适应。当这种表达方式开始有效地保护个人利益不受他人侵犯时，你的自信心就会增强，从而习得新的行为方式，这样你也就不必为不能拒绝别人而苦恼了。

测一测

人际交往心理测试

1. 如果朋友通知你参加一个聚会，但是参加的人很多你都不认识，你会感到：（ ）

A. 很不自然，不想去。

B. 顺其自然，到时候去了再说。

C. 因为能结交到新朋友而感到高兴。

2. 下班的时候，老板叫你单独和他一起共进晚餐，你会认为是什么理由？（ ）

A. 自己工作上犯了不可补救的错误，可能是被炒鱿鱼前的安慰餐。

B. 不知道，只有去了才知道。

C. 因为表现出色，老板要犒劳我或通知我加薪升职。

3. 求职的时候，被通知面试的头一天晚上，你会：（ ）

A. 紧张得睡不着觉，在脑海里一遍一遍地重复着可能需要回答的问题。

B. 有一点紧张，准备一下可能要用到的资料，然后早点休息。

C. 胸有成竹，跟朋友出去狂欢，缓解紧张。

4. 你的性格属于：（ ）

A. 内向。

B. 不是很明显，有时外向，有时内向。

C. 外向。

5. 跟师长谈话，你会感到紧张或者不自在吗？（ ）

A. 紧张到口吃，或者干脆不知道说什么。

B. 没什么感觉，和平常一样。

C. 感到是自己该表现的时刻，比平时更努力地表现自己。

6. 自己一个人去繁华的闹市区吃饭，你会感到不自然吗？（ ）

A. 非常不自然，所以不选择一个人去繁华的地方。

B. 无所谓，一个人也有一个人的自由。

C. 不会，反而坚信自己会遇到有趣的人。

7. 交往的朋友基本上属于同一种类型的人吗？（ ）

第六章 学会沟通

A. 是的，与这一类人在一起很舒服。

B. 不一定，没注意过。

C. 不是，很多类型，都能相处好。

8. 家里电器出现问题，必须打电话给维修点，你会感到莫名的紧张吗？（　　）

A. 因为害怕给陌生人打电话而放任电器坏在那里。

B. 有一点紧张，但还是会打电话过去。

C. 从不紧张，直接拿起电话打。

9. 在公交车上，你遇到一个陌生异性向你问路，你会感到：（　　）

A. 手心出汗、脸红、口吃。

B. 没什么感觉，直接回答。

C. 有点兴奋，很热心地回答。

10. 你的朋友中同性和异性的比例是：（　　）

A. 同性明显多于异性。

B. 两种基本差不多。

C. 异性明显多于同性。

11. 与陌生人一起，你会很快找到话题还是等别人主动和你搭讪？（　　）

A. 等待别人主动和自己交谈。

B. 不一定，看情况和心情。

C. 一般自己会主动与陌生人交谈。

12. 参加人多的大型酒会，你会扮演什么角色？（　　）

A. 默默无闻的大众型。

B. 即兴发挥的流星型。

C. 光芒万丈的太阳型。

13. 你愿意从事什么类型的工作？（　　）

A. 技术型的，不需要处理复杂的人际关系。

B. 只要自己喜欢。

C. 与新鲜人打交道。

14. 当你需要当众发言的时候，你第一反应是：（　　）

A. 不知所措，最好辞掉。

B. 没有感觉，随便应付一下。

C. 有点激动，想好好表现。

15. 遇到自己心仪的异性从身边走过，你会：（　　）

A. 赶紧埋下头，装作没看见。

B. 很自然地打招呼。

111

C. 很热情地上去找话题说。

以上各题，选 A 记 2 分，选 B 记 1 分，选 C 记 0 分。

0~10 分：喜欢人际交往的你，只有在人多的时候才能发挥出超常的水平。你喜欢在人际交往中找到自我的认同感和新鲜刺激，你性格外向，适合从事与人打交道的工作，因为你能很好地处理人与人之间的关系。

11~20 分：你不是很喜欢与人交往，但是你能克服在人际交往中遇到的负面情绪。你还算能应付很多交往问题，你的朋友不算多，但是当你需要朋友帮助的时候，总能及时得到关怀。总得来说，你的人缘不错。

21~30 分：你恐惧与人交往，你讨厌面对人群，害怕和陌生人说话。这种恐惧不仅仅来自你性格的内向和害羞，还源自于你对外在世界充满强烈的不安全感和排斥感。工作中你选择独自完成技术性任务，平时你的娱乐也多是躲在家里。在人多的地方会觉得不舒服，担心别人注意，担心被批评，担心自己格格不入。

第七章 自我管理

人生需要管理。管理好有限的时间、精力、金钱等资源，才能实现人生目标，实现你梦想的职业生涯和幸福生活。

学习目标

知识目标

1. 时间管理的重要性和基本方法
2. 情绪管理的重要性和基本方法
3. 财富观念及管理、运用财富的方法
4. 亲情、爱情的管理方法
5. 基本的健康原则

能力目标

1. 掌握管理自己时间的能力
2. 掌握控制自己情绪的能力
3. 掌握管理金钱的能力
4. 掌握管理自己情感的能力
5. 掌握管理自己健康的能力

第一节 时间管理

一寸光阴一寸金，寸金难买寸光阴。时间是世界上最宝贵的资源，有效利用时间是取得所有成功的基础。

一、告别拖延症

案例导入

小叶是一名大一学生，她计划这个寒假要认真读完三本书，为此她放假前去学校图书馆精心选了三本她一直想看的名人传记，准备利用假期认真看完。

眼看着寒假过去好几天了，今天早晨她决定必须开始看书了。看看下面发生了什么：

小叶刚把书翻开，手机响了一下，是同学发来的信息，就和同学聊了一会儿；

顺便查了一下邮件，看看老师有没有发新的通知；

摸到脸上起了个青春痘，去镜子前观察了一会儿；

经过窗前，看了一下楼下玩耍的孩子们，追忆了一下自己美好的童年时光，感叹时光飞逝；

妈妈买菜回来了，洗了水果，去吃了一点；

吃完午餐后，有点小困，就决定小睡一会，这样下午就有精神看书了；

睡起后，顺手打开电脑，看了一会新闻，又打了两局喜欢的游戏；

继续看书，看了没几页，想起一首歌，打开音乐听了一下，顺便看了一下最新的新歌排行榜；

……

一天时间过去了，书就翻了两页。小叶感到内疚、自责，发誓明天一定不再这样了。可是明天类似的一幕再次上演。

1. 拖延症

拖延症是指自我调节失败，在能够预料后果有害的情况下，仍然把计划要做的事情往后推迟的一种行为。严重的拖延症会对个体的身心健康带来消极影响，如出现强烈的自责情绪、负罪感，不断地自我否定、贬低，并伴有焦虑症、抑郁症等心理疾病。

拖延症的直接危害是浪费时间，导致计划的事情不能按时完成，影响自己的人生规划；间接危害是因为长期不能按时完成预期工作，导致不自信，甚至产生焦虑情绪。

2. 解决拖延症

解决拖延症的关键是要及时察觉拖延行为，并分析出导致拖延的原因。

如果是因为要完成的任务难度太大而产生畏难情绪，可以尝试将要完成的任务进行分解，把大任务分成小任务，一步步地来完成。每完成一步，就要肯定自己一下，给自己一个小小的奖励。同时你应该加紧学习与自己工作相关的知识与技能，不断开拓自己的视野，提升自己的能力，这样工作起来才会更得心应手。

如果是因为对任务厌烦或者不感兴趣而导致拖延，那就有必要试着给自己做一下思想工作，分析一下这个任务是否是必须完成的，如果完不成后果会如何。告诉自己能够认真做好不感兴趣的事情是成功人士的必修功课。

如果单纯是因为干扰太多而导致拖延，那就要分析哪些因素会对你形成干扰。当计划要完成重要任务时，提前排除所有可能的干扰，例如关掉微信、QQ，关掉音乐，关掉电视，把手机关上声音放在远处，或者干脆关闭所有通讯设备，屏蔽一切，让自己在这个时间段专注去做一件事情。

第七章 自我管理

有条件的话也可以借助外力监督。在家可以借助家人，在学校可以借助同学和朋友。把自己的计划告知对方，要求对方按时间规划表来监督自己。

还可以利用羊群效应，联合一些优秀的朋友，或者跟同宿舍、同班的同学一起约定完成一些目标，这样任务完成过程中大家就可以互相督促。

学霸宿舍的羊群效应

某职业院校同一寝室的 5 名女生，到大学二年级共获得 76 份证书和奖状。据该宿舍的同学介绍，宿舍的学习氛围很好，学校组织的比赛、志愿者活动，宿舍的所有同学都会结伴参加。谁在学习中有什么心得，或者发现有好的学习资料，都会在第一时间跟大家共享；谁在学习上遇到了难题，大家会讨论解决。通过交流、分享、互相支持，大家也可以缓解心理压力，调整心态。

也可以试着把学习时间安排在图书馆、自习室等场所。图书馆里大家都在安静地学习，可以带动你也变得专注。

练一练

请思考一下自己有没有过拖延行为？你是如何设法克服的？

二、列出你的工作清单

为了实现良好的时间管理，可以养成列工作清单的习惯。记录工作清单可以用纸或本子，也可以用各种代办事项、任务清单类的电脑软件或者手机 APP。

列出工作清单，一是可以防止忘记事情，俗话说的好，好记性不如烂笔头；二是可以减轻大脑负担。如果事情太多，就会引发大脑的焦虑。借助可靠的辅助工具将我们的待办事项一一记下来，就可以清空大脑的记忆，放松大脑的压力，让大脑专注去进行思考。辅助工具越可靠，大脑就会越放松。

列出清单的另一个好处是我们可以对清单中的事项进行选择、排序，按照轻重缓急的次序依次去进行处理，避免重要的事情被耽误。

练一练

请同学们列出明天应该完成的事项清单，并按照重要性排序。清单中既要考虑作业、考试等眼前的事情，也要考虑到职业规划等较长远的事情。同学们可以互相提醒一下，不要遗漏重要的事情。

三、要事优先

一条价值 2.5 万美元的建议

美国史卡鲁大钢铁公司的总裁查鲁斯是一个追求完美的人，每天事无巨细忙于公司中的繁杂事务，工作总是干不完，公司业绩也不理想。他感到非常烦恼，便向效率研究专家艾伊贝·李请教。李给他的建议是这样的：

1. 不要想把所有事情都做完；
2. 手边的事情并不一定是最重要的事情；
3. 每天晚上列出你明天必须做的事情，并按照事情的重要性排序；
4. 第二天先做最重要的事情，不必去顾及其他事情；第一件事做完后，再做第二件，依此类推；
5. 到了晚上，如果发现你列出的事情没有做完也没关系，因为你已经把最重要的事情都做完了，剩下的事情明天再做。

最后，李说："每天重复这么做，在做到你认为满意时，付给我一张你认为价值适当的支票即可。"

查鲁斯试了一段时间后，效果非常惊人。结果，艾伊贝·李得到了一张价值 2.5 万美元的支票。五年以后，查鲁斯这个当年不为人知的小钢铁厂一跃成为当时全美最大的独立钢铁公司。

我们每天都有做不完的事情。面对长长的待办事项列表，我们应该按照什么次序去进行处理？

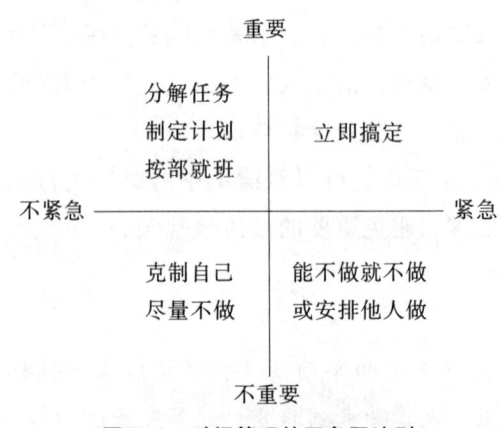

图 7-1 时间管理的四象限法则

美国著名管理学家斯蒂芬·科维提出了时间管理的"四象限"法则，如图 7-1 所示。即把工作按照重要和紧急两个不同的维度分为四个"象限"：重要又紧急、重要但不紧急、不重要也不紧急、不重要但紧急。

第一象限是重要又紧急的事情，比如明天的数学考试、准备下午会议的发言稿、第二天要交稿的调研报告、发高烧了要去医院等。

第二象限是重要但不紧急的事情，比如提升自己的英语水平、两年后的四级考试、锻炼身体、完成你的人生规划等。

第三象限是不重要也不紧急的事情，比如去看一场电影、玩网络游戏、约同学吃个饭、去商场闲逛等。

第四象限是不重要但紧急的事情，例如接待突然来公司参观的访客、朋友打来的闲聊电话、同事要求帮忙的一份表格、中午的应酬、商场打折今天是最后一天、凌晨的球赛等。

我们应该如何对四个象限的事情进行排序？

第一象限是重要又紧急的事情，应该优先解决，立即处理。

第二象限，也就是重要但不紧急的事情，是人生中最有价值的事情。它代表长远收益、持续发展，是一种从容地对人生进行策划的状态，是取得成功和生活品质的前提。我们应该把尽量多的时间花在这个象限。把重要任务进行分解，制定计划，每天按部就班安排时间去完成。

第三象限的事情既不重要，也不紧急，一个对自己有规划的人应该不做或者尽量少做。

其中第四象限的事情对人们的欺骗性是最大的。紧急的事实会造成它很重要的假象，经常耗费人们大量的时间而没有任何成果。看一件事是否重要，要按照自己的人生目标和人生规划来衡量。如果从长远看它很重要就属于第二象限；如果不重要或者不是非常重要，就属于第四象限。这个象限的工作我们应该能不做就不做，或者尽量安排给别人做。

高效能人士会把 65%~80% 的时间安排在第二象限，也就是重要但不紧急的工作。由于他们把大部分重要工作都提前统筹和规划好了，第一象限突然袭击的工作自然而然就减少了。

让我们认真分析，摆脱毫无意义的第三象限，也不要在第四象限那些紧急但不重要的事情上浪费太多时间，把有限的时间投入到最具收益的第二象限去。

人生不在于做很多事，而在于把重要的事情做到极致。

练一练

对你前面列出的任务清单中的事情按照重要和紧急的情况进行分类，判断哪些事情应该优先完成，哪些事情可以从任务清单中删掉。重新对任务清单进行排序。

四、利用好零散时间

有人说：零碎的时间就像是一粒粒的珍珠，散落在各个角落里，只要将它们串起来，它们就会灼灼生辉，产生巨大的价值。

拓展阅读

有一个著名投资专家，业务繁忙，一年到头在全球各地飞来飞去，做演讲，做咨询，做项目。但他经营的公众号每周都能更新三到四篇原创文章，粉丝数十万，每年还能出两到三本书。

有人问他：你这么忙碌，怎么会有时间静下心来写作的呢？他说：他只是妥善利用了所有的琐碎时间。在等吃饭、等车或者演讲中场休息的十几分钟时间里，他会构思一下要写的内容的思路，并整理在随身的小本子上。在机场候机、坐在飞机上或者坐在车上时，他马上就拿出笔记本写上一点。多的时候，一次可能写上千字，少的时候，只能写一两句。他总是随身带着书，没有思路的时候，他就大量阅读，寻找灵感。上厕所或者躺床上入睡前的几分钟里，他也要翻几页书。

我们的工作和生活中都会有一些零散时间，如排队、等车、乘车等。这样的时间往往被我们发着呆或者刷着手机毫不在乎地忽略过去。而高效能人士会充分利用好这些时间处理那些零碎事情，例如查看电子邮箱，回复邮件，整理任务清单，回复信息或者电话，背几个单词，读一段文章，温习一下昨天的功课，等等。如果我们利用这些碎片时间来处理完了那些必须要做的碎片事情，就可以节省下整块时间来干那些需要整块时间来干的事情，比如专注读书、创作、陪伴我们的亲人等。

练一练

请思考一下自己会在什么时候出现零碎时间，规划一下你打算如何利用这些宝贵的时间？从今天就开始行动。

五、8小时之外决定自己的人生

人的时间和精力都是有限的。如何有效利用这有限的时间，让生命更有意义？

一天24小时，工作或者学习的时间大约8小时，休息时间大约需要8小时，剩下的8小时就是你的业余时间。所谓"8小时之外"，也就是我们所说的业余时间，包括工作日下班后以及节假日全天。

工作时间大家差别都不大，每个人都会在老板或者老师的监督下完成份内任务，大家所接触的东西大致一样。拉开大家差距的是在8小时之外。有的人业余时间就是吃饭睡觉、上网聊天、看电视、玩手机；有的人则研究学问或提升某项技能。10年过去之后，玩手机的还在玩手机，专注研究学问或技能的人却很可能已经在他研究的领域小有成就。人的差别就这样显现出来了。

 拓展阅读

齐白石轶事：成功只需要四年多的时间

曾经有两个年轻人酷爱画画，一个很有绘画天赋，一个资质则明显差一些。20岁的时候，那个很有天赋的年轻人沉醉于安逸的生活，丢掉了自己的画笔。

而那个资质较差的年轻人生活虽然极为贫困，每天打柴、下田劳作，但他始终没有丢掉自己钟爱的画笔。每天回来得再晚、再累，他都要点亮油灯，全神贯注地画上一个钟头。即使在他做木匠走村串户为别人打制桌椅床柜时，他的工具箱里也时刻装着笔墨纸砚，休歇的短暂间隙或行路时的路边稍坐，他都会铺上白纸，甚至以草棍代笔在泥地上画上一通。

四十年后，他成功了，从一个名不见经传的小镇木匠，成了蜚声世界的画坛大师，他就是齐白石。

齐白石成功后，曾和他一起酷爱绘画的那个年轻人到北京来拜访齐白石，两人都已经是年过六旬的老头了。俩人促膝交谈，齐白石听他慨叹美术创作的艰辛和不易，听他述说对自己从事绘画半途而废的深深惋惜。齐白石说："其实成功远不如你想的那么艰辛和遥远，从木艺雕刻匠到绘画大师，仅仅只需要四年多的时间。"

"只需要四年多一点？"那个人一听就愣了。

齐白石拿来一支笔一张纸伏在桌上给他计算说：我从20岁开始真正练习绘画，35岁前每天只能有一个小时的绘画时间，一天一小时，一年365天，只有365小时，365小时除以24，每年绘画的时间是15天，20岁到35岁是15年，15年乘以每年的15天，这15年间绘画的全部时间是225天；35岁到55岁的时候，我每天练习绘画的时间是2小时，一年共用730小时，除以每天24小时，总折合是31天，每年31天乘以20年合计是620天；从55岁至60岁，我每天用于绘画的时间是10小时，每天10小时，一年是3650小时，折合152天，5年共用760天。我绘画共用1605天，总折合4年零4个月。

4年零4个月，这就是齐白石从一个乡村懵懂青年成为一代画坛巨匠的时间。

不要畏惧成功的遥遥无期，成功其实不需要太多的时间，用上你发呆或喝咖啡的时间就足够了。

如何让8小时以外的时间更有价值，是我们每个职场人士要考虑的。在别人消耗青春和生命时，我们可以总结一下自己的工作，查缺补漏，提升一下自己的实力。

8小时之内决定现在，8小时之外决定未来。就像爱因斯坦的名言："人的差异在

于业余时间。业余时间生产人才，也生产懒汉、酒鬼、牌迷、赌徒，由此不仅使工作业绩有别，也区分出高低优劣的人生境界。"

希望我们在下班、放学后，能够学会忍受和享受孤独，有计划地安排自己的时间，挤出一切时间努力提升自己，这样待机会到来时能够一飞冲天，创造自己人生的一个又一个春天。

练一练

思考一下你有多少空余时间？以前你是怎么度过这些时间的？你规划以后怎么安排这些时间？从今天就开始行动。

六、抓住当下，马上行动

生活中经常听有人说，如果我早点去做某件事就好了，如果我早如何如何就好了。今天的一切都是昨天努力的结果。如果已经错过了昨天的时光，那么就从今天开始行动吧！

种一棵树最好的时间是十年前，其次是现在。

人的一生有两大财富：才华和时间。我们一生都在用时间换取才华：才华越来越多，但时间越来越少。如果一天天过去了，我们的时间少了，而才华没有增加，那就是虚度了时光。

如果只有规划，没有行动，那么你的规划就永远只能是梦想。所以希望大家无论有什么规划，请把握今天，马上行动。

就像一首诗歌中写道：

> 不要为昨天叹息，
> 不要为明天忧虑，
> 因为明天只是个未来，
> 昨天已成为过去。
> 未来的不知是些什么，
> 过去的只能留作记忆，
> 只有今天，才是你真正拥有的！

练一练

检视你的职业规划，拆分出今年应该完成的任务，并一步步拆分出每天应该完成的任务。制定计划，每天安排出时间来按部就班地完成。

第二节　情绪管理

情绪是指人的心情、心境。人的情绪无时不在。心理学上把恐惧、紧张、焦虑、愤怒、妒忌、悲伤等情绪统称为负性情绪。负性或者负面指此类情绪体验是不积极的，会给身体带来不适，可能影响工作和生活，甚至对自身或社会形成伤害。而乐观、自信等正面情绪有助于人们高效的学习和生活。

一、负面情绪的危害

1. 负面情绪会导致行为失控

如果情绪管理不到位，遇到负面情绪失控时，就会做一些不可理喻的事情，事后让人后悔不已。例如有些驾驶员在驾车过程中因为遭遇堵车、其他驾驶员变道别车、红绿灯强行插队等因素引起愤怒情绪，进而发生与他车进行抢路、别车等危险行为。这种所谓"路怒症"引起的车祸不在少数，害人害己，我们务必要引以为戒。

2. 负面情绪会影响理性判断

情绪是理性的敌人。情绪会影响我们的逻辑思维，阻碍人们的理性判断，使得人们不能理性地做出行为和决策。

> **拓展阅读**
>
> 《三国演义》中，刘备得知关羽被吴国杀害之后又悲又怒，马上御驾亲征东吴，为关羽报仇。愤怒的情绪让刘备失去理智，不能正确判断这一仗到底是否应该打，以及会有多大胜算，如何打才有更大的胜算。结果蜀军大败于东吴，刘备病死白帝城，蜀国元气大伤。

3. 情绪影响生理健康

人体是一个极其复杂的机体。七情六欲，人皆有之。积极乐观的情绪有益于身心健康；负面情绪会影响身心健康。情绪不稳定或长期被情绪所支配的人，患病的几率高于正常情绪人群很多倍。

焦虑、悲伤、愤怒等负面情绪会导致失眠、头痛、胃痛等症状，这些症状又可能导致情绪恶化，情绪恶化又必然进一步加重原有症状。如此不断反复，形成恶性循环，导致身体产生疾病。

4. 坏情绪会传染给别人

良好的情绪会构成一种健康、轻松、愉悦的气氛，而坏情绪会造成紧张、烦恼甚至是充满敌意的气氛。

每个人都有情绪，但我们要学会不把坏情绪带给别人。如果你不加控制地肆意发泄情绪，你周围的人便会受到影响，尤其是你的亲人和朋友，越亲近的人会受伤越多。

 拓展阅读

踢猫效应

一位父亲在公司受到了上司的批评生了一肚子气，回到家就把沙发上跳来跳去的孩子臭骂了一顿；孩子心里窝火，狠狠去踢身边打滚玩耍的猫；猫逃到街上，正好一辆卡车开过来，司机赶紧避让，撞伤了路边的行人。

5. 坏情绪会剥夺人们对幸福的感受能力

当一个人被负面情绪笼罩时，会放大问题的影响。一叶障目，不见森林，使自己困顿于负面状态中，会失去感受幸福的能力。

练一练

同学们思考一下自己有没有过情绪失控的行为？有没有造成不可挽回的后果？你打算如何克服这样的情绪？

二、控制自己的情绪

1. 觉知情绪

处理情绪的第一步是发现情绪、觉知情绪。当觉察到自己正在掉进情绪里时，可以先使自己冷静下来，然后试着在心中描述出目前的情绪，例如在心里告诉自己：我正在进入愤怒状态，我正口不择言，我的行为有些失控，等等。

发现并承认自己的情绪，你就迈出了一大步。往往当你知道自己正在愤怒时，愤怒已经减少了一大半，因为理性已经开始发挥作用，而不再是完全失去理性任由情绪处于失控状态。

2. 分析情绪

分析情绪的来源，分析自己为什么愤怒？是什么事触发了情绪？对方触犯了你的哪条信念？这条信念本身是不是正确的？你有没有必要发这么大脾气？到底是你的问题还是对方的问题？发脾气会解决问题还是会让问题更加恶化？大多数时候，在和自己对话的过程中你的情绪就已经被逐步平复了。

3. 换个角度

如果你将注意力集中在不喜欢的事情或者讨厌的人身上时，你就会发现越来越多可抱怨的东西，就会越来越不快乐。其实再讨厌的事情也有可爱之处，再讨厌的人

也有闪光点。

很多时候不一定是事情本身值得悲观,而是你的悲观思维在作祟。就如同著名的半杯水的故事:面对半杯水,悲观者会叹息:唉,只有半杯水了!而乐观者会想:哇,还有半杯水!快乐之道在于:要看到还拥有的那一半,别总想着失去的那一半。

有个成语叫"反求诸己",意思是遇到挫折时切莫责怪他人,而应反过来从自身找出问题症结,并努力加以改正。积极心理学也提醒我们:一个人只能改变自己,不能改变别人或世界。每个人的立场不同、经历不同、背景不同,你不能要求所有人都懂你、理解你,更不该奢望所有人都喜欢你、支持你。遵循自己的规则,认真地做好自己。

4. 不断强大自己内心,努力提升自身实力

随着实力的提升、内心的强大,掌控问题的能力也会增强。如果所有问题都在你的掌控之中,就可以有更多的淡定与从容,即使面对大风大浪,也不会轻易被触怒。

拓展阅读

《庄子·达生篇》:齐宣王喜欢斗鸡,有一次他找到一只好鸡让纪渻子替他训练。

过了十天,齐宣王问纪渻子:鸡已经训练好了吗?纪渻子回答说:还没有,这只鸡表面看起来气势汹汹的,其实没有什么底气。

又过了十天,国王再次询问,纪渻子说还不行,因为它一看到别的鸡的影子,马上就紧张起来,说明还太容易被激怒。

又过了十天,纪渻子说还是不行,因为这只鸡还是目光炯炯,气势未消。

再过了十天,纪渻子终于说差不多了,现在即使其他鸡朝它啼叫,它也没有反应了,看起来好像木头鸡一样,精神全部收敛。

于是齐宣王把这只鸡放进斗鸡场,没想到别的鸡一看到这只"呆若木鸡"的斗鸡,没有敢应战的,全都掉头逃走了。

木鸡之"木",不是痴傻,而是面对敌人或敌意时的一种心无杂念、物我两忘的状态。把精神全部收敛,专注于自己内心,不受外界左右。

很多时候我们过于关注外界的人和事,过于在乎别人对自己的评价和态度。当这些人和事不是我们所希望的状态时,我们就会愤怒、自责、懊恼等。情绪应该把控在自己手中,把注意力集中到正在做的事、应该做的事上来。做自己的事情,不要被外界打乱前进的节奏,不要让别人控制你的情绪。

5. 拥有自己的业余爱好

每个人都应该培养一两项兴趣爱好,例如读书、下棋、打球、绘画、音乐等。对你真正喜欢的事情,就可以心无旁骛地专注于其中,享受到放松与满足,忘却工作和生活中可能正在面临的烦恼。爱好可以帮助你转移注意力,从不开心的情绪中走出

来，有助于保持心态的平和。

你可以读书，可以看小说、看散文、读诗词。把生活中独处的时间换成巨大的享受时刻，通过书籍了解别人的苦难和经验，增长自己的人生阅历。

你可以运动，在大汗淋漓中放空一切。

你也可以听音乐，在音乐中得到美的陶醉和满足。

你也可以去散步、旅游，行万里路。大山大川，小河小溪，悠闲地散步，全身心地接受大自然中所见、所感和所听到的美好一切。

你也可以画画、书法。专注于一笔一划，在洒满墨香的氛围之中，感受艺术之美的同时也感受生命娴静之美，生活中的一切不快便会放下。

业余爱好还是扩展交际圈的桥梁，你可以接触到更多朋友，拥有更多话题。生活忙碌了，接触的人多了，自然而然注意力就分散了，心情也会豁然开朗。

练一练

你有哪些爱好？你在做你喜爱的事情的时候有什么感觉？如果还没有爱好，你打算培养一项什么样的爱好？马上开始行动。

6. 拥有自嘲的自信和勇气

每个人都或多或少有些缺点，与其遮遮掩掩、生怕别人笑话，不如坦然接纳它的存在，甚至可以试着自嘲调侃一下，大大方方地将自己的弱点放到明面上，说不定还能把自己的弱点转化为自己的特点。敢于拿自己开玩笑，显示了你的勇气和自信；展示自己的短处，也可以拉近你和他人的距离，让对方敞开心扉。

在生活、职场、社交等各种场合，每个人都难免会遇到一些尴尬处境，当事者可以适时、适度地用几句幽默的语言来自我解嘲，就可以在轻松愉快的笑声中缓解紧张尴尬的气氛，使自己走出困境，还可以使自己的形象变得人情味十足。

拓展阅读

在一次奥斯卡颁奖典礼上，一位刚刚获奖的女演员准备上台领奖。也许是因为太兴奋、太激动了，她被自己的晚礼服长裙绊了一下，摔倒在舞台边上。全场默然。但她迅速地起身，从主持人手中接过奖杯真挚而感慨地说："为了走到这个位置，实现我的梦想，我这一路走得艰辛坎坷，甚至有时跌跌撞撞。"全场观众给以热烈的掌声。

机智、真诚的话语使这位女演员成为颁奖典礼上最耀眼的明星。

作家林清玄说：人生中不如意之事十之八九，但刨去八九成的不如意，生活里至少还有一二成快乐、欣慰的事情。我们要常想那一二成的好事，这样才会感到庆幸、珍惜，才会快乐。

作家林语堂有云：人生在世，还不是有时笑笑人家，有时给人家笑笑。我们在遇到窘境、尴尬和难堪局面时，别忘了风趣幽默地自嘲一下，既有助于调整心态，又可以展示我们的自信和风度。

练一练

你曾经有哪些特别尴尬的时刻？你当时是怎么表现的？如果这样的事情再次发生，怎么处理会更好？

有没有让自己耿耿于怀的缺点？你会如何自嘲一下？

7. 装出一份好心情

美国心理学家保罗·艾克曼的实验表明：假装有某种情绪，往往能帮助他们真正获得这种情绪——例如在困境中获得信心，在不如意时获得快乐。

心理研究的这个新发现可以帮助我们有效摆脱坏心情。例如，一个人在烦恼时，可以多回忆快乐的事情，让自己面带微笑，或者选择振奋精神的文章高声朗读。据说心情烦恼的病人带着表情高声朗读后，他们的情绪会大为改善。就如同我们常常逗眼泪汪汪的孩子说"笑一笑呀"，结果孩子勉强笑了笑之后，跟着就真开心起来。

拿破仑说：能控制好自己情绪的人，比能拿下一座城池的将军更伟大。

拜伦说：管理好自己的情绪，你就已经赢得了人生。

让我们管理好自己的情绪，保持自尊自信、理性平和、积极向上的良好心态，以乐观积极的态度，勇于面对生活中的挫折，发现生活中的美好与快乐，保持热忱，充实地学习、工作、生活。

练一练

设想一下，当你与父母因为观念、立场等不同，发生激烈冲突时，你将如何处理？

设想一下，有一天你事业不顺，又因暴饮暴食导致体重超重，身材变形，男/女朋友也因此离你而去，你将如何处理？

第三节　金钱管理

金钱对于人们生活的富足、幸福影响越来越大。钱虽然不是万能的，但人类的生存、生活离不开物质基础。追逐金钱也没有错，关键是要取之有道，用之有道。要正确赢得财富，并正确管理、运用财富。

一、财商的概念

财商,即金融智商,英文缩写为 FQ（Financial Quotient）,指创造和管理财富的能力。财商包括两方面：一是创造财富及认识财富倍增规律的能力,即财富价值观；二是驾驭财富及应用财富的能力。财商是与智商、情商并列为现代社会能力三大不可缺的素质,是实现成功人生的关键因素之一。

财商强的人,即使突然之间从亿万富翁变成亿万负翁,他还会东山再起。

拓展阅读

褚时健,中国财经界传奇人物。将默默无闻的玉溪小烟厂打造成了世界一流的烟草集团——红塔集团,被称为一代"烟草大王"。他在事业最巅峰的时候被捕入狱,出狱后自主创业种植橙子,所创立的"褚橙"品牌再度名扬天下,成为"中国橙王"。

作为罕见的、身陷囹圄之后还能以古稀之年东山再起的企业家,褚时健已经变成了一个励志符号,一种企业家精神的象征。

美国投资家巴菲特曾经说：倘若把我身无分文的丢到沙漠里面,只要我遇到一个商队,不需要几年时间,我又会成为一个富翁。

反之,财商弱的人,即使一夜暴富,往往过不了多久又都会全部失去,甚至过得比原来更糟糕。因为财富可能并没有让那些暴富的人建立积极的生活态度,反而可能滋生了骄纵等不良生活习惯和心态。这就是古人所谓的德不配位,即使得到了财富,也会很快失去。

根据媒体调查,全世界 70% 的彩票大奖得主,平均会在 7 年之内被打回原形,其中很多人甚至会比中彩票前生活还要悲惨。这种现象被称为"彩票诅咒"。

财富并不会毁掉生活,毁掉一个人的,其实是其面对财富的态度和经营财富的能力。这些彩票大奖得主面对财富往往心态膨胀,或挥霍无度,或盲目投资,迅速将得来的钱挥霍完后,往往不能面对生活的变化,很多人心态失衡,甚至最终走上犯罪道路。

练一练

如果突然给你 1000 万,你打算如何管理这些钱？你可能面临哪些问题？你打算怎么处理这些问题？

二、金钱管理

为什么有人拿着每月几万的薪水却没有存款,而有些人每月只有几千的工资却可以支付首付买房？这是因为很多人不懂金钱管理。

金钱管理可以分为三个步骤，一是分析收支，二是学会消费，三是懂得投资。

1. 分析收支

要想避免成为月光族甚至入不敷出，你首先要知道自己每月收入多少。然后根据收入和个人需要，合理安排支出和投资。

收入分析：收入分析比较简单，因为大多数人都只有一份固定工作，收入来源比较单一。但有些人会有兼职，或有财产性收入。我们需要把所有收入囊括在内，计算清楚自己每月到底收入多少。

支出分析：借助于纸笔或各类记账软件、手机 APP，可以记录下我们的每一笔开销。这样我们就可以知道，我们每月有哪些固定开支，花的钱里面哪些是该花的，哪些是可以不花的，从而帮助我们更合理地规划下个月的开支。

练一练

父母每个月给你多少生活费？你还有其他收入吗？分析清楚你的收入。

你有记账的习惯吗？你上个月的支出大致是多少？你的收支能够平衡吗？

检视你近一个月的开支，计算一下你每个月的固定支出大概是多少？有多少是非理性消费？你的开支有哪些问题？

2. 学会消费

生活需要消费，但消费不是生活，要养成理性消费的习惯。在此仅提供一些关于消费的基本建议。

购物尤其是大额购物，要设置等待期，减少冲动性消费。要避免因为推销员的劝说、打折等原因一时兴起购买很多无用或不适合的产品。

杜绝攀比性消费、炫耀性消费。年轻人往往出于虚荣心，不自觉地与同学、同事、邻居、亲戚比排场，比"实力"，手机要买新款，汽车要买高档的，衣服要买名牌的，等等。相反，真正有钱的人其实大多都很低调，攀比、炫耀反而会暴露你的虚荣和不自信，而且会给自己造成不必要的经济负担。

警惕贪便宜心理。我们经常去超市抢购一些打折或者特价商品，或从购物网站买来很多秒杀产品。商场、购物网站的促销活动层出不穷，双十一、双十二、买三免一、买 100 送 100、满 200 减 100 等。我们经常为了凑单熬到深夜，感觉似乎省了一大笔钱，事实上最终发现可能买的东西不适用或根本不需要，不但浪费了金钱，还浪费了宝贵的时间。只买你必需的东西是最经济的做法。

在能承受的范围内，购买优良品。一是可以省去三番五次购买的时间和金钱成本，二是可以提升生活档次和品质，有很多物品是可以用一辈子的。

投资自己，但不要跟风。例如别人都在上的网课适合你吗？花钱寻找各种课程去学习之前，先问一下自己：你利用好学校的各种学习机会了吗？你利用好工作中的各种培训资源了吗？

不要把购物当消遣。许多人把购物当作消遣，一有时间就去逛商场或逛购物网站。其实生活中还有很多更有意义的事情可以用来消磨时间，如散步、看书、运动、跟朋友聊天、参加公益活动等。我们周围也有很多适合闲暇时去闲逛的公共场所，例如图书馆、博物馆、展览馆、书店等。大一些的社区一般都有社区服务中心，经常提供免费的活动场所或者性价比很高的文化艺术类培训，有空的时候也可以去看看。

建议大家适当控制购物欲望，养成理性消费的习惯。可以将平时想起来需要购买的物品列成清单，闲暇时对照清单一次性购齐。

练一练

你感觉自己的消费习惯怎么样？总结一下你购物的特点，有什么优点？有什么缺点？你计划如何改进自己的消费习惯？

3. 学会理财

我们一般说的理财是指投资者通过合理安排资金，运用诸如储蓄、银行理财产品、债券、基金、股票、期货、商品现货、外汇、房地产、保险、黄金、P2P、文化及艺术品等投资理财工具对资产进行管理和分配，实现保值、增值，加速资产的增长。

理财是一个比较专业的领域，在此仅通过几个理财误区给大家介绍一些理财方面的基本常识。

（1）理财误区之一：幻想一夜暴富

牢记一个原则：天上永远不会掉馅饼，投资也永远没有一夜暴富。如果有人告诉你一个一夜暴富或者迅速暴富的门道，那一定不是投资，而是投机甚至可能是骗局。

避免进入理财骗局的前提是对合理的理财产品收益率范围有个大概了解。这样你就不会被骗子们所承诺的虚高、明显不合理的收益率所诱惑。

理财基本原则：风险与收益总是成正比，即收益越高风险越高。一般而言，购买理财产品由于承担高于银行存款的风险，因而所获得的收益理应大于直接存入银行的收益。所以理财产品收益的下限可以参考银行定期存款利率；理财产品收益的合理上限，可以适当参照银行贷款利率。

中国银保监会主席郭树清在第十届陆家嘴论坛发表演讲时提到："高收益意味着高风险，收益率超过6%的就要打问号，超过8%的就很危险，10%以上就要准备损失全部本金。"

有了合理利率的常识，当再有非法集资者很轻易的承诺高达20%以上甚至50%以上的年化收益的时候，你就不会再轻易上当受骗了。

拓展阅读

庞氏骗局是对金融领域投资诈骗的称呼，是金字塔骗局（Pyramid scheme）的始祖。很多非法的传销集团就是利用这一招聚敛钱财。这种骗术是一个名叫查尔斯·庞兹的投机商人"发明"的。

庞氏骗局在中国又称拆东墙补西墙、空手套白狼。简而言之就是利用新投资人的钱向老投资者支付利息和短期回报，以制造赚钱的假象进而骗取更多的投资。

查尔斯·庞兹是一位生活在19、20世纪的意大利裔投机商，1903年移民到美国。1919年他开始策划一个阴谋，骗人们向一个子虚乌有的企业投资，许诺投资者只要45天，资金回报将是50%；如果90天，回报100%。然后，庞兹把新投资者的资金作为快速盈利付给最初投资的人，以诱使更多的人上当。由于前期投资的人回报丰厚，无数投资者疯狂跟进，大部分人是生活并不宽裕的中低收入者。这场阴谋持续了一年之久，直到1920年8月，《波士顿邮报》对他的调查引发了投资者挤兑，庞氏计划瓦解。被利益冲昏头脑的人们才清醒过来，后人称之为"庞氏骗局"。

此后100年来，庞氏骗局变换出无数花样，在金融市场上屡试不爽。基本上所有的金融骗局都有它的身影。根本原因就是利用了人们贪图高收益的心理。

（2）理财误区之二：理财就是储蓄，就是把钱存银行

消费者物价指数（consumer price index），又名居民消费价格指数，简称CPI，是一个反映居民家庭一般所购买的消费品和服务项目价格水平变动情况的宏观经济指标。它是在特定时段内度量一组代表性消费商品及服务项目的价格水平随时间而变动的相对数，可以用来反映居民家庭购买消费商品及服务的价格水平的变动情况。其变动率在一定程度上反映了通货膨胀或紧缩程度。

2019年全年CPI同比涨2.9%，高于2019年三年期定期存款基准利率2.75%，即通货膨胀率高过银行存款利率。所以银行储蓄为负利率。也就是如果把钱存在银行里，财富不但不会增值，反而会缩水。

（3）理财误区之三：省钱就是理财

有人认为，花钱就是浪费，省钱就是理财。他们试图通过不断降低生活质量，减少生活开支来实现理财的目的。

但理财是为了提高生活水平，如果为了理财而一再降低生活标准，就失去了理财的意义。理财是要在生活质量不变甚至改善生活质量的情况下增加自己的收益。

增加财富有两个渠道：开源和节流。其中节流是指不要浪费，不要乱花钱，而不是不花钱。增加财富更重要的是开源，也就是要设法获得财富。

（4）理财误区之四：要有很多钱才能理财

有人说，我现在还没有钱理财，必须等我有很多钱了才能理财。这种想法是错误

的。不管是否有钱，每一个人都需要理财。小积累才能变成大财富，如果对"小钱"不重视，就永远不会拥有"大钱"。而且在没有钱的时候学习理财，可以避免因缺乏经验而造成太大的经济损失。利用小钱学习基本的理财经验，培养理财思维和合理的生活方式，将来获得较大财富时才能有能力对财富进行恰当的管理。

(5) 理财误区之五：理财永远追求高收益

风险与收益永远成比例，收益低风险就小，收益高风险就大。总是追求高收益，必然会将绝大多数资产配置在股票等风险较高的金融工具上，从而带来较大的亏损预期。

收益率也与理财产品的持有时间有关。无论是大额存单还是普通理财产品，往往是期限越长，收益率越高。我们在投资时必须充分考虑到风险，哪些资金用来长期投资，哪些资金作为备用金准备随时应急。

总归我们应该在综合考虑理财产品的收益率、安全性、流动性以及自身风险承受能力的基础上选择理财产品，适合自己的才是最优的。

练一练

你有理财经历吗？如果有请跟同学们分享一下。

试着了解常用理财工具，制定你的理财计划，马上开始执行。

第四节　情感管理

人与人之间的情感联系大致可以分为三种：亲情、爱情和友情。

国家需要管理，社会需要管理，企业需要管理，同样情感也需要管理。只有通过耐心、用心管理，才能让亲情、爱情、友情等感情沿着正确的方向发展，才能更和谐、更稳健，给我们提供更美好的幸福感。

但我们大多数人都容易犯一个低级错误：好脾气和耐心留给外人，却把坏脾气留给最爱的人，尤其是父母和爱人。希望我们能有意识地去管理好自己的情感，不要让爱我们的人受伤最深。

一、关爱父母

古语说：百善孝为先。孝是一种美德，是一种责任。尊敬长辈、孝敬父母是做人本分，是中华民族的传统美德。

从小父母为我们殚精竭虑，关心着我们，爱护着我们，教会我们说话，教会我们走路，教会我们做人的道理。我们慢慢长大、上学、参加工作，父母却在慢慢变老。现在很多人忙于工作，忽略了父母的感情。但随着父母慢慢年迈，他们需要我们的关爱。

1. 常回家看看

大多数父母对子女是无欲无求的，他们所期待的不过是孩子们健康快乐。但子女是父母一辈子的牵挂，当父母年迈时，似乎又变回了孩子，在心理上会越来越依赖自己的儿女。要尽量常回家看看，尽可能多陪伴父母。回家吃一顿饭，聊几句家常，对父母来说就很满足很欣慰了，对他们来说陪伴就是最贴心的温暖。

"常回家看看"也是我们的法律义务。2013年7月1日起，新修订的《老年人权益保障法》正式实施。新《老年人权益保障法》的第十八条明确规定：家庭成员应当关心老年人的精神需求，不得忽视、冷落老年人。与老年人分开居住的赡养人，应当经常看望或者问候老年人。这一规定，被通俗地理解为"常回家看看"。

2. 对父母多些耐心

我们习惯了对自己的父母摆脸色。可能只因为他们的一句唠叨，我们就会爆发了积攒已久的情绪，释放我们工作中的压力、日常中的不满，还有其他人给我们的委屈。

其实，这个世上我们最该珍惜的人就是父母，他们给了我们生命，为我们任劳任怨地付出。让我们对父母多一点耐心，就像当年他们对我们一样。

3. 常给父母打电话

步入大学生活后，大学生们面临新环境，结交了很多新朋友，开始了新生活。每天需要忙碌的事情太多了：怎么优异地完成学业，怎么在假期找到实习机会，怎么为未来的工作做好准备，怎么跟同学和谐相处，怎么让喜欢的人也喜欢自己，等等。于是许多同学在校期间或许只有在生活费不够的时候才会想起自己父母，很少给父母打电话。

随着年龄增大，孩子们面临着自己的生活，逐步能够处理好自己的事情，能够相对独立地解决学习和生活上的琐事，不再需要事事都向父母请教、求助，这是成长的表现。但关爱父母是我们的义务，如果不能回家，定时打电话也是我们的义务。

(1) 打电话让父母知道自己在外学习、生活的状况，让父母知道孩子有能力掌控自己的学习、生活，情况稳定，状态积极上进，父母心里就会踏实，少些挂念。

(2) 孩子也应该询问家里的状况、发生的事项，并提供自己的意见和建议。随着孩子的成长，孩子应该逐步参与家庭问题的决策，提供自己的意见和建议，减轻父母的负担。

(3) 问候父母的身体状况，要求父母有病及时就医，指导父母注意锻炼身体。运动不但可以健身，还可调节情绪，缓解父母空巢所致的焦虑和空虚。

(4) 指导父母转换思路，拥有自己丰富多彩的生活。要指导父母逐步将原来围着子女转的生活模式转换成为自己而忙碌的生活模式，重新安排自己的生活，将更多的精力投入自己的事业和社交，也可以培养自己的业余爱好，例如书法、绘画、乐器、摄影、旅游等，拥有自己丰富多彩的生活。

4. 跟父母说话要报喜不报忧

人总要长大，要脱离父母的保护独自面对生活。遇到开心的事情，跟父母分享喜悦的消息时，可以从他们那儿感受到双倍喜悦的心情。当我们在工作、生活中遇到困难，我们当然希望从父母那里获得建议和帮助。但是孩子与父母之间因为时代不同、工作生活环境不同而产生的代沟客观存在。对于孩子工作上的很多问题，父母无法凭借经验为子女出谋划策，提供有参考意义的建议或者可行的帮助，告诉父母只会徒增他们的担忧。很多时候，跟父母"报忧"不仅不能解决问题，反而可能带来更多问题，徒增自己的压力。所以跟父母"报忧"要有选择。需要听父母建议、感觉可以获得父母帮助的，可以跟父母汇报；如果是父母根本没有能力解决的，就没有必要告诉他们，可以向更专业的相关人士寻求帮忙。

5. 修炼跟父母的交流方式

随着年龄增长，你可能会忽然发现原来心目中无所不能的父母耳朵有点背了，发现父母的见识已经比不上你多，发现父母的脾气变得如此不可理喻，你说的话他们可能完全不理解，或者他们说的话你感觉好无聊，等等。坦然面对父母的不完美，我们才能拥有更随和更轻松的人生态度。

跟父母聊天要有耐心。不管是当面和父母聊天，还是打电话，一定要有耐心。父母如果听不清，我们就大点声，或者多说几遍，千万不要厌烦。

跟父母聊天时，很多鸡毛蒜皮的事情倾听、附和就可以了，没必要跟父母抬杠。理解父母的经历，理解父母的局限性，宽容父母的缺陷，接纳父母的不完美。

不要抱怨父母，我们要做的是让自己不断成长，成长到足够强大，用爱和宽容去包容父母，关爱父母，这是一场人生的修行。

世间的问题千千万，父母与子女的矛盾家家有，但处理起来，只有一样利器即可，那便是"爱"。

练一练

你经常给父母打电话吗？跟父母打电话的时候你都是什么态度？试着跟父母打一个电话，汇报一下自己的情况，问候一下他们的健康，关心一下他们的生活。

二、经营爱情

俄国作家列夫·托尔斯泰创作的长篇小说《安娜·卡列尼娜》的开篇第一句就是：幸福的家庭家家相似，不幸的家庭各有不同。幸福的爱情、婚姻确实有一些原则可遵循。

1. 三观契合

两个人在一起长期生活，如果三观不和，每天四目相对却找不到共同话题可聊，那种精神上的寂寞将会比独处更加痛苦。

在中国婚姻中自古就有门当户对的说法。现在的年轻人听到这个说法可能会鄙视不屑，觉得真是思想封建，太老太古板。

其实我们说门当户对最重要的不是指双方家庭的物质基础、经济收入和社会地位，更重要的是指两个人是否有相似的人生观和价值观，是否有相似的看待事物的眼光，处理问题的方式、以至于享受生活的细节，等等，两人是否能为了相似的目标而并肩同行，大到世界观与事业发展规划，小到生活中的消费观念与生活习惯、爱好兴趣等都能达到默契。

这些也许在爱情初期你会觉得不是问题，甚至认为可以改变对方或者自己会为对方改变。但事实证明，天长日久养成的三观理念，很难因为爱一个人而就此改头换面。所以择偶需谨慎，对于那些与自己观念差异过大的人交往一定要三思而后行。

2. 好好说话

家庭是我们身心得以放松的温暖港湾，是我们最重要的地方，却也是最容易被我们忽视的地方。我们跟陌生人都会非常礼貌客气，对自己亲密的爱人却经常无所顾忌。

不能良好交流是爱情、婚姻的头号杀手。所谓良好交流，就是好好说话，不要咄咄逼人、夹枪带棍，否则必然伤人伤己。

好好说话的几条基本原则：

（1）平心静气，就事论事，不翻陈年旧账，不要一味批评、谴责、抱怨；

（2）遇到对方有问题时可以提出意见、建议，但不要言语带刺、冷嘲热讽；

（3）说话要客观，不夸大，不缩小，不偏见；

（4）学会站在对方的角度考虑问题，不要总是试图让对方认同你的意见，服从你的决定；

（5）适当地运用甜言蜜语，多赞美，让幸福感无处不在。

3. 尊重各自的差异，不要试图去改变对方

刚开始恋爱的时候，我们总是把自己最好的一面展示给自己喜欢的人，会收起自己的小脾气、小任性，让对方感觉自己有很多优点，从而愈发喜欢自己。慢慢的两个人越来越熟悉，越来越亲密，两个人慢慢放下自己的伪装，开始展现真实的自己。于是婚后很多夫妻都会想要把对方按照自己的理想改造成完美的模样，试图用自己的价值观和人生态度去控制对方，可是被改变的一方往往十分抵触。

真正相爱的两个人，从来都不是试图改变对方，而是要学会适应对方。幸福的婚姻是两个人都能看到对方的优点，同时还能接纳对方的缺点。认识对方，了解对方，

尊重对方，互相包容、理解、欣赏。

我们每个人都是不同的个体，都会有差异。世界上不会有相同的两片树叶，当然也不会有思想和理念完全相同的两个人。爱人之间即便三观再一致，也会有产生分歧和矛盾的时候。此时，可以不理解、不赞同，但是一定要尊重对方的不同。

拓展阅读

可可和男朋友交往快一年了，可是她感觉那个当初让自己心动的男孩越来越不顺眼了：整天沉迷游戏，没点上进心，对未来没有目标，也不注意学习提升。于是可可觉得自己必须要彻头彻尾地去改造对方，不然这日子是过不下去了。

基于为男朋友好的想法，可可制定了一系列的改造计划：

为了让男朋友赚得钱更多，她逼迫男朋友考一个和职业相关的证书；

为了让男朋友戒掉游戏，她二话不说拔掉了家里的网线。

可是在可可的强压控制下，男朋友却并没有如她所愿的被改造，反而被彻底激发出了逆反心理。

男朋友提出：既然你觉得我哪哪都不好，那么我们不如分开一段时间，让我们都认真想想，这段关系是否还有必要继续下去。

不要总想着改变对方，这个世界上你能改变的只有你自己。忽视一些对错，放下执念，找到自己内心的平静与快乐，一切才会越来越好。家庭不是说理的地方，是讲爱的地方。只有让对方感受到你的爱意，那么在爱的前提下，对方才可能有为你改变的动力。

骗婚记

在比利时鲁汶大学城的中国学生中，他是令我印象深刻的男孩。

他爱猫，声音是好听的男低音，国语更是惊人的标准，而最让我倾心的是在打乒乓球的时候，他从不像其他男同学那样轻视女生，随便两三拍就把我们打发掉。他刚好相反，每次和我打球都全力以赴，可惜他球技不如我，最后总会输上一两分。他也很有风度，输了球还会笑嘻嘻地请我去公园散步。

我不知不觉地爱上他了，可是，要怎样才能让他也爱上我呢？

机会来了！有个周末，我照旧从布鲁塞尔坐火车来中国学生中心玩，发现别人都很健康快乐，只有他一个人因为重感冒躺在床上。我问他要不要吃饭，他说没有胃口。于是，我跑到他们厨房，找到一个小锅和一小把米，很耐心地熬了一锅稀饭。其他同学过来问我在干什么，我说刘海北感冒了，我熬一锅稀饭给他吃。

于是，整个男生宿舍都轰动了，每个人都来问刘海北，稀饭好不好吃。他回答时脸上的得意光彩让我知道我已经成功了。

结婚之后，他当然很快就明白我是从来不爱做饭的。可奇怪的是，他原来也并不爱打乒乓球，好不容易求他和我打一次，总是两三拍就把我打发掉了。

——作者：席慕蓉

席慕蓉和刘海北爱情的开始和我们大多数人一样。但他们即使在看穿对方之后，仍然互相包容，获得了美好爱情。这个世上最美好的事，不过是有一个人能如此的懂你，与你一起分享生命的美妙和感动。

4. 完善并保持独立强大的自我

虽然爱情是两个人的世界，但在爱情中做到独立，感情才能更加稳固。无条件的付出只会让对方变得越来越不珍惜，认为你的付出是理所当然、可有可无，这样的感情不会长久。

最好的爱情模式是彼此依赖又相互独立。两个人的状态应该是：你有你的梦想，我有我的目标，我们各自为了自己的目标奋斗，但是我们的心永远在一起，你是我的依靠，我是你的后盾，我们是漫长生命旅途中坚固的战友。

在感情面前，一定不要把自己变得很卑微，要保持自己的性格，保持自己的独立思想，有自己为之努力的奋斗目标。爱情不是生活的唯一，除了爱情，生活中还有亲情，友情，梦想；但爱情确实是必不可少的，因为爱情，我们的人生才充满幸福和快乐。

练一练

反思一下自己跟亲人、爱人、朋友在交流中有没有问题，试着跟你亲近的人好好说话。

第五节 健康管理

有了健康，你才能享受生活，奉献社会。据全国肿瘤登记中心的数据显示，近年来我国癌症有明显低龄化趋势。这除跟环境、食品安全等不可控因素有关以外，还与现代人的不良生活习惯有密切关系。具有前瞻性地进行健康管理，我们可以做到少生病、晚生病，甚至不生病。健康状态，反映了你的人生状态，同时反映了你的自我控制、自我管理能力。

一、培养正确的健康观

拥有健康，才能拥有一切。有健康的身体才能挑起生活重担，才能为人民服务，才能对社会有所贡献，才能享受生活带来的幸福。生命对于人只有一次，人生没有回程票。健康是我们的责任，因为健康不是你一个人的，它也属于你的爱人、父母、子女、兄弟姐妹这个大家庭，它甚至是国家的、社会的、世界的。

> **拓展阅读**
>
> 歼15舰载机工程总指挥罗阳，常年过劳，2012年11月25日在工作中殉职，时年51岁。
>
> 著名地球物理学家黄大年2017年1月8日不幸因病去世，年仅58岁。
>
> 2016年8月15日，优秀的女科学家、中科院生物物理所研究员赵永芳博士，因突发急病去世，年仅39岁。
>
> 2019年11月26日，我国复合材料领域知名学者、西北工业大学材料学院殷小玮教授，因病抢救无效去世，年仅47岁。
>
> 不断听闻优秀知识分子因过度劳累英年早逝，让人扼腕叹息。中年正是知识分子释放能量、为社会作出贡献的黄金时段。英年早逝，既是自己的不幸，也是社会的损失。优秀人才忘我工作的精神让人感动，但是优秀人才的英年早逝，是对优秀资源的极大浪费。

维持身体健康需要坚持健康的生活方式，主要包括生活有规律，没有不良嗜好，讲究个人卫生，注意休息、保健，积极参加健康有益的文体活动和社会活动等。目前比较公认的健康生活方式主要包括：合理膳食、适量运动、戒烟限酒、心理平衡四个方面，即所谓的健康四大基石。

二、管住嘴——合理膳食

影响人的健康和寿命的因素是多方面的，而合理膳食是其中一个重要方面，是健康"四大基石"中的第一基石。医学专家们认为，营养不足和营养不平衡是导致多种疾病的重要诱因，如糖尿病、高血压病、冠心病、高脂血症、痛风症、癌症等，无不与膳食平衡失调有关。关于合理膳食的几条基本原则如下。

1. 食物构成要多样化

成年人每日食谱应包括奶类、肉类、蔬菜水果和五谷等四大类，做到粗细搭配、荤素搭配。

2. 饮食时间要规律

一日三餐，规律饮食，由于人体胃的排空时间是4~5小时，所以一日三餐的间隔时间应为4~6小时。一般早餐应该在早上7：00前后，午餐应该在中午12：00点前后，晚餐应该在18：00前后。晚上8点之后就尽量不要再饮食。

3. 三餐饥饱要适当

根据人体的生理状态和工作、学习、劳动的需要，一般建议：早饭要吃好、吃饱，中午吃八分饱，晚上可以吃七分饱或者五分饱。

4. 饮食宜清淡

控制油脂、食盐的食用量。吃甜食要克制。

5. 保证身体充足水分

一般来说，人体每天大概需要 8 杯左右的水（250 毫升/杯）。如果出汗多，则需要相应多喝。要注意，饮用饮料并不等同于补充水分，因为饮料中一般都含有大量的糖、色素、调味剂和香精，大量引用会增加肾脏和肝脏负担。

6. 吃饭要细嚼慢咽

吃饭太快，食物没有经过充分咀嚼，会加重胃的负担，引发胃胀、胃痛等不适症状。而且吃饭太快也会因摄入的食物量增多而导致发胖。

吃饭时让自己放慢节奏，即使吃的是粗茶淡饭，也要像品味美食一样，细细咀嚼，慢慢品味，既有助于减轻胃的负担，促进肠胃消化食物，也可以利用吃饭时间，让我们身心得以放松。

7. 不要吃太烫的食物

中国人习惯吃饭要趁热吃，但经常食用过热食物，会对口腔粘膜、味蕾、消化系统造成损伤，甚至引发癌变。对于人体来说，30℃~45℃的食物是最适宜的，也就是隔着杯子或者碗摸一下，感觉微热即可。

练一练

总结一下你饮食方面好的习惯和不好的习惯。你打算如何改进你的不良饮食习惯？

三、迈开腿——适量运动

生命在于运动，适量运动是保持脑力和体力协调，预防、消除疲劳，防止亚健康、延年益寿的一个重要因素。

对待运动的科学态度是：贵在坚持，贵在适度。如果运动锻炼不得法，不仅不会带来健康，还会有损健康。

运动贵在坚持，要持之以恒。有些人平日忙于工作，没有时间锻炼，一到周末就想把一周的运动量补回来，做长时间、高强度的运动。这样不仅不会锻炼好身体，反而可能伤害身体。建议每天拿出半小时左右的时间跑步、跳绳或者仰卧起坐、俯卧撑等，简单易行。

运动要适当、适度。晋朝养生大家陶景弘：人欲常动，但不可大疲耳。长时间超

137

出身体负荷的大强度运动会影响健康，高强度的竞技运动会损害身体健康。

拓展阅读

哈佛大学研究发现：凡每天坚持持续跑步 20 分钟、健美操等运动的学生，其学习成绩明显优于那些懒于运动者。这是因为，健身不仅能提高身体素质，还能使大脑处于活动或者放松状态，想象力会从各种思维的束缚中解脱出来，变得更加机敏，更富于创造力。所以，加强身体锻炼是我们每一个人的当务之急。

懂得放松和休闲，而不是一味让自己处于疲劳状态，这也是一种难得的智慧。从效率来看，必要的放松和休闲是更快实现目标的手段。

练一练

你有规律运动的习惯吗？你喜欢什么运动？试着每天拿出半小时以上时间用来运动。

四、生活节制——杜绝烟酒等不良生活习惯

1. 戒烟

烟草中含有焦油和尼古丁，并且在燃烧过程中可以产生和释放多种有害成分，比如苯并芘、一氧化碳以及重金属等。因此，抽烟除了引起尼古丁成瘾外还可能诱发多种疾病，包括呼吸道疾病，如支气管炎、慢性支气管炎、肺气肿、支气管哮喘以及支气管扩张等；也可能引起心脑血管疾病，如冠心病、高血脂、高血压、动脉硬化等；还可能引起中枢神经方面的改变，比如诱发帕金森病、阿尔茨海默病等；抽烟对消化道也有明显的刺激作用，引起食管炎、胃炎等。烟草已被世界卫生组织列为一类致癌物，具有确切的致癌作用，是肺癌、胃癌、膀胱癌的高发因素。

吸烟不仅危害吸烟者的健康，还会严重危害身边人的健康。证据表明，二手烟暴露可使成人和儿童患多种疾病：可增加成人患肺癌、心血管疾病和慢性阻塞性肺病的风险，增加哮喘的发病风险，损害肺功能；对儿童健康的危害涉及到儿童生长发育各个阶段，如婴儿猝死综合征、急慢性呼吸系统疾病、急慢性中耳疾病、诱发或加重哮喘，并且能影响儿童的肺功能发育。

2. 限酒

喝酒会对人体造成全方位的损害。喝酒首先是伤害肝脏。长期摄入过多酒精会导致肝脏负担过重，造成肝脏的正常功能受损。喝酒还会对肠胃造成极大伤害。酒精会给胃粘膜造成损伤，导致上腹部出现鼓胀、反酸以及嗳气等一系列症状。酒精除了会影响体内的脏器外，对于大脑也会造成很明显的伤害。酒精会让大脑的皮质出现萎缩，导致大脑功能出现异常和意识障碍等。

酒精还可导致交通事故及暴力事件增加，危害个人健康和社会安全。

有人说，酒少喝一点没有事，甚至对身体有好处，最新的研究表明，这种说法是错误的。喝酒是绝对有害的，不存在所谓的适量，有益健康的生活方式是滴酒不沾。

3. 少熬夜

睡眠是一种人类必不可少的生理现象。当我们工作学习一定时间以后，必须休息和睡眠。睡眠使体内各个器官得到休息，得以恢复它们的功能；休息让我们恢复疲劳，放松神经，重新精力充沛地投入工作与学习。

中国睡眠研究会理事及副秘书长、南方医院精神心理科主任张斌表示：熬夜除造成免疫系统抗病能力降低之外，还会增加人群罹患心脏病、呼吸系统疾病、糖尿病、乳腺癌、抑郁、中风等疾病的风险。世界卫生组织调查显示，目前明确与睡眠障碍相关的疾病数量高达89种。

人总是需要休息的。越是工作繁忙，越是要注意休息，这样才能长久地保障工作状态，才能更好地完成工作任务。牢记身体是革命的本钱。努力做到高效地安排时间，白天提高效率，把深夜还给健康，而不要总是把工作延长至深夜。

练一练

你有哪些不良生活习惯？请制定计划，试着克服它们。

五、心理健康

现代健康的含义并不仅是传统所指的身体没有病而已。根据世界卫生组织的解释：健康不仅指一个人身体有没有出现疾病或虚弱现象，而是指一个人生理上、心理上和社会上的完好状态。

身体健康是心理健康的基础和载体，心理健康又是身体健康的条件和保证。人是由大脑皮层统一指挥、各生理系统协调活动的有机体，生理活动与心理活动是互相联系、互相影响、互相制约的。积极健康的心理状态，有益于身体健康；消极不健康的心理状态，使人容易患生理疾病。

临床医学实践发现，近五十年来人类十大死因的前三位都是心因性疾病，即脑血管病、心血管病、癌症，主要原因是：心理压力大，不良情绪体验多，长期处于应激状态中，导致植物神经功能紊乱，影响生理功能而产生障碍。

这三大疾病中，癌症的发病率仍在不断上升，已成为人类生命的大敌。在探索癌症病因的过程中，人们发现经常产生较强烈的不良情绪，如焦虑、愤怒、忧愁、悲伤等，并过度地压抑这些不良情绪，使其不能得到合理疏泄的人，容易患癌症。

我们在工作、生活中要关注自身情绪，学会给自己减压，要做好自己的心理医生，保持良好心理状态。

练一练

分析你的身心健康状况,制定自我保健计划,并长期执行。

创新创业篇

第八章 创新思维与创新方法

创新是人类主观能动性的高级表现形式,是推动民族进步和社会发展的不竭动力。一个民族要想走在时代前列,就不能没有创新思维,不能停止各种创新。

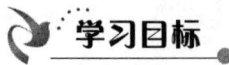

知识目标

1. 理解创新的概念,掌握创新的过程、原则
2. 了解创新意识的含义和影响创新思维的枷锁

能力目标

1. 掌握典型的创新思维方法,进行训练并运用其去解决实际问题
2. 掌握典型创新方法,运用这些方法去解决生活中的现实问题

第一节 认识创新,激发创新意识

中国人民银行有多少钱?

周恩来总理的高尚品德、卓越才能,不仅让中国人民敬仰,也赢得了世界各国人民的尊敬,尤其是他的创新性思维方式更为世人称道。

周恩来总理是新中国外交的缔造者,会遇到各种外交场合:友好的、不友好的,甚至很多是挑衅的或令人尴尬的。周总理用他那睿智的、超出常人的创新性思维赢得了对手的尊重,创造了许多世界外交史上的佳话。

中华人民共和国成立初期,我国的经济还很落后,在一次记者招待会上,一名外国记者问周总理,"中国人民银行有多少钱?"外国记者的意思是想让总理说中国人民银行里没多少钱。

面对这一涉及国家机密而且不友好的提问,周总理笑笑,很快答道:"中国人民银行有18元8角8分钱。"在场的人全都愣住了。周总理解释说:"中国人民银行发行的货币面额为10元、5元、2元、1元、5角、2角、1角、5分、2分、1分,共10种,合计为18元8角8分。中国人民银行有全国人民作后盾,信用卓著、实力雄厚,人民币是世界上最有信誉的一种货币。"话音刚落,全场立即响起热烈的掌声。

总理有意回避了问题的实质，以"总面额"替代"总金额"，既堵了外国记者的口，又不破坏招待会的和谐气氛。而且语言犀利、风趣，充分表现出他过人的应变能力和高超的语言艺术。

一、创新的含义

创新是指为了满足理想化的需要或社会需求，以现有的思维模式提出有别于常规或常人思路的见解，利用现有的知识和物质，在特定环境中，改进或创造新的事物、方法、元素、路径、环境，并能获得一定有益效果的行为。

创新是以新思维、新发明和新描述为特征的一种概念化过程。主要有三层含义：第一，以新代旧的"更新"；第二，由无到有的"创造"；第三，固而思变的"改变"。换句话讲，并不是只有重大的发明创造才是创新，实际上，对各种产品、工作方法、商业模式、服务模式的改进等都属于创新。

概而言之，创新有以下特性。

首创性：创新是解决前人所没有解决的问题，所以成果是新颖的、首创的。

未来性：由于创新要解决的问题都是前人没有解决的，因而创新始终关注着未来。创新总是面向未来、研究未来、追求未来、创造未来。

变革性：从创新成果的实质来看，都带有变革性，创新成果往往是变革旧事物的结果，创新的本质是突破传统、打破常规。

价值性：创新的社会效果都具有普遍的社会价值，如经济价值、学术价值、艺术价值、实用价值等。

先进性：创新之所以为创新，是因为其成果具有旧事物所无可比拟的先进性；如果没有先进性，新事物就不可能战胜旧事物，也就谈不上创新。

效益性：有成效才能认为是创新，无效益谈不上创新。创新的最终目标是增加社会、政府和企业的效益，促进可持续发展。只有达到了增加效益的目标，才能真正达到创新的目的。

二、创新能力

创新能力是指人们在继承和学习前人知识、经验的基础上，提出新思想、新概念、新技术、新方法、新设计等独特见解和完成创造发明的能力。创新能力是一种综合能力，是以广博的知识为基础的。影响创新能力的因素有很多，主要包括创新学习能力、创新知识基础、创新思维能力、创新技能和创新环境。它们之间相互关联、相互制约、相互作用，环环相扣，缺一不可，只有保证了每一个要素的质量才能确保综合创新能力的提升。

（一）创新学习能力

创新学习能力是指学习者在学习新知识的过程中，不拘泥于书本，不迷信于权威，以新知识为基础并结合当前实践，独立思考，大胆探索，积极提出自己的新思想、新观点、新方法的学习能力。创新学习能力是创新活动的内在动力和前提，离开了这个动力基础，人的创新活动就无法开展，创新能力也就无法形成，它是评价创新能力的前提条件。良好的个性品质是形成和发挥创新学习能力的动力。创造性个性品质是创新者各种心理品质的总和，主要表现为具有很强的创新意识、强烈的好奇心、坚韧不拔的毅力、科学理性的独立精神以及积极乐观的合作精神等。

（二）创新知识基础

创新离不开知识积累，知识积累是创新的基础。离开了知识积累，创新能力的形成和发展便成了无源之水、无本之木。因为创新并不是从无到有的全新的东西，而是在对前人的经验成果进行综合分析的基础上，提出的新观点、新理论和新方法，从而取得新突破，产生新成果。知识的广度和深度在很大程度上制约着能力的发展和思维的发散。创新意识、创新思维也都是建立在丰富的知识基础之上，创新能力培养的基石在于是否具有合理的知识结构，拥有的知识量越大，积累的经验越丰富，思路就越开阔，就越能激发其创新思维，释放创新潜能。理想的知识结构，必须打破传统的专业壁垒，突破原有知识结构的局限，除了知识的科学性、先进性和广泛性之外，还必须使学科的专业基础知识以及创新基础知识在深度和广度上达到一定程度并互相补充，互为所用。

（三）创新思维能力

创新思维是人脑对客观事物进行有价值的求新探索而获得独创成果的思维过程，是创新能力的灵魂和核心。观察、发现、联想、想象需要创新思维的指导；创新动机、创新目标的确立需要经过创新思维的审视；创新活动需要创新思维进行全程判断、分析和验证。由此可见，创新是在创新思维的主导下进行的，在整个创新过程中，创新思维是灵魂，是核心。

创新思维是一种突破常规的、能动的思维发展过程，是一种求新的、无序的、立体的思维方式，是发挥人的自主创新能力，以超越常规的眼界从特异的角度观察思考问题，提出全新方案解决问题的思维方式。创新思维是人类思维的一种高级形式，具有以下特征。

1. 独创性

创新思维是一种积极的创新思索过程。思维主体不受传统思想、观念、习惯的束缚，能够独立思考，敢于标新立异，善于发现新问题、开辟新思路、建立新理论、提出新设计等，具有独创性、开拓性。

第八章 创新思维与创新方法

2. 灵活性

创新思维是一种能动的思维。思维主体能够迅速从一个思路跳到另一个思路，从一个意境进入另一个意境，并能根据实际情况自觉地调整思考角度，自动改善思考方法，非常灵活。

3. 多向性

多向性是思维主体在思考问题时，能够多方位地探究解决问题的方法，勇于跨越障碍，灵感活跃，创造性地运用联想和想象，努力寻求多角度、多方位开拓新领域。

（四）创新技能

创新技能是创新能力成果转化的重要途径，它反映创新主体行为技巧的动作能力。创新技能主要包括动手能力或操作能力，熟练掌握和运用创新技法的能力，以及创新成果的表达能力和表现能力及物化能力等。

（五）创新环境

创新环境是指在创新过程中，影响创新主体进行创新的各种外部因素的总和。主要包括国家对创新发展的战略与规划，国家对创新行为的经费投入力度以及社会对创新行为的态度等。良好的创新环境可以激发创新主体的创新热情和创新潜能，是提升创新能力非常关键的因素。

三、创新过程

不少杰出的创新都留下了动人的传说：瓦特看到壶盖被蒸汽顶起而发明了蒸汽机；牛顿被下落的苹果砸了头而发现了万有引力；门捷列夫玩纸牌时想出了元素周期表，等等。表面上看，创新好像非常简单，但这只是表象，背后是他们长期不懈的思考和努力。

"有天资的人，当他们工作得最少的时候，实际上是他们工作得最多的时候。因为他们是在构思，并把想法酝酿成熟，这些想法随后就通过他们的手表达出来。"

——达·芬奇

创新的"四阶段理论"由英国心理学家沃勒斯提出，是影响最大、传播最广、具有较大实用性的过程理论，该理论认为创新的发展分4个阶段：准备期、酝酿期、明朗期和验证期。

（一）准备期

一切创新都是从发现问题、提出问题开始，准备期是发现问题和提出问题的阶段。而问题的提出是从发现和利用旧秩序内部的一些不协调现象开始的。旧秩序中的不协调既可存在于系统内部，也可产生于对系统有影响的外部。问题的本质是现实状况与理想状况的差距。爱因斯坦认为："提出问题通常比解决问题更重要，因为解决问题不过涉及数学上的或实验上的技能而已，然而提出问题并非易事，需要有创新性

145

的想象力。"他还认为，对问题的感受性是人的重要资质。

准备期可分为如下 3 步：

第一步，知识和经验的日常积累和整理；

第二步，搜集必要的事实和资料，发现问题，提出问题；

第三步，了解所提问题的社会价值，能满足社会的何种需要及价值前景。

（二）酝酿期

酝酿期也称沉思和多方思维发散阶段。酝酿期主要完成资料的收集、信息的加工处理，并探索解决问题的关键。此过程往往需要耗费很长时间，投入很大精力，保持大脑的高强度运作。这一时期要从各个方面，多种思维如逆向、发散、集中等去进行思考，让各种设想在头脑中反复组合、交叉、撞击、渗透，按照新的方式进行加工。加工时应主动使用创造性的方法，不断择优，力求形成新的创意。

著名科学家彭加勒认为："任何科学的创造都发端于选择。所谓发明，实际上就是鉴别，简单说来，也就是选择。"这里的选择，就是充分地思索，让各方面的问题都充分暴露出来，从而把那些不恰当的部分舍弃，进行有意识的选择。

为使酝酿过程更加深入和广泛，产生更多的设想，应把思考的范围从相关的领域延伸到表面上看上去没什么关联的其他专业领域，特别是常被我们忽视的领域。这样既有利于冲破传统思维的框架和"权威"的束缚，打破常规，独辟蹊径；又有利于获得多方面的信息，利用多学科知识"交叉"优势，在一个更高层次上开拓思路，寻找创新的突破口。

当思路暂时阻断，可把思考的问题进行搁置，让习惯性思维被有意识地切断，以便产生新思维；灵感思维的诱发规律告诉我们，大脑长时间兴奋后有意松弛，有利于灵感的闪现。

酝酿期的思维强度大，时间长，困难重重，常常百思不得其解，屡试仍难成功。山重水复疑无路，此时良好的进取性格和意志品质就显得格外重要，因为这是酝酿期取得进展直至突破的心理保证。

创造性思维的酝酿期通常是艰巨的、漫长的，最后难免失败。但唯有坚持下去，方法正确，才有可能成功。

（三）明朗期

明朗期即突破或顿悟期，这个时期人们打开了思路，确定了解决方法。明朗期很短暂，很突然，类似于"众里寻他千百度，蓦然回首，那人却在灯火阑珊处"。如果说"踏破铁鞋无觅处"描绘的是酝酿期的话，"得来全不费功夫"则是明朗期的形象描述。在明朗期，灵感思维往往发挥决定作用。

这一阶段的心理状态是高度兴奋甚至感到惊愕，像阿基米德那样，因在入浴时获得灵感而裸身狂奔，欣喜呼喊："我发现了！我发现了！"虽不多见，但完全可以理解。

第八章 创新思维与创新方法

（四）验证期

验证期是评价阶段，是完善和充分论证阶段。主要检验解决方案的实践性、有效性和适当性。思路突然突破，灵感出现在瞬间，结果难免粗糙、稚嫩、缺陷甚至不切实际。验证期是把明朗期获得的结果加以整理、完善和论证，并且进一步得到充实。假如不经过这个阶段，创新成果就不可能真正取得。论证的方法有两种，一是在理论上验证，二是在实践中检验。

验证期的心理状态较平静，但需耐心、周密、慎重，不急于求成和不急功近利是很关键的。

四、创新原则

创新原则就是开展创新活动所依据的法则和评判创新构思所凭借的标准。

（一）科技原理原则

创新必须遵循科学技术原理，不得违背自然的发展规律。

为使创新活动取得成功，在进行创新构思时，必须做到以下几点。

1. 科技原理相容性检查

创新设想在转化为成果之前，应该先进行科学原理相容性检查。如果关于某一创新问题的初步设想与人们已经发现并获实践证明的科学原理不相容，则无法立足，不能转化为现实。

2. 技术方法可行性检查

任何事物都不能离开现有条件、环境的制约。在设想变为成果时，还必须进行技术方法可行性检查。如果设想所需要的条件超过现有技术方法可行性范围，则在目前该设想还只能是一种空想。

3. 功能方案合理性检查

创新设想，在功能上一般有所突破或有所增强。但一项设想的功能体系是否合理，关系到该设想是否具有推广应用价值。因此，必须对其进行合理性检查。

（二）市场评价原则

创新设想要获得最后成果，必须经受走向市场的优胜劣汰。爱迪生曾说："我不打算发明任何卖不出去的东西，因为不能卖出去的东西都没有达到成功的顶点。能销售出去就证明了它的实用性，而实用性就是成功。"

创新设想经受市场考验，实现商品化和市场化要按市场评价的原则来分析。一般要从市场寿命观、市场定位观、市场特色观、市场容量观、市场价格观和市场风险观七个方面入手，考察创新对象的商品化和市场化的发展前景，而最基本的要点则是考察该创新的使用价值是否大于它的销售价格，也就是要看它的性能是否优良、价格是否合适。

评估一种新发明的使用价值和潜在意义，需要在市场评价时把握住评价事物使用性能最基本的几个方面，然后在此基础上做出结论，主要包括：

① 解决问题的迫切程度；

② 功能结构的优化程度；

③ 使用操作的可靠程度；

④ 维修保养的方便程度；

⑤ 美化生活的美学程度。

拓展阅读

瑞士军刀采用了瑞士国旗的颜色，亮红色的刀身以及白色十字盾牌图案，使它有了截然不同的醒目特征。主打产品"瑞士冠军型"军刀是真正意义上的工具组合，它除了主刀以外还包含有拔木塞钻、木头锯等众多功能部件。瑞士军刀凭借着简洁明快与丰富实用的设计风格而获得了极为广阔的国际市场。

瑞士军刀经过100多年的发展和创新，从简单工艺制作发展成为高技术含量的精美工艺品；从单一的生活实用品发展成为高文化含量的艺术品、收藏品。这一切成就足以使瑞士军刀载入工业设计史的经典名录。

（三）相对较优原则

创新设想各有千秋，不可能十全十美。这就需要按照相对较优的原则，对设想进行判断选择，最后对整体效果进行比较。具体包括如下方面。

1. 从创新技术先进性上进行比较

可从创新设想或成果的技术先进性上进行交叉分析比较，尤其是应将创新设想与解决同样问题的已有技术手段进行比较，看谁领先和超前。

2. 从创新经济合理性上进行比较选择

经济的合理性也是评价判断一项创新成果的重要因素。应对各种设想的性价比进行比较，看谁合理和节省。

（四）机理简单原则

结构复杂、功能冗余、使用繁琐是设计不成熟的标志。因此，在创新过程中要始终贯彻机理简单原则。

为使创新的设想或结果更符合机理简单原则，可进行如下检查：

① 新事物所依据的原理是否重叠，是否超出应有范围；

② 新事物所拥有的结构是否复杂，是否超出应有程度；

③ 新事物所具备的功能是否冗余，是否超出应有数量。

（五）构思独特原则

"凡战者，以正合，以奇胜。故善出奇者，无穷如天地，不竭如江海。"所谓"出奇"就是"思维超常"和"构思独特"。创新贵在独特，也需要独特。

在创新活动中，关于创新对象的构思是否独特，可以从以下几个方面来考察：

① 创新构思的新颖性；
② 创新构思的开创性；
③ 创新构思的特色性。

(六) 不轻易否定，不简单比较原则

飞机发明之前，科学界曾从"理论"上进行了否定；无线电波也曾被权威人士断言不可能沿着地球曲面传播，无法成为通信手段。这就要求我们在分析评判创新方案时应注意避免轻易否定的倾向。不恰当的否定之所以出现，大多是由于人们的主观武断，扣上了常规思维无法实现的帽子。

不同的创新，包括非常相近的创新，原则上不能以简单的方式比较其优劣，更不能因此而进行取舍。例如，钢笔、铅笔就互不排斥，即使都是铅笔，也有普通木质的铅笔和金属或塑料杆的自动铅笔之分，它们之间不存在优劣问题。不同创新不能简单比较的原则，带来了相关技术在市场上的优势互补，形成了共存共荣的局面。

总之，我们应在尽量避免盲目、过高估计自己设想的同时，也要注意珍惜别人的创意和构想。简单的否定与批评是容易的，难得的是闪烁着希望的创新构想。

第二节　创新意识的培养

案例导入

爱迪生5岁那年，从家里拿了好多鸡蛋，一动不动地蜷伏在干草堆里孵小鸡。原来，他看见母鸡孵蛋，觉得很有趣，便决定自己亲自试一下。

爱迪生10岁时，看见小鸟在天空中自由地飞翔，就想：人为什么不能飞呢？他联想起用柠檬酸加苏打制成的"沸腾散"可以产生大量的二氧化碳，说不定用这个方法可以使人像鸟一样飞来飞去呢。于是他找人做了试验，让他的合作者喝了大量的"沸腾散"，看看能不能飞起来。

爱迪生15岁那年，认真研究了如何把一块铜熔化，再加点其他什么金属，使它变成金子。

诸多荒诞之事后，爱迪生后来却做了许多可能的事，例如把声音留下来，把电码传到千里之外，把开水烧到120℃等。他一直到70岁还是童心未泯。

有一次，他拿出一张纸，这张小纸宽1英寸，长1英寸。他对膝下儿孙说："有什么巧妙的办法能够把这张纸剪出个洞，并使你从中钻出来钻进去呢？大概你们又会认为这是不可能的荒诞之事。但是，所有荒诞的事，都是暂时的。这个游戏，只要动

动脑筋，你就会懂得这么一个道理：许多荒诞不可能的事，原来是那么简单一做，就成为可能。

一、创新意识的含义

创新意识是指人们根据社会和个体生活发展的需要，引起创造前所未有的事物或观念的动机，并在创造活动中表现出的意向、愿望和设想。它是一种积极的、富有成果的人类意识活动，是创造活动的出发点和内在驱动力。

创新意识包括创造动机、创造兴趣、创造情感和创造意志。创造动机是创造活动的动力因素，它能发动和激励人们进行创造性活动。创造兴趣是创造活动的助燃剂，是促使人们积极探求新奇事物的心理倾向。创造情感是引起、推进乃至完成创造的心理因素，只有具有正确的创造情感才能使创造成功。创造意志是在创造中克服困难、冲破阻碍的心理因素，创造意志具有目的性、顽强性和自制性。

二、创新意识的培养

创新思维是人类最高层次的思维，是创新教育的核心。创新思维的培养主要从突破创新思维障碍、激发创新思维潜能、培养创新思维意识三方面着手。

一个新的发现、新的想法、新的观点、新的方法，往往产生于一个创新视角。创新往往是由于换了一个视角而看到事物的新的一面，破除旧事物、创立新事物便是如此，所以视角转换对于创新思维的培养大有裨益。

思维方式是一个民族或一个区域的人们在长期的历史发展过程中所形成的一种思维定势或思维惯性，是一种相对定型化的思维活动样式、结构和过程，这种思维方式形成了我们看问题的僵化视角，即思维定势。一定程度上，思维定势对于常规决策和例行性工作具有积极意义，它会使思考和工作在以往经验和模式的基础上轻车熟路，提高效率。但是思维定势对于非常规决策则具有很大的消极作用，它很容易造成某些主观框架，使人思路阻塞、思域狭窄，难以爆发出创新的火花。

（一）突破创新思维障碍

没有突破就没有创新，没有创新就没有活力，没有活力就缺乏生命力。所谓突破就是打破旧的传统、习惯、经验等思维定式，使思维产生质的飞跃。所以在创新思考中，无论是新碰到的问题，还是老问题，都需要加入新的思考程序和新的思考步骤。突破定势思维有助于打破各种束缚，充分发挥人们的想象力和创新能力，使人们产生许多出人意料的新思想。要想突破定势思维，就要有意识地抛开头脑中以往思考类似问题所形成的思维程序和模式，使思维迸发创造性的火花。

创新思维障碍的突破是一个人格独立、自我意识觉醒的过程，很多人走不出思维定式，就走不出宿命般的可悲结局；而一旦走出了思维定式，也许可以看到许多别

第八章 创新思维与创新方法

样的人生风景，甚至可以创造新的奇迹。例如，从舞剑可以悟到书法之道，从飞鸟可以造出飞机，从蝙蝠可以联想到电波，从红苹果落地可以悟出万有引力。

1. 从众型思维枷锁

"从众"就是随从众人，没有或不敢坚持自己的主见，时刻以众人的是非为是非，时刻与群体保持一致。从众定势能够消除孤单和恐惧等有害心理，在"从众枷锁"的作用下，别人怎么做，我也怎么做；别人怎么想，我也怎么想。"一项新事业，在十个人当中，有一两个人赞同就可以开始了；有五个人赞同时，就已经迟了一步；如果有七八个人赞同，那就太晚了。"当我们在面对新情况进行创新思维的时候，就不必顾忌多数人的意见，不必以众人的是非为是非，这样才能真正打破封闭、开阔思路，获得新事物、新观念。

拓展阅读

社会心理学家所罗门·阿希做过这样一次实验。他找来7位大学生坐在一起，请他们判断卡片上的线段长度。第一张卡片上画着一个"标准线段"，其余的每张卡片上画有三个线段，其中只有一个线段A与"标准线段"长度相等。阿希要求大学生们找出其余卡片上的线段"A"，并且按照座位次序说出自己的答案。其实，这7位大学生中，只有倒数第2位是蒙在鼓里的受试者，其余6位事先已经串通好，他们的答案保持一致，但都是错误的。实验以此来测试7位受试者能在多大程度上不受周围的影响，坚持自己的正确答案。实验结果是，有33%的受试者由于屈服于群体的压力而说出了错误答案。

2. 权威型思维枷锁

权威定势是指在思维过程中盲目迷信权威，以权威的是非为是非，缺乏独立思考能力。人们对权威普遍怀有尊崇之情，但这种尊崇常常演变为神化和迷信。"江山代有才人出，各领风骚数百年。"随着时间的推移，任何权威都只是一时的。牛顿曾被看成最高权威，是"物理学的顶峰"，但是自从19世纪原子放射现象被发现以来便黯然失色。

在各种权威面前，必须保持客观冷静的态度。我们尊重权威，但绝不能迷信权威。而且为了保持创新思维的活力，还必须时刻警惕权威定势，不能让权威成为束缚我们思维的枷锁。

3. 经验性思维枷锁

一般情况下，经验是我们处理日常问题的好帮手。只要具有某一方面的经验，那么在应付这一方面的问题时就能得心应手，例如老司机比新司机能更好地应付各种路况。

但是，我们也要看到另一方面，经验是相对稳定性的东西，有可能导致人们对经验的过分依赖乃至崇拜，形成固定的思维模式，束缚了思维的广度，结果就会削弱头

151

脑的想象力，造成创新思维能力的下降。

4. 书本型思维枷锁

书本定势是指人对书本知识的完全认同与盲从。书本是人类最伟大的发明，是千百年人类经验和体悟的结晶。书本使下一代人站在前人肩膀上，而不必每件事情都从头开始。但是书本知识反映的是一般性东西，传达的是理想化的状态，与客观现实之间往往存在较大差异。"纸上得来终觉浅，绝知此事要躬行"，在处理具体问题时，要理论联系实际，驾驭课本知识，否则将贻笑大方、遗患无穷。

拓展阅读

《三国演义》中，"熟读兵书，熟谙兵法"的马谡在守卫街亭的战斗中，不听王平的劝阻，在山上屯兵，认为这样可以"凭高视下，势如破竹"；如敌兵截断水道，我军亦会"背水一战，以一当十"。马谡的这些观点，都能在兵书上找到根据。可白纸黑字的兵书与刀光剑影的战场毕竟是两回事。蜀军在被围后，不仅不能"以一当十"，反而"军心自乱，不战而溃"，最后失去了街亭。

（二）激发创新思维潜能

1. 扩大创意的想象空间和源泉

创意来源于生活积累，要求创意者深入观察生活、积累资料、提高知识素养，文学的、美学的、经济学的、管理学的、工艺学的、结构学的、伦理学的等都要全面涉及，处处留心、事事思考、日积月累、厚积薄发。

人的知识结构的质和量所形成的个体认识空间是没有边界的，但是每个人的想象空间则是有差别的。知识面广的人素质高，想象空间大；相反，想象空间小。因此不断丰富各类知识、改善知识结构、提高知识水平是扩大想象空间的根本途径。

2. 敏锐的洞察力和丰富的想象力

洞察力是指以批判的眼光，入木三分地观察并认知复杂多变的事物之间关系的能力。缺乏洞察力会遗弃和漏掉大量的创意资源。想象是表象的深化，想象力是人们凭借感知而产生的预见、设想。想象力是发展知识的源泉，也是推动创意发展的源泉。想象力包括联想、环想、设想、幻想，它是思维无拘束的自由驰骋，也是智慧的发散和辐射。只有出奇的想象力，才能在"山重水复疑无路"时，"柳暗花明又一村"；只有美妙的想象，才能产生色彩斑斓的绚丽世界。

3. 强烈的好奇心理

好奇是对自己所不了解的事物觉得新奇而感兴趣，是一种充满新鲜感的心理。由好奇感到疑惑，进而深入地思考，最后弄清事情的原委。所以好奇是创新的起点和驱动力，也是人们产生坚强毅力和持久耐心的源泉。由好奇心驱使而去观察往往是科学创造的前奏。

4. 睿智的灵感

灵感是人们接受外界的触动而闪现的智慧之光，它是人们在平时知识积累的基础上，在特殊情况下受到触动而迸发出来的创造力。灵感是偶然迸发的，是不可刻意企求的。但灵感是思维的积累，有知识、材料的积累才能诱发灵感。灵感产生于有准备的头脑。

5. 坚强的意志

意志是为达目标而克服各种困难的心理状态，是成功的必备品质，是创新的核心要素。

6. 坦诚的合作意识

在创新中，一个人单枪匹马是很难成功的，需要必要的分工合作，需要与他人的配合和协调，需要周围人提供支持和帮助。任何重大的创新实践都是社会活动。

7. 敢于献身精神

追求真理，探索创新，充满艰难曲折，风险和危险始终存在。没有一种献身精神，根本不可能开展这些探索，并将其继续下去。

8. 敢于实践

实践是创新的最基本途径，是检验创新能力水平和创新活动成果的尺度标准。每一项发明，无论成功与失败，都是无数次创新思维实践过程的结合。

（三）培养创新思维意识

人的创意意识分为习惯性创意意识和强制性创意意识。习惯性创意意识是指不需要主体意识主动、特别地干预就能有效地支配人的创意活动的意识。这种创意意识一经形成，就具有稳定持续的特点，因此要从小培养。强制性创意意识是指创意意识的产生必须有主体意识的强制性干预而形成的创意意识，它受创意主体目的性支配，当创意活动的目的性达到后，这种创意意识多归于消失。培养创意意识要从培养习惯性创意意识和强化强制性创意意识两个方面着手。

1. 习惯性创意意识的培养途径

习惯性创意意识的培养要从小抓起，注意从品格上加以磨练。

尊重知识、崇尚科学、仰慕创意的品质。从小养成尊重知识、认识知识的价值，进而崇敬知识的创造者的习惯，笃信"知识就是力量"，并鼓舞自己终生为之奋斗。对心中的偶像由仰慕而模仿，由模仿而产生强烈的创意欲望。

勤于思考、善于钻研、敏于质疑的习惯。必须摒弃惰性思维，要从小培养勤于思考的习惯，形成一天不思考新问题就有空虚感的心态。

勇于探索、刻意求新、别树一帜的创新精神。磨砺精神品质，坚定而不彷徨，勇往直前而不半途而废，致力于探究根由、锐意创新，直至获取成就。

2. 强制性创意意识的培养途径

强制性创意意识的培养途径有外部强制和自我强制之分。

外部强制是指一切由外部因素激发的创意意识，如上级布置的指令性课题、领导委派的开发任务等。对于具有一定敬业精神和责任感的人来说，外部强制可以在一定时期保持旺盛的创意意识。

自我强制是由自我需要的目的性而引发的创意意识。自我需要的目的性既有经济利益的需要，如奖金、转让费等；也有个人显示心理的需要，如要借此显示自己的才能，满足心理上的成就欲和成功感；更高境界则是宏伟的抱负和崇高的理想的需要，从而激发创意意识。

如果说习惯性创意意识是一种自发行为，是自然流露，那么强制性创意则是一种自觉行为，是人们理智地驱使自己按照一定目标创意的行为。

拓展阅读

从前，有一个穷人，每天都吃不上饭。一个富人见他很可怜，就起了善心，想帮助他致富，于是就送给他一头牛，嘱咐他好好开荒，到春天的时候撒上种子，秋天就可以收获了，就不会再整日与贫穷为伴了。

刚开始几天，穷人心里满怀着希望，他勤奋地努力着，但没过几天，牛要吃草，人要吃饭，日子比以前还要难过，穷人就想：不如把牛卖了，买几只羊，先杀一只吃，剩下的还可以生小羊，长大了拿去卖，不就可以赚很多钱了？

穷人如愿以偿地实现了他买羊的计划，只是吃了一只羊之后，小羊迟迟没有生下来，日子又艰难了，没有办法，就又吃了一只。穷人想：这样下去不得了，还不如把羊卖了买几只鸡，鸡生蛋的速度要快一些，有了鸡蛋就立即可以赚到钱，日子立刻可以好转。

穷人的计划又如愿以偿，但他的生活却没有任何改变，又艰难了，又忍不住杀鸡，到后来杀到只剩下一只鸡的时候，穷人的理想彻底崩溃，他认为致富是没有任何希望了，还不如把鸡卖了，打一壶酒，三杯下肚，万事不愁。

很快，春天来了，发善心的富人兴致勃勃送种子来，赫然发现穷人正就着咸菜喝酒，牛早就没了，这个穷人还是过着一贫如洗的生活。

看到这种情况，富人转身走了，穷人还是和以前一样的穷。

正如这位穷人一样，很多人都曾有过梦想，甚至有过机遇，有过行动，但他们却没有改变旧观念，因为他们早已经习惯了这种观念。

第三节 创新思维的开发与训练

案例导入

乾隆皇帝下江南，见一农夫荷锄而过，即问左右道："这是何人？"和珅抢前一步答道："是个农夫。"乾隆又问："这农夫的夫字怎写？"

和珅微微一怔，不知皇上此问何意，便答曰："农夫之夫，即两横一撇一捺，与轿夫的夫、孔夫子的夫、夫妻的夫和匹夫的夫同一写法。"乾隆听罢大摇其头，大摆其手，说："你身为宰相，纵无经天纬地之才，却如何连一个'夫'字都不能解！"转脸道："刘墉，你来说说看，农夫的'夫'字当作何解？"

刘墉见皇上点名让他解答，便不慌不忙地上前朗然答道："农夫是刨土之人，故而上为土字，下加人字；轿夫为肩扛竹竿之人，应先写人字，再加两根竿子；孔夫子上通天文，下知地理，当作天字出头之夫；夫妻是两个人，该是心心相印，二字加人可也；匹夫乃天下百姓之谓也，可载舟亦可覆舟，是为巍巍然大丈夫，理应作大字之上加一才对。用法不同，写法自当有别，岂可混为一谈？"乾隆闻言，抚掌大笑，赞道："真不愧大学士也。"

一、创新思维的概念

创新思维是一种有创见的思维，即人脑对客观事物未知成分进行探索活动，是发现和提出新问题、设计新方法、开创新途径、解决新问题的活动。

创新思维是指以新颖独创的方法解决问题的思维过程，通过这种思维能突破常规思维的界限，以超常规甚至反常规的方法、视角去思考问题，提出与众不同的解决方案，从而产生新颖、独到和有社会意义的思维成果。

二、创新思维的开发与训练

创新思维有很多种，以下是几种常见的、主要的创新思维形式和种类。

（一）发散思维与训练

所谓发散思维，又称辐射思维、多向思维、扩散思维，是对同一问题从不同层次、不同角度、不同方面进行思索，从而求得多种不同甚至奇异答案的思维方式。如果说创新是一个民族的灵魂，那么发散思维便是创新的基石，它是智慧的发源地，是兴趣的乐园。

发散思维从目标出发，面对问题沿着多方向思考、探求多种设想或答案。发散思维的过程是：以要解决的问题为中心，思维方向像辐射一样向外发散，寻找多种解决方案；然后从诸多方案中，寻找出最佳的一种，以便最有效地解决问题。这种思维就像自行车车轮一样，许多辐条以车轴为中心向四周辐射。

发散思维的实现方法有许多，这里重点讲述侧向思维法、逆向思维法、纵横思维法、分合思维法、质疑思维法等5种方法。对这些具体方法的运用和训练，有助于发散思维能力的培养和提高。

1. 侧向思维

所谓侧向思维，又称"旁通思维"，指在正向思维旁侧开拓出新思路的一种创造性思维。侧向思维是避开问题的锋芒，从侧面去想，在最不起眼的地方，也就是次要的地方，多做文章，把它挖掘出来，并把它的价值扩大，这样往往会有意想不到的效果，会更简单、更方便。通俗地讲，侧向思维就是利用其他领域里的知识和资讯，从侧向迂回地解决问题的一种思维形式。

侧向思维的要义在于"他山之石，可以攻玉"，借助系统之外的信息、知识、经验来解决面临的难题。侧向思维利用事物间的相互关联性，利用常人始料不及的思路达到预定的目标，这就要求思维的主体头脑灵活，善于另辟蹊径。

2. 逆向思维

逆向思维也叫反向思维、求异思维，是指从相反方向思考问题，从问题的相反面深入地进行探索，树立新思想，寻找新方法。

逆向思维在各个领域、各种活动中都有适用性，由于对立统一规律的普遍性，对立统一形式的多样性，所以，逆向思维也有无限种形式。如性质上对立的两极反转：软与硬、高与低等；结构、位置上的互换、颠倒：上与下、左与右等；如过程上的逆转：气态变液态或液态变气态、电转为磁或磁转为电等。不论何种方式，只要从一个方面想到与之对立的另一方面，都是逆向思维。

逆向思维主要包含以下三种类型。

① 反转型逆向思维法。是指从已知事物的相反方向进行思考，产生发明构思的途径。"事物的相反方向"应从事物的功能、结构、因果关系三个方面作反向思维。比如，市场上出售的无烟煎鱼锅就是把原有煎鱼锅的热源由锅的下面安装到锅的上面。这是利用逆向思维，对结构进行反转型思考的产物。

② 转换型逆向思维法。是指在研究某一问题时，由于解决某一问题的手段受阻，而转换成另一种手段或转换角度思考，使问题得以顺利解决的思维方法。如历史上被传为佳话的司马光砸缸救落水儿童的故事，实质上就是一个运用转换型逆向思维法的例子。由于司马光不能通过爬进缸中救人的手段解决问题，因而他就转换为另一手段，破缸救人，进而顺利地解决了问题。

③ 缺点逆用思维法。是一种利用事物的缺点，将缺点变为可利用的东西、化被动为主动、化不利为有利的思维发明方法。这种方法并不以克服事物的缺点为目的，

相反，它是将缺点化弊为利，找到解决方法。例如，金属腐蚀是一种坏事，但人们利用金属腐蚀原理进行金属粉末的生产，或进行电镀等其他用途，无疑是缺点逆用思维法的一种应用。

拓展阅读

一所学校的大门正对着一条商业街，南来北往的人特别多，再加上一些司机为了省停车费，就把车子停放在学校门口。每天放学时，学校门口就拥挤不堪，并且影响学生的安全。因此，学校领导让老师们轮流在校门口执勤，劝说人们不要在校门口停车，还立了个禁止停车的牌子，但是这些措施都收效甚微。

有一次轮到小张执勤，善于思索的小张就想了个办法，结果那天的效果特别好，门口没有一辆汽车停车。领导很高兴，事后他邀请小张向其他老师谈谈自己是怎么解决这个难题的。

小张说："我哪里有什么经验呀，那些乱停车的人不就是为了省停车费吗？我就把学校门口禁止停车的牌子拿掉，挂了另外一个牌子：停车20元。结果，再想要在校门口停车的人，一看牌子就自动把车开走了。我没说一句话，也没收一分钱，这样就把乱停车的问题解决了！"

领导和老师们听了都哈哈大笑，称赞小张的逆向思维办法好！正面劝说没效果，而反过来，停车收费20元，效果就卓著了。

3. 纵横思维

将思考的问题或对象从纵向发展与横向发展方向上进行思维加工就是纵横思维法。具体是指思维主体在解答问题的过程中尽可能从多个不同方向来考虑，跳出点、线、面的限制，从上下左右、四面八方去思考问题，并通过对多个相关因素的离散解析，逐层或逐级探索事物本质的一种思维方法。爱迪生在研制灯泡的灯丝材料时，先后试用了1600多种耐热材料和6000多种植物纤维，甚至连头发丝和胡子都利用到了，1879年，终于找到了"炭化了的棉线"，这是当时最佳的灯丝材料。

4. 分合思维

分合思维法是将思考对象的有关部分分解为部分并重新组合，以找到解决问题的新方法。曹冲称象用的就是分合思维法。当时最大的秤只能称200斤的重量，而一头象上万斤，如何称呢？似乎不可能。曹冲用木船为媒介，把大象分解为等量的石头，分别称出石头的重量，再加到一起不就等于大象的重量了吗？这是一个典型的分合思维法的例子。

帽子与上衣连起来组合成新的款式；上衣与裤子连起来组成背带裤；上衣与裙子连起来成为连衣裙；收音机与录音机连起来组成收录机；橡皮与铅笔粘在一起成了新型铅笔。这些便是分合思维法的妙用。

分合思维法可以分为分解思维法和组合思维法两种。分解思维法可以"化腐朽为神奇",把无用的因素分离出去,把有用的因素提取出来,加以利用;组合思维法可以由组合而创新。二者都是很有用的创造方法。

致力于研制杀灭锥虫药的德国化学家欧立希,曾由于思路不对屡遭失败。后来他从一份化学杂志上得知,"阿托什尔"药能够杀死锥虫。然而,凡是使用该药的梅毒患者和非洲昏睡病人,在杀灭锥虫的同时他们的双眼也都失明了。面对如此严峻的副作用,有人干脆就放弃了阿托什尔。

可是欧立希却与众不同,他这样想:能不能既保持药物的杀虫功能,又不毒害人的视神经呢?就是说设法将阿托什尔药品治病和伤人这两种正副作用分离开来,使其成为专治锥虫病的无毒良药。正是在这种分解思维方法的指导下,欧立希经过无数次艰难曲折的实验以后,终于找到了改变药品化学结构式的巧妙办法,从而把致人眼瞎的结构基团从药品的分子结构式上分离出去,在1907年成功研制出专治锥虫病的一代良药606,受到了医药界的高度赞赏。

测一测

(1) 请写出所能想到的带有"土"结构的字,写得越多越好。(时间:5分钟)

(2) 请列举砖头的各种可能用途。(时间:5分钟)

(3) 请举出包含"三角形"的各种物品,写得越多越好。(时间:10分钟)

(4) 尽可能想象 ▢▢ 和什么东西相似或相近?(时间:10分钟)

(5) 把下列物件按照性质尽可能分类:鸭、菠菜、石、人、木、菜油、铁。(时间:5分钟)

(6) 请说出一只猫与一台冰箱相似的地方,说得越多越好。(时间:5分钟)

(7) 给你两个圆(○○)、两条直线(∥)和两个三角形(△△),请组成各种有意义的图案。(时间:15分钟)

(8) 请你根据以下故事情节,用简洁的语言(不超过100字)写出故事的各种可能的结尾,写得越多越好。(时间:40分钟)

古时候,有兄弟三人。大哥、二哥好吃懒做,三弟勤劳聪明。三人长大后都成了家。有一天,三兄弟在一起喝酒,大哥、二哥提议:"从现在起,我们三人说话,互相不准怀疑,否则罚米一斗。"酒后,大哥说:"你们总说我好吃懒做,现在家里那只母鸡一报晓,我就起床了……"三弟直摇头说:"哪有母鸡报晓之理?"大哥嘿嘿一笑说:"好!你不信我的话,罚米一斗。"二哥接下去说:"我没有大哥这么勤快,因此家里穷得老鼠饿得猫吱吱叫……"三弟又连连摇头,二哥得意地说:"你不信,也罚米一斗。"后来……

解析:第(1)~(4)题,每一个答案为1分;第(5)题,每一个答案为2分;

第（6）～（7）题，每一个答案为3分；第（8）题，每一个答案为5分；然后统计总分。如果你得分在：

100分以上，说明发散思维的流畅性很好；

81~100分，说明发散思维的流畅性较好；

61~80分，说明发散思维的流畅性中等；

41~60分，说明发散思维的流畅性较差；

40分以下，说明发散思维的流畅性很差。

流畅性是发散思维的较低层次，发散思维的变通性代表了发散思维的中等层次，独特性和多感官性则代表了发散思维的高等层次。下面结合每道题的答案进一步分析。

（1）"土"在右方，如灶、肚、杜等；"土"在左方，如址、墟、增等；"土"在下方，如尘、塑、堂等；"土"在上方，如去、寺、幸等；"土"在中间，如庄、崖、匡等；全部由"土"构成的字，如土、圭、垚等；或"土"蕴含在字中，如来、奔、戴等；以及其他，如盐、硅等。在上述"发散"中，能写出其中两类含"土"的字，则说明思维已具有一定的变通性，此时的"土"已不像前面几种"土"那么显而易见了。

（2）列举砖头的用途，如果说出了造工房、造烟囱、造仓库、造鸡舍、造礼堂……只能说明你的发散思维处于较低级的阶段，因为你所列举的各种用途，其实都属于同一类型：用于建筑材料。如果你还回答出打狗、赶猫、敲钉子、做家具垫脚、铺路、压东西、自卫武器等，你的思维就具有一定的变通性，因为上述用途已涉及几种不同的类别。如果你的答案是一般人所难想到的，你的发散思维就具有一定独特性。

（3）包含"三角形"的物品大致有以下几类：① 物品中所包含的正规三角形，如红领巾、三角旗、三角形铅笔等；② 物品含近似三角形，如金字塔、衣钩、山岳形积木等；③ 物品中含有三角形的三个角的特点，构成主观三角形，如三脚插座、三极管、斜面等；④ 立体三角形，如锥体、漏斗、衣帽架、舞蹈造型等。说出的种类越多，说明发散思维的变通性越好；每一种类中说出的物品越多，说明发散思维的流畅性越好。

（4）和 相似或相近的东西有：视为水平线上的两个相同的物体，如窑洞、坟墓、窝窝头等；视为水平线上的两个不同的物体，如隧道、进出口；从侧面再看，视为乌篷船等；第四，视为运动的形体，如双鱼跃、白鹭入水等。这些答案，显然是具有很好的流畅性和较好的变通性的。但是，在独特性方面，有人别出心裁地把这个图形视为"伸在一张纸后的两个指头""两个在水田里的插秧人"，这就显示了不同寻常的思维独特性。所以，真正有创造性的发散性思维，应该是流畅、变通、独特三者兼备的。回答得越多，发散思维的流畅程度越高。

（5）这些物体可分为以下类型：

植物：菠菜、树木

动物：鸭、人

生物：菠菜、树木、鸭、人

食物：菠菜、菜油、鸭

矿物：石头、铁

含铁物体：铁、菠菜

浮水性强的物体：树木、菜油、鸭

常用泥土种植的产品：菠菜、树木、菜油

燃料：树木、菜油

建筑材料：树木、石头、铁

以上分类肯定没有把全部可能的分类都包括在内，你可以运用自己的思维发散能力创造新的分类，创造的类别越多，你的发散思维能力越强。

(6) 猫和冰箱的相似之处相当之多：两者都有放"鱼"的地方；都有"尾巴"（冰箱后部的电线犹如"尾巴"）；都有颜色，等等。

(7) 两个圆、两条直线和两个三角形，可以组成各种有意义的图案。比如：从具体形象出发，可组成"人脸"或组成"落日与山的倒影"；也可从抽象角度考虑，组成等式：△○=○△；还可以把抽象与具体结合起来，组成"△l○○△"，表示两山（具体）相距100米（抽象）等。上述图案组成得越多，表示你的发散思维的流畅性和变通程度越高。

(8) 此题没有固定的答案，你可借题发挥，所写的故事结尾越多、越离奇，说明你的总体发散思维能力越高。

(二) 联想思维与训练

所谓联想，就是根据当前感知到的事物、概念或现象，想到与之相关的事物、概念或想象的思维活动，即由此及彼、举一反三、触类旁通。更具体地说，联想就是根据输入的信息，在大脑的记忆库中搜寻与之相关的信息，或者利用大脑记忆库中的一些信息，形成与之相关的新信息的过程，具有形象性和连续性两个特点，是一种形象思维。

1. 联想思维的分类

联想思维可分为相关联想、相似联想、类比联想、对称联想和因果联想。

(1) 相关联想

相关联想是由给定事物联想到经常与之同时出现或在某个方面存在内在联系事物的思维活动。当代心理学家哥洛万提议进行的实验表明，任何两个概念（词语）都可以经过四五个阶段建立起相关联想的联系。

例如"木质"和"皮球"是两个离得很远的概念。但是，只要经过四步中间联想（每个联想都是很自然的）就可以从"木质"联想到"皮球"：木质—树林，树林—田野，田野—足球场，足球场—皮球。再如"天空"和"茶"：天空—土地，土地—水，水—喝，喝—茶。多做这样的练习，就可以提高相关联想能力。

前苏联曾有200多个发明学校，有个发明学校在进行这一阶段的训练时，每人发一本带照片的商品目录，要求任意翻出两页后对上面的商品进行强迫联想。一个工人一次翻到的两个商品是自行车和电线杆。他经过强迫联想，发明了一种能爬电线杆的自行车，代替了用脚钩爬杆，使电工爬杆机械化。在我国，有人用抽单词卡片的方法进行强迫联想，有人抽到了"蚕"和"豆腐渣"这两个单词。将这两个概念强制联系起来，得出能否培育出吃"豆腐渣"的"蚕"的设想。现在，浙江农科院研究人员已经成功培育出吃豆腐渣的蚕的新品种。

(2) 相似联想

相似联想是从给定事物想到与之相似的事物（形状、功能、性质等方面）的思维活动。这种相似可能是外形或性质上的，也可能是某种意义上的。比如，由海洋生物表皮的性质引起联想，发明了新式游泳衣。由联想产生的科技上的创造发明多属此类。

例如，蒸汽机就是典型的相似联想。瓦特观察到水壶里的水沸腾时水壶盖被水蒸气冲开，以此为开端结合需要解决的问题进行联想：水蒸气冲开水壶盖——水蒸气具有推动力——与水壶相似的动力机（蒸汽机）。

又如，美国工程师道立安一直在考虑如何使汽油与空气均匀混合，以提高汽油在气缸中的燃烧效率。有一次他看到用喷雾器往身上喷洒香水形成均匀雾状的形态，立即联想到了使空气和汽油均匀混合的方法，从而发明了汽车化油器。

美国工程师帕西·斯潘塞在做微波空间分布情况试验时，发现衣兜内的巧克力熔化了。是什么原因使巧克力熔化呢？他由此联想到，微波能熔化巧克力，一定也会使其他食品由于内部分子振荡而温度升高，通过联想发明了微波炉。

(3) 类比联想

类比联想是指对一件事物的认识引起对和该事物在形态或性质上相似的另一事物的联想。这种联想是借助于对某一事物的认识，通过比较它与另一类事物的某些相似达到对另一事物的推测理解。

例如，古埃及人用不断转动链条来运送水桶的方法灌溉田地。1783年，英国人埃文斯把这个方法运用到磨坊里去传送谷粒。他根据类比而完成了从运送液体（水）到传送固体（谷粒）的经验转移。

再如，目前市场上各种折叠式产品琳琅满目，但是直升机是不是也可以折叠呢？日本长野县的一家公司，在类比联想的启发下敢为天下先，开始生产一种折叠后可以放入汽车行李箱内的直升机。

(4) 对称联想

对称联想是由给定事物联想到在空间、时间、形状、特性等方面与之对称的事物的思维活动。比如,由左联想到右,由上联想到下,由光明联想到黑暗,由放大联想到缩小。

例如,牛顿发现天体运动的原因,据说是在花园里碰巧一个苹果从树上掉下来,他因此突然想到,使苹果落地和天体运动是因为同一种力(后来被称为万有引力)。其具体过程是这样的:苹果的落地使他想到既然在最深的矿井和最高的山上都会感到地球的吸引力,那么,这种力能否达到月球?牛顿自己说:"就在这一年,我开始想到把重力引申到月球的轨道上。"

(5)因果联想

由于两个事物之间存在因果关系而引起的联想。这种联想是双向的,可以由"因"想到"果",也可以由"果"想到"因"。人们由冰想到冷,由风想到凉,由火想到热,由科技进步想到经济发展,就是运用的因果联想。由"果"找"因"的联想在发明创造中被大量运用,找到合适的"因",可以达到更理想的"果"。例如,产品的质量不高("果")往往是由于控制机床的人造成的,人控制机床是"因";如果由计算机来控制机床(更合适的"因"),产品的质量就可以大大提高了(更理想的"果")。

2. 联想能力的训练

联想能力的训练可分三步来进行。

(1)从给定信息出发,尽可能多地用到各种类型,形成多种多样的综合联想链。

(2)给定两个没有关联的信息,寻找各种各样的联想链将它们连接起来。例如,建立一个从"粉笔"到"原子弹"的联想链。

(3)寻找任意两个事物的联系,可以省去联想链,但要建立两个事物间有价值的联系,并由此形成创新设想或创意。这一阶段联想的难度较大,不过却是最有价值的联想,应多进行训练。

(三)想象思维与训练

所谓想象就是人脑对记忆中的表象进行形象化加工和改造后,组合成新形象的过程。它是形象思维的具体化,是人脑借助表象进行加工操作的最主要形式。想象具有形象组合性、时空跨越性和高度自由性的特点,是自觉进行的一种积极主动的心理活动。例如,有的发明者把自己置身于发明对象的情景之中,把自己设想为所要设计的工具或产品的一部分,尽情地想象在各种假定条件下,自己将如何感受和如何反应。想象力是创新思维的重要品质,它能使我们超越已有的知识和经验,使思维插上翅膀,达到新境界。

想象思维可分为无意想象和有意想象,有意想象包括再造性想象、创造性想象和幻想。

1. 无意想象

无意想象又称消极想象,是不受意识主体支配的想象。思维主体没有特定的目的性，任由思维的翅膀飞翔，达到一种非常自由的状态，如做梦、走神等。无意想象虽然无法控制，但有时候也会产生积极的结果，使日思夜想未能解决的问题突然得到解决。

2. 再造性想象

再造性想象是根据别人或语言、文字、图样的描述，在头脑中形成相应新形象的心理过程。再造的形象曾经存在过，或者现在还存在，但是想象者在实践中没有遇到过它们的形象。例如，在学习历史时，头脑中就会构想出种种历史场景；阅读文学作品时，眼前便会浮现出各种人物形象；机械工人根据机械图纸会想象出机器的结构和形状；电影演员根据剧本的剧情、对白及导演的启示，想象出该角色当时的心理状态；警察根据受害者的陈述想象出犯罪嫌疑人的长相特征等，就是再造性想象。

3. 创造性想象

创造性想象是根据一定的任务和目的，对头脑中已有的表象进行加工创新，独立创造出崭新形象的过程。比如，哥白尼在天文仪器极度落后的情况下提出"日心说"，卢瑟夫建立原子模型，魏格纳提出大陆漂移学说等都是创新性想象的结果。

4. 幻想

幻想也叫憧憬性的想象，是极其可贵的品质。它是一种对美好的未来、希望的事物或某种成功的向往，是创造性想象的一种特殊形式，由个人愿望或社会需要引起。幻想思维的突出特点是脱离现实性，幻想思维能够在没有现实干扰的理想状态下任意驰骋，导致创新思想方案百出。

比如，俄国科学家齐奥科夫斯基在1894年就大胆幻想了未来宇宙航行：① 制造带翅膀和一般操纵装置的火箭式飞机；② 飞机的翅膀略有缩小，牵引力和速度增加；③ 飞至大气层外及滑翔降落；④ 建立大气层外的活动站（人造卫星）；⑤ 登月；⑥ 在小行星带上和太阳系里其他不大的天体上建立移民区；⑦ 太阳开始熄火，太阳系的残存居民转至别的"太阳"。这些听起来好像是在叙述航空航天事业发展的历史和未来，其实当齐奥科夫斯基提出上述设想的时候，莱特兄弟的飞机尚未问世。

所以，有人认为幻想是创造活动的源头。幻想可以给人创造发明的灵感，丰富的幻想是所有发明家共有的特征。

(四) 灵感思维与训练

灵感，也称顿悟，它是人类创造性活动中一种复杂的心理现象和精神现象，具有瞬时突发与偶然巧合的特征。灵感来源于信息的诱导、经验的积累、联想的升华、事业心的催化。钱学森曾经说过："刚生下来的娃娃不会有灵感，所以灵感是人类社会实践的结果，不是神授。既是社会实践的结果，又是经验的总结，应该有规律。"他还说道："灵感又是一种可以控制的大脑活动，是一种思维，也是有规律的，我们要研究它，要创立一门灵感学。"

灵感的特点主要表现在以下三个方面。

1. 突如其来，让人茅塞顿开。突如其来是说它是在人不注意的时候，在人没有想到它的时候突然出现，并带有偶然性。

2. 不以人的意志所左右，也不能预定时间。人们无法通过意志让灵感产生，也无法事先计划它的到来，它总是不期而至，创造者常常用出其不意、从天而降等词来形容灵感发生的迅速性。

3. 瞬间即逝，飘然而去。恰如某文人所言："饭前思得一文，未及作，作之，则为另一文，前文已不可得。"灵感呈现过程极其短促，往往只是一瞬间一刹那，稍纵即逝。

灵感具有规律性。一般来说，灵感思维具有以下三个方面的规律。

1. 灵感产生于大量的、艰苦的创造活动。灵感思维的基础在于创造性活动，如果没有创造性活动，也就不会有灵感。大量艰苦的创造活动使大脑的神经绷紧，思维能力达到了突破的边缘，故一旦有一个诱因或自己需要的信息刚露头，它就能立即引起大脑神经的强烈共鸣，灵感就此产生。

2. 灵感产生于大量的信息输入后，如同电压加到了一定高度突然闪光，电路接通就能大放光芒，因此，在进行创造活动的过程中，不断往头脑中输入大量信息，也是产生灵感的前提之一。

3. 灵感产生于一定的诱因。大量的信息和创造性活动使创造力处于饱和状态，此状态需要一定的诱因，才能产生质的飞跃。

该怎么样训练和提高灵感思维能力呢？

1. 养成勤奋学习和善于思考的习惯。

2. 抓住机遇不放，把灵感转化为发明成果。机遇偏爱有准备的头脑，每个人都要成为留心机遇的有心人，一旦机遇到来，就要抓住不放。

3. 身心放松，充分发挥冥想的作用。冥想能够铺平杂乱的思绪，使心境平和，促进呼吸系统的循环，因而被称作"内心之旅"。冥想的目的是让人精神松弛，让人进入一种心旷神怡的状态，这正是产生灵感的理想状态。

4. 养成记笔记的习惯，随时捕捉闪现的灵感。一生写了462首乐曲、被誉为"圆舞曲之王"的施特劳斯，有一次灵感突然出现，但他没有带纸，便脱下衬衫，把它记在衣袖上。

柴可夫斯基说："灵感——这是一个不喜欢拜访懒汉的客人。"长期积累，偶然得之，道出了灵感发生的规律的本质。灵感来去匆匆，稍纵即逝，必须及时记录。

第八章 创新思维与创新方法

第四节 常用的创新方法

案例导入

砸核桃的讨论会

组长：我们的任务是砸核桃，要求多、快、好，大家有什么办法？

甲：平常在家里用牙磕，用手或榔头砸，用钳子夹，用门掩。

组长：几个核桃用这种办法行，但核桃多怎么办？

乙：应该把核桃按大小分类，各类核桃分别放在压力机上砸。

丙：可以把核桃粘上粉末类的东西使它们成为一般大的圆球，在压力机上砸，用不着分类（发展了上一个观念）。

丁：粉末上带磁性，在压力机上砸压后，或者在粉碎机上粉碎后，由于磁场作用，核桃壳可以脱掉，只剩下核桃仁（发展了上一个观念，并应用了物理效应）。

组长：很好！大家再想想用什么样的力才能把核桃砸开，用什么办法才能得到这些力。

甲：应该加一个集中的挤压力，用某种东西冲击核桃，就能产生这种力，或者相反，用核桃冲击某种东西。

乙：可以用气枪往墙壁上射核桃，比如说可以用射软木塞的儿童气枪射。

丙：当核桃落地时，可以利用地球引力产生力。

丁：核桃壳很硬，应该先用溶剂加工，使它软化、溶解……或者使它们变得很脆。经过冷冻就可以变脆。

组长：动物是怎么解决这一任务的，比如乌鸦？

甲：鸟儿用嘴啄…或者飞得高高的，把核桃扔在硬地上。我们应该把核桃装在容器里，从高处往硬地方扔，比如说在气球上、直升飞机上、电梯上往水泥板上扔，然后把摔碎的核桃拾起来（类比）。

乙：可以把核桃放在液体容器里，借助水力冲击把核桃破开（物理效应）。

组长：是否可用发现法如认同、反向解决问题呢？

丙：应该从里面把核桃破开，把核桃钻个小孔往里面打气加压（反向）。

丁：可以把核桃放在空气室里，往里打气加压，然后使空气室里压力锐减，内部压力就会使核桃破裂，因为内部压力不可能很快减少（发展了上一个观念），或者可以急剧增加和减少空气室压力，这时核桃壳会承受交变负荷。

戊：我是核桃仁，我从核桃壳内部用手脚对它施加压力，外壳就会破裂；（认同）应该不让外壳长，只让核桃仁长，就会把外壳顶破（理想结果）。

165

乙：我是核桃，我用手抓住树枝，当成熟时就撒手掉在硬地上摔破，应该把核桃种在悬崖峭壁上，或种在陡坡上，它们掉下来就破掉。

甲：应该掘口深井，井底放一块钢板，在核桃与深井之间开几道沟槽。核桃从树上掉下来，顺着沟槽滚到井里，摔在钢板上就会摔破。

结果，仅用十分钟就收集了四十个想法，经专家组评价，从中得出参考解决方案。

笛卡尔说，最有用的知识是关于方法的知识。做任何事情，方法得当，事半功倍；方法不当，事倍功半。创新方法是创新理论和创新实践之间的一座桥梁，是创新能力最重要的组成部分。一个人有了很好的创新愿望、创新意识和创新精神，而没有正确的创新方法，是不可能取得创新成果和创新方案的。因此，掌握正确的创新方法、知识和技能，对于培养人们的创新能力具有重要作用。目前实用价值较大、使用较多的创新技法有头脑风暴法、检核表法、TRIZ法、提喻法和类比法，下面将一一讲述。

一、头脑风暴法

头脑风暴法是指以小组讨论会的形式，让大家畅所欲言，群策群力，相互启发，相互激励，产生思维共振，引出更多新创意的创造方法。在群体决策中，由于群体成员间心理作用相互影响，易屈从于权威或大多数人的意见，削弱了群体的批判精神和创造力，影响了决策的质量。为了保证群体决策的创造性，提高决策质量，发展了一系列改善群体决策的方法，头脑风暴法就是比较典型的一个。

头脑风暴法可分为直接头脑风暴法（一般简称为头脑风暴法）和质疑头脑风暴法（也称反头脑风暴法）。前者是在专家群体决策时尽可能激发创造性，产生尽可能多的设想；后者则是对前者提出的设想、方案逐一质疑，分析现实的可行性，并进行方案的优选。

采用头脑风暴法进行群体决策时，要聚集有关专家召开专题会议，主持者向所有参会者阐明研究的问题，说明会议的规则，尽力创造轻松融洽的会议环境，一般不发表意见，以免影响会议的自由气氛，由专家们提出尽可能多的方案。

（一）头脑风暴法的激发机理

头脑风暴会议之所以会产生大量的新创意，主要有以下几点原因。

1. 思维开放，集思广益

在轻松、融洽的气氛中，每个人都能发挥想象、自由联想、各抒己见。可以激发大家寻求新颖独特甚至违反常规的新设想的强烈兴趣，最大限度地发挥创造力，开拓新思路。

2. 信息激励，联想反应

在小组讨论会上，任何一个人提出的新创意，对其他人的想象力都会带来信息刺激和震荡，填补知识空隙，相互诱发激励。研究者测试表明，在集体联想时，成年人的"自由联想"可以提高 65%~93%。

3. 竞争意识，活跃思维

在小组讨论会上，每个人都被鼓励提出更多创意，大家在集体活动情境下彼此互动、相互促进，无意中激起了争强好胜的心理，争先恐后地发表见解。心理实验证明，竞争意识可以使人的心理活动效率增强 50%或更多。

4. 无拘无束，热情渲染

无拘无束的气氛，能激发人的热情，人人自由发言、相互影响、相互感染，促使参与者突破固有观念的束缚，最大限度地发挥创造性思维能力。

（二）头脑风暴法的基本规则

使用头脑风暴法解决问题时，为了减少群体内的社交抑制因素，激励新想法的产生，提高群体的创造力，必须遵守以下基本规则。

1. 自由畅想（上天入地）

与会者尽可能解放思想，无拘无束地思考问题并畅所欲言，不必顾虑自己的想法或说法是否"离经叛道"或"荒唐可笑"；欢迎自由奔放、异想天开的意见，可以毫无拘束，广泛地想，观念越新奇越好。

2. 拒绝批评（会后评判）

禁止与会者在会上对他人的设想评头论足，拒绝评论性的判断，也不允许过分自谦。至于对设想的评判，留在会后进行。诸如"这想法太幼稚了""现实中不可行""我有一个不成熟的想法"等在会议中禁止出现。

3. 追求数量（以量求质）

鼓励与会者尽可能多地提出设想，以大量的设想来保证质量较高设想的产生，设想多多益善，不必顾虑构思内容的好坏。有数量才有比较，有数量才有优选。

4. 综合改善（搭便车）

鼓励利用别人的构思，借题发挥，根据别人的构思联想另一个构思，即利用一个灵感引发另一个灵感，或者把别人的构思加以修改。会后还要对所有设想做进一步的精选和综合改善工作。

5. 限时限人原则

会议通常限定时间为 45~60 分钟，人数为 10 人左右。限时限人是因为会议时间过长容易使人精神疲劳，思维迟钝麻木；人数太多容易引起注意力的分散，相互抢话，有些人不能充分表达稍纵即逝的设想。而时间太短，与会者思路难打开，激励联想反应不充分，难以产生最佳设想；人数太少，知识面窄，难以设想互补，提高设想质量。

（三）头脑风暴法的组织安排

头脑风暴法是一项集体创造活动，须有一定的组织安排因素，主要包括主持人、与会专家、记录员、会议地点等。

1. 主持人

理想的主持人要熟悉头脑风暴法，并对所议议题有一定的研究，弄清问题的本质，设定议题所要达到的目标，能在必要时恰当地启发和引导大家。主持人需具备以下五方面素质：

(1) 平等友好地对待每一位与会者，促使会议气氛融洽；

(2) 及时制止违反会议原则的现象，创造一种无拘无束、自由畅想的氛围；

(3) 保证讨论始终围绕中心议题，目标统一，发言集中，不跑题；

(4) 时刻提醒记录员记下与会者提出的每一个设想，全面准确、清晰明了；

(5) 懂得各种创造思维和技法，对所要讨论的问题背景、内容及目的要有详细及专业的理解，善于激发和诱导成员思考，使会议场面轻松活跃而不失脑力激荡。

2. 与会专家

(1) 人数：与会人数应以 5~15 人为宜。

(2) 结构：与会人员专业结构要合理，既有对本议题深有研究的专家，又有相关专业的行家，还有思维活跃的外行，这样知识结构全面多样，便于突破专业束缚。

(3) 水准：尽量选择身份地位、职务级别、知识水准及资历学历等大致相近的与会人员，便于毫无顾忌地畅所欲言。

(4) 核心：尽量选择一些对议题有实际经验的人为会议核心，再视情况配备其他人，有利于提高会议效果。

3. 记录员

(1) 配备 1~2 名记录员，通常记录员不是正式的会议参加者。

(2) 对会议提出的所有奇特或平庸的方案、设想，都一视同仁，要准确、详细地记录。

(3) 当有几个人同时提出多种新方案时，可请主持人做必要的归纳后记下。

4. 会议地点

会议地点选在能避免干扰之处，必要时关掉通信工具，促使会议顺利进行。

(四) 头脑风暴法的实施步骤

头脑风暴法力图通过一定的讨论程序与规则来保证创造性讨论的有效性，讨论的程序是头脑风暴法能否有效实施的关键因素。头脑风暴法的程序主要包括以下几个环节。

1. 准备阶段

本阶段主要包括提出议题、选择与会专家、选择主持人、选择会议地点。

2. 热身阶段

这一阶段大约需要 5~10 分钟，会前为了使与会人员尽快进入"角色"，减少会中僵局冷场时间，需要进行一些小型热身活动，以便调节气氛，激活大脑思维。例如，可以播放音乐、品茶或喝咖啡、讲幽默故事、做简单有趣的游戏、简单的发散思维练习，形成热烈、轻松的良好气氛，使与会者忘掉工作和私事。

3. 明确问题

待大家全都积极地投入进来，主持人便可调转话题，切入正题。

（1）介绍问题。首先由主持人向与会者介绍议题，要简明扼要、通俗易懂，以取得对问题的一致理解。不要将背景资料介绍过多，切忌过于详细，以免形成条条框框，束缚思路。

（2）重新叙述问题。用不同方式来表达问题，目的是加深对问题实质的理解，使问题的重要方面不被遗漏。同时，启发多种解题思路，为提出各种设想做准备。要鼓励与会者从多方面、多角度去审视问题，然后对每一方面都用"怎样……"语句来表达。例如，议题是"如何增加某商场的营业额"，则可重新叙述如下：

① 怎样提高员工的工作积极性；
② 怎样扩大货源；
③ 怎样增加产品的竞争优势；
④ 怎样做广告宣传；
⑤ 怎样提高服务水平；
⑥ 怎样推销高档或滞销商品；
⑦ 怎样调整商场的布局与装修，等等。

所有这些新的提问方式，都要由记录员记下，顺序编号，置于醒目地方，让与会者随时从中启发思路，全面考虑。

4. 自由畅谈

这是头脑风暴法的核心步骤，需要大家克服种种心理障碍，突破种种思维羁绊，任思维上天入地，自由驰骋，通过联想和想象等思维形式，借助人们之间的知识互补、信息刺激和热情感染，提出大量创造性设想。

5. 整理筛选

畅谈会上提出的解题设想大都未经仔细斟酌，也未做认真评价，有待加工完善之后才有实用价值。会后必须要做的工作包括以下两点。

（1）会后的意见收集。在畅谈会的第二天，应由主持人或记录员收集与会者会后产生的新设想。因为通过会后的休息，易诱发灵感，思路会有新的转换或发展，又能提出一些有价值的设想。

（2）评价设想和发展设想。委派专家（人数为奇数）或问题提出人对畅谈会记录下的设想做筛选判断，并做综合改善。为了便于评价，最好根据议题性质拟定一些评价标准，如设想的可行性、可操作性、合理性、环保性、经济性等。

(五) 质疑头脑风暴法简介

在决策过程中，对于利用直接头脑风暴法产生的方案和设想，经常采用质疑头脑风暴法进行质疑和完善。对设想或方案的现实可行性进行评估。主要的程序如下。

第一阶段要求参加者对每一个提出的设想都要提出质疑，并进行全面评论。评论的重点是设想实现的所有限制性因素。在质疑过程中，可能产生一些可行的新设想。这些新设想包括对已提出的设想无法实现的原因论证，存在的限制因素，以及排除限制因素的建议。其结构通常是："××设想是不可行的，因为……如要使其可行，必须……"

第二阶段是对每一组或每一个设想编制一个"评论意见一览表"，以及"可行设想一览表"。质疑头脑风暴法鼓励对已有的设想提出批评和新的可行设想，禁止提肯定意见。主持者应首先简明介绍所讨论问题的内容，扼要介绍各种系统化的设想和方案，以便把参加者的注意力集中于对所论问题进行全面评价上。质疑过程一直进行到没有问题可以质疑为止。

第三阶段是对质疑过程中抽出的评价意见进行整理分析，形成一个对解决所讨论问题实际可行的"最终设想一览表"。最后由分析组负责处理和分析质疑结果。分析组要吸收一些有能力对设想实施做出较准确判断的专家参加。如果须在很短时间就重大问题做出决策时，吸收这些专家参加尤为重要。

实践经验表明，头脑风暴法可以排除折中方案，对所讨论问题通过客观、连续的分析，找到一组切实可行的方案。

当然，头脑风暴法实施的成本（时间、费用等）是很高的，另外，头脑风暴法要求参与者有较好的素质。这些因素是否满足会影响头脑风暴法实施的效果。

二、检核表法

核检表法是创造工程学的奠基人奥斯本提出来的，根据创新的对象列出有关问题，逐个核对和讨论，从中找到解决问题的方法或创新设想的设问型技法。此法属于发散性思维，或叫横向思维，在探讨解决方案之前，先多角度考虑对问题的种种看法，不把注意力集中在问题的某一方面，而是突破旧框架大胆想象，借助各种思维技巧，诸如联想、类比、组合、分割、移花接木、异质同构、颠倒顺序、大小转化、改型换代等，以得到不同类型的答案。奥斯本创造的检核表原有75个问题，可归纳为六类问题的九组提问。

六类问题：由现状到目的（转用）、由目的到现状（代替）、质量的变化（改变）、组合排列（调整、颠倒、组合）、量的变化（扩增、缩减）、借助其他模型（启发）。

九组提问：能否他用、能否借用、能否改变、能否扩大、能否缩小、能否替代、能否调整、能否颠倒、能否组合。

拓展阅读

奥斯本文化程度不高,没有上过大学,21岁时他在一家小报社就职。第一天上班,奥斯本就迫不及待冲进主编的办公室,大声说:"主编先生,我有一个想法。"主编瞪大眼睛看着这个毛头小伙。他不顾主编的表情,只顾着自己的思路说下去:"广告是报纸的生命线,我们无法与各大报纸竞争大广告,而小工厂、小商店也做不起大广告,他们又急于把自己的产品或商品告诉更多的人,我们何不创造条头广告,以低廉的收费满足这一些工商者的需要呢?"主编说:"好啊!真是一个了不起的想法!"这就是现在报刊上广泛采用的一条一条的分类广告。奥斯本坚持每天提一条创新性建议,两年后,这份小报成为一个实力雄厚的报业托拉斯,奥斯本也当上了报业集团拥有巨额股份的副董事长。

(一)奥斯本检核表法的优缺点

优点:克服思维惰性,强制启发性创新思维,有利于突破一些人不愿提问题或不善于提问题的心理障碍。提供了创新活动的基本方向和思路,使创新者集中精力,按照提示的方向去构想、创造和创新,进而提高创新的成功率。

缺点:属于改进型的创意方法,先选定一个非原创型的有待改进的对象,然后在此基础上设法加以改进。

(二)奥斯本检核表法的实施

奥斯本检核表法的核心是改进,即通过变化来改进。实施步骤主要有以下几点:

1. 选定要改进的产品或方案,根据创新对象明确需要解决的问题;

2. 根据需要解决的问题,参照检核表中列出的问题,运用丰富的想象力,强制性地讨论与创新,写出新设想;

3. 对新设想进行筛选,将最有价值和创新性的设想筛选出来。

检核表法实施过程中的注意事项如下:

1. 联系实际结合检核表逐条进行核检,不要有遗漏;

2. 要多核检几遍,准确选择出所需创新、发明的方面;

3. 在检核每项内容时,要尽可能发挥自己的想象力和联想力,产生更多的创造性设想,进行检索思考时,可以将每大类问题作为一种单独的创新方法来运用;

4. 核检时可以一人或多人共同完成,集体核检可以互相激励,产生头脑风暴,更有可能形成创新。

(三)九组提问

奥斯本检核表法的九组提问,如表8-1所示。

表 8-1　奥斯本检核表法的九组提问

提问项目	说　明
能否他用	有无其他的用途，保持不变能否扩大用途，稍加改变有无其他用途
能否借用	能否引入其他的创造性设想，能否模仿别的东西，能否从其他领域、产品、方案中引入新的元素、材料、造型、原理、工艺、思路
能否改变	能否做些改变，如：颜色、声音、味道、样式、花色、品种、意义、制造方法；改变后效果如何
能否扩大	可否扩大适用范围，能否增加使用功能，能否添加别的部件，延长它的使用寿命，增加长度、厚度、强度、频率、速度、数量、价值
能否缩小	能否体积变小、长度变短、重量变轻、厚度变薄以及拆分或省略某些部分（简单化）？能否浓缩化、省力化、方便化、短路化
能否替代	能否用其他材料、元件、结构、力、方法、符号、声音等代替
能否调整	能否变换排列顺序、位置、时间、速度、计划、型号；内部元件可否交换
能否颠倒	能否里外、上下、左右、前后、横竖、主次、正负、因果等相反角度颠倒过来用
能否组合	能否原理组合、材料组合、部件组合、形状组合、功能组合、目的组合

1. 能否他用

现有的事物（包括材料、方法、原理等）还有没有其他用途，或者稍加改造就可以扩大其用途。例如，扫帚用来扫地、杯子用以盛水、书报供人阅读、砖头是建筑材料……但实际上这只是人们所习惯的常用方面，其潜在功能远不止于此。在特定情况下，扫帚可作支撑物、武器、扁担；杯子可充当量具、乐器；书报可作铺垫物、包装纸、练毛笔字；砖头可当体育训练物、压载物，等等。具体创造时，可以从多个角度加以扩散思维。

（1）思路扩展。例如，方便面以其不需烹调并且味道鲜美可口而深受消费者欢迎。触类旁通，可以开发出以"方便"为特点的方便蔬菜、方便米饭、方便米粉、方便饮料、方便啤酒等新食品。天津的"狗不理"包子也是因为"方便"而走向世界。

（2）原理扩展。例如，面粉经发酵产生小气泡使馒头松软可口。于是发泡塑料、发泡水泥、发泡橡胶相继发明，它们不仅轻巧省料，而且具有更好的隔声、隔热性能。

（3）产品应用扩展。例如，拉链是美国人贾德森发明的，于 1905 年获得专利，用于代替鞋带。可是仅作为系鞋子用的拉链并不畅销，是个赔本的生意。而有位服装店老板认为拉链应该有更多用途，他用之于海军服装，销路很好；钱包上装上拉链，钱包身价倍增；美国彼得公司在运动衣上装了拉链，使之大受欢迎。

（4）技术扩展。例如，激光技术发明之后，其应用扩展迅速，几乎遍及各个领域，如测量、特种加工、基准、全息印刷、通信、激光音响、激光手术、激光武器、激光麻醉等都有不寻常的应用。

（5）功能扩展。例如，枪原为军用之物，但其功能也可以有条件地转为民用，如救生枪，是一种潜水员用的抢险、救难工具，还可以修补船体或给失事潜艇供气；建筑装修用的射钉枪，可以方便快捷地在木头、水泥上钉钉；注射枪，用来给猛兽打针；种植枪，把"播种机枪"装在飞机上，向大片土地扫射。

（6）材料扩展。例如，营养丰富的大豆，在我国人民的不断开发下已制成了多种食品：豆腐、豆芽、豆浆、豆腐干、豆腐皮、豆奶、酱油、豆豉、豆腐乳、豆酱、豆油、豆腐脑、人造肉、豆类小食品、人造黄油等。再如，橡胶的用处有成千上万种，可制成减震器、床垫、浴盆、皮筏、车轮、绝缘层、人行道边饰、门扶手、鸟笼、墓碑、玩具、雨衣等。

（7）系列配套。将产品按不同使用对象、使用场合来开发。例如，为方便幼儿正确握笔写字，在铅笔笔杆上装上两个凹孔外套，制成学写铅笔；为适宜黑夜书写而设计的笔尖处带有小光源的照明铅笔；为方便伤残人而专门设计的独指书写铅笔；笔杆上缠有纸带，便于随手记事的带纸铅笔；不用削的自动铅笔；为便于徒手画线而设计的附加有划线导轮的直线铅笔；把刀片藏匿于笔套之中的带刀刃笔套的铅笔；便于放在眼镜架上的铅笔等。

2. 能否借用

移花接木，借月生辉。现有事物能否借鉴移植别的事物的思路与技术。

例如，泌尿科医生引入微爆破技术而使体内结石得到粉碎清除，免除患者"开膛破肚"的手术之苦；再如在阿波罗登月计划中，偌大的宇宙飞船要灵活地在月球上安全着陆，在控制上要求很高，花费巨大，有位专家在海边散步时看到巨型海轮靠码头困难，就用驳船来过渡，于是马上产生灵感——登月船的创意由此萌生。

3. 能否改变

现有的事物能否从形状、颜色、味道、结构等方面做适当的变化。

（1）形状变化。例如，漏斗下端一般都是圆形的，往同样是圆形的瓶口里灌装液体时，因瓶内空气的阻碍，液体不易流下。可以把漏斗下端改成方形，插入瓶口时便留出间隙，让瓶内的空气在灌液时能顺利溢出使灌液流畅。

（2）结构变化。例如，为使书写流畅而在钢笔尖上开个小孔和小沟，仅这小小的一点结构改革就使美国的沃特曼成了钢笔大王。

（3）气味变化。日本最大的化妆品公司资生堂经过十年研究证明，薄荷能减少睡意，柠檬能振奋精神，熏衣草和玫瑰花有镇静作用，茉莉花能消除疲劳。香味还能降低计算机操作人员键盘操作差错率,柠檬味可降低差错50%,茉莉花香可降低30%。据此,香味皮鞋、香味领带、香味袜子、香味电话、香味闹钟等产品应运而生,甚至还创造了香味管理法——在不同时间通过空调散布不同香味以提高工作效率。

(4) 颜色变化。产品不仅要讲质量,还要讲美感,技术美学就是从产品的外观、颜色、包装着眼吸引顾客眼球。如传统的白色家电披上彩色盛装,彩色钢板、彩色大米、彩色棉花等"漂亮产品"都受到欢迎。据研究,在房屋装潢设计中,调整室内色彩,改善周围的环境色彩,有利于身心健康,提高学习、工作效率。

(5) 声音变化。比香味更早应用于人类生活中的是音乐,科学已经证实了音乐的魅力。悦耳的音乐能够使人心旷神怡,激发创造力,轻松的音乐能提高人的学习效果,甚至能使西红柿多结果、乳牛多产奶。与之相反的噪音则会使人血压升高、心烦意乱,引起多种疾病,因而法律禁止噪声污染。

4. 能否扩大

现有的事物能否通过增加速度、长度、强度、价值或数量等得以扩大。巧妙地运用加法和乘法,能给探索提供大量的构思线索。

(1) 强化技术。例如,对牛奶等食品进行强化处理,使其营养价值更优。

(2) 附加功能。例如,在两块玻璃中间加入某些材料,可制成防震、防碎、防弹的新型玻璃;在食盐中加入铁、碘、锌等微量元素制成健康食盐;在牙膏中掺入一些药物,可制成抗龋齿、止血、脱敏、防酸等治疗保健牙膏。

(3) 放大增多。例如,按内容或作者等分类标准将一些畅销作品分成集解、大成、大全、汇编或增补补注、详解、拾遗等,使出版物更受读者欢迎。

(4) 感情投入。在管理中融入感情,就会沟通心灵,和谐融洽;在产品中赋以情感,必将以情动人,备受欢迎。例如,一种叫"椰菜娃娃"的玩具,其别出心裁之处在于玩具娃娃的发型、服饰和面孔都互不相同,并由电脑赋予不同的名字,屁股上还打印上"出生年月日",附有"出生证",使之像真小孩一样。销售时竟然煞有介事地宣扬说不能"卖",只能"认养",声称至一周岁时厂方还会寄去生日卡,等等。经此拟人化后,使这种小布娃娃深受宠爱,价格大涨,供不应求,甚至掀起了集体认养、排队"领"小宝宝的热潮,开创了玩具产品销售的新纪录。

5. 能否缩小

能否取消现有事物中的某些东西,使之变小、变薄、变轻等。

(1) 简单化。省略尽可能省去的部件、结构和使用手续,如一按即好的"傻瓜照相机"、自动挡的小汽车、即冲即饮的咖啡、一次成像照相机等都是很受欢迎的产品。世界名著的简写本、报刊文摘、海外文摘等都拥有大量读者。

(2) 自动化。例如,自动炊具、自动报警器、全自动洗衣机、自动红绿灯等都是自动化的产物,高度自动化是现代技术努力的目标。

174

(3) 微型化。在琳琅满目的商品中，便携式商品备受青睐，如小轮折叠电动自行车、笔记本电脑、袖珍收音机、微型电视机等。

(4) 折叠拆卸化。通过折叠、弯曲、盘卷、放气、拆卸等方法，让产品在非使用状况下变小以便于保管，如折叠的渔竿、床、卷尺、雨伞，以及充气房子或充气筏等。

(5) 短路化。从燃料到能量被利用，其间必定要经过若干中间环节，技术转化的环节越多，往往效率也越低，因而现代技术正向"短路化"进军。如煤在高温下与水蒸气、空气或氧气发生化学反应，便可产生可燃气体，经气化处理后煤的热值可提高1.5~1.9倍，但把煤开采出来，运往气化厂的过程是艰巨的；有人便研究发明让煤在地下直接气化的方法，显然，其效益是非常惊人的。

(6) 省力化。机器大多是为省力而设计的。洗衣机、面条机减轻了家务劳动；电动自行车用电力驱动使人们享受开车般的快感。

6. 能否替代

能否用别的工艺、原理、材料、动力、方法等代替现有事物。

(1) 材料代用。材料代用是以人造材料代替天然材料、以非金属材料代替金属材料、以一般材料代替高级材料等。例如，新颖陶瓷具有耐冲击、耐腐蚀、耐高温、耐磨损等特点，以陶瓷代替金属锅炉构件，其价格可降低一半；用陶瓷制造发动机，可大幅度减轻自重、降低燃料消耗、提高热效率。纸成本低、重量轻、节省能源，以纸代布制成纸制结婚礼服、纸领带、纸衬衣、纸帽等"一次性产品"，价格低廉、造型别致。以纸代木制造家具，同样物美价廉。

(2) 能源代用。地球上的煤炭、石油等能源有限，所以要开发利用海洋能、地热能、太阳能、风能。

(3) 食品代用。海洋将成为人类的第二粮仓，只要繁殖1公顷水面的海藻，加工后可获得20吨蛋白质、多种维生素及人体所需的矿物质，相当于40公顷耕地年产的大豆。

7. 能否调整

现有的事物能否做适当调整，如改变布局、调整计划、调整规格、改变型号等。重新安排、更换位置只要运用得当，也会产生不同寻常的创新。例如，田忌赛马的故事；飞机诞生初期，螺旋桨装在飞机头部，后来装到了顶部则是直升机；汽车喇叭按钮原来装在方向盘轴心上，既不方便又不安全，后来有人将喇叭按钮改装在方向盘的下半个圆周上，只要在该区域任意处轻按就行，深受司机欢迎。

8. 能否颠倒

现有的事物能否从相反的角度重新考虑，能否主次颠倒、正反颠倒、位置颠倒、上下颠倒、作用颠倒等。有人建议将过滤嘴香烟掉过头来装盒，这样取烟时就不会触碰到海绵头，更"卫生"些；火车的车窗原来都是由下向上推开的，这样在火车快速行驶时劲风直扑人面，过于激烈，现在已改为由上向下开启，进风口在上面，避免直接对着人猛吹。

9. 能否组合

现有的事物能否加以适当组合，诸如原理组合、方案组合、目的组合、形状组合、功能组合、材料组合、部件组合等。例如，将磁性粉末与橡胶或塑料混合制成的"磁铁"便富于弹性，可弯可摔；有人设计了一种新型牙刷，其四周是软尼龙毛，中心为硬尼龙毛，使之兼有保护牙龈、清洁牙齿的好处。

手电筒的创新思路，如表8-2所示。

表8-2 手电筒的创新思路

序号	检核项目	引出的发明
1	能否他用	其他用途：信号灯、装饰灯
2	能否借用	增加功能：加大反光罩，增加灯泡亮度
3	能否改变	改一改：改灯罩、改小电珠和用彩色电珠等
4	能否扩大	延长使用寿命：使用节电、降压开关
5	能否缩小	1号电池→2号电池→5号电池→7号电池→8号电池→钮扣电池
6	能否替代	代用：用发光二极管代小电珠
7	能否调整	换位置：两节电池直排、横排、改变式样
8	能否颠倒	反过来想：不用干电池的手电筒，用磁电机发电
9	能否组合	与其他组合：带手电收音机、带手电的钟等

三、TRIZ法

（一）TRIZ法的含义

TRIZ（发明问题解决理论）意为萃思、萃智，指在萃取整合大量技术创新原理和方法的基础上，通过系统的、逻辑化的思维方式，层层深入，抽丝剥茧，将非标准问题转化、拆解，处理成标准问题，然后应用标准解法来获得解决方案的模型——系统化创新方法。于1946年由根里奇·阿奇舒勒在苏联创立。

TRIZ是当前最高效的实用性创新方法，其本质是一种系统性的创新方法，在创新过程中不用再依靠试错和灵感，而直接采用系统化的思维方式和结构化的工具来构建解决方案。

作为一种系统性的创新方法，TRIZ 理论的基本思路是将一个待解决的具体问题转化成典型问题，然后根据问题的属性，有针对性地应用不同的 TRIZ 工具，并采用相应流程，得到典型解决方案模型，最后结合实际情况筛选得到具体解决方案。

现在 TRIZ 理论体系已经发展成为了一个创新的平台，而非用于某个单一用途。TRIZ 理论的创新过程主要有以下三个步骤。

1. 问题识别

这一步骤的重点是对产品进行全面分析并识别出真正的问题来进行解决。这些需要解决的问题都是深层的、潜在的问题，而不是显而易见的、明显的初始问题。问题识别阶段的输出是一系列关键问题（使用 TRIZ 理论去解决的问题）的集合。

2. 问题解决

在问题识别阶段确定了一系列的关键问题，在问题解决阶段，可以将上一阶段分析出来的关键问题转化为 TRIZ 理论中问题的模型，然后运用 TRIZ 工具找到具体的解决方案。

（1）功能导向搜索：是使用基于功能的语言在世界范围内寻找其他领域成熟的解决方案，引入到我们这个领域来解决所遇到的具体问题。

（2）发明原理的应用：如果关键问题可以转化为技术矛盾或者物理矛盾的问题模型，可以用相应的工具处理，然后找到相应的发明原理，并在其启发下产生解决方案。另外，在技术矛盾或物理矛盾不是很清楚的时候，也可以直接利用 40 个发明原理来启发我们的思维，找到某些发明原理作为解决方案的模型。

（3）标准解的应用：标准解系统是 76 个典型解决方案的集合，若关键问题能以物——场模型的形式进行描述，则可以使用标准解系统来解决。

（4）科学效应库：是大量科学效应的集合。知道的科学效应越多，产生巧妙的解决方案也会越多。

3. 概念验证

在问题解决阶段产生了一些解决方案，本阶段可以在上一阶段成果的基础上，进一步产生更多的解决方案，并进行实际可行性评估。评价标准通常包括技术实施的容易程度、制造成本的限制以及投资和成本的限制等。选择综合得分最高的解决方案，进行进一步开发或进一步评估。

（二）发明原理的由来

阿奇舒勒通过对世界各国大量的高级别发明专利进行分析、研究和总结，发现了一个现象：虽然各种专利解决的是不同领域的问题，但是所采用的方法（技巧）却有很多相同点，即一种方法可以解决来自于不同技术领域的类似问题，其中只有少数专利才是真正的创新。

虽然每个专利解决的问题不一样，但解决问题所使用的原理却是类似的。也就是说，尽管不同领域的解决方案千差万别，但使用的原理基本类似。这些原理被一次又一次地重复使用，产生了大量的发明。阿奇舒勒通过对 4 万个发明专利进行归纳和总结，从中提取出 40 种最常用的解决发明问题的方法，这就是 TRIZ 理论所谓的 40 个发明原理。TRIZ 的 40 个发明原理所阐述的统一规则，如表 8-3 所示。

表 8-3　40 个发明原理阐明的统一规则

编号	发明原理	实现属性转换的规则
1	分割	产生新的属性（包含空间、时间、物质的分割）
2	抽取	抽取有用的属性，去除有害的属性
3	局部质量	局部具有特殊的属性，确保相互作用中产生所需的功能
4	增加不对称性	形状属性最佳化
5	组合（合并）	运用多种效应、属性组合成创新产品
6	多功能性（多用性、广泛性）	物体具有多种属性，运用不同的属性产生组合的功能
7	嵌套	协调运用多种效应、属性，确保相互作用中产生所需的功能
8	重量补偿	施加反向力，抵消重力
9	预先反作用	产生需要的反向属性
10	预先作用	形成方便操作的属性
11	事先防范（预补偿）	预防产生不需要的属性
12	等势	在重力属性场中稳定高度不变
13	反向作用	运用反向属性实现需要的功能
14	曲面化（曲率增加）	运用曲面形状的各种属性
15	动态特性	用刚性的特有属性实现功能，提高灵活性
16	未达到或过渡的作用	属性量值的选择性最佳化
17	空间维数变化（一维变多维）	振动属性的协调转换
18	机械振动	振动属性的运用
19	周期性作用	时间属性的协调转换

续表

编号	发明原理	实现属性转换的规则
20	有效（益）作用的连续性	时间性的协调转换
21	减少有害作用的时间	属性在时间维度的急剧协调作用
22	变害为利	运用有害的属性实现有用的功能
23	反馈	信息属性作用的利用，时间属性的作用
24	借助中介物	运用中介物的特有属性作用实现功能
25	自服务	运用物质自身的属性完成补充、修复的功能
26	复制	运用廉价的复制属性资源替代各种资源
27	廉价替代品	运用物质特有的廉价属性，确保一次性执行所需的功能
28	机械系统替代	运用其他属性替代机械系统，高效率地执行所需功能
29	气压与液压结构	运用液压、气压属性实现力的传递
30	柔性壳体或薄膜	运用柔性壳体和薄膜的特有属性作用实现功能
31	多孔材料	运用多孔材料有重轻、绝热性等特有属性
32	改变颜色	提高物质颜色属性的运用
33	同质性（均质性）	运用相同的某个特定的属性
34	抛弃或再生	使物质随着某一功能完成而消失，或获得再生
35	物理或化学参数改变	运用改变物质的各种属性，高效率地执行所需的功能
36	相变	运用物质相变时所形成的某些特征属性的作用实现功能
37	热膨胀	运用物质的热膨胀属性实现功能
38	强氧化剂	运用强氧化的化学属性作用实现功能
39	惰性环境	运用化学惰性气体的特有属性改变环境
40	复合材料	组合不同属性的物质，形成具有优良属性的物质实现功能

四、提喻法

(一) 提喻法的内涵

提喻法是以已知的东西为媒介,将毫无关联的不同事物、知识要素结合起来,激发人们潜在的创造力,产生更多创新设想。它是美国麻省理工学院的威廉·戈顿教授于1952年提出的创造技法,又称强行结合法、举隅法、集思法、群辨法、综摄法、分合法。

提喻法是一种理论化程度高、技巧性强、效果显著的创造技法。此法通常以小组讨论会的形式进行,但也可以个人使用。

(二) 提喻法的基本原则

1. 变陌生为熟悉(异中求同即异质同化)。当碰到陌生事物时,设法把陌生事物与以前熟悉的事物比较,借此把陌生事物转换成熟悉的事物,再思考用什么方法才能达到目的。例如,计算机领域的术语"病毒""千年虫""黑客"等都是用人们较熟悉的语言来描述计算机专业的事物或现象。

2. 变熟悉为陌生(同中求异即同质异化)。为了摆脱旧框框的束缚,开阔思路,在探索新设想时,要对熟知的各种事物,选用新知识或从新的角度来观察、分析和处理,使熟悉的东西变成新鲜的东西,把熟悉事物变成陌生事物。例如,拉杆天线本来用在收音机上,将它换个新位置去应用便出现了可伸缩的旅行手杖,照相机的伸缩三脚架,可伸缩的教鞭等。

(三) 提喻法的模拟技巧

为了加强发挥创造力的潜能,使人们有意识地活用同质异化、异质同化两大原则,戈登提出了四种极具实践性、具体性的模拟技巧。

1. 人格性的模拟

这是一种感情移入式的思考方法。先假设自己变成该事物以后,再考虑自己会有什么感觉,又如何去行动,然后再寻找解决问题的方案。

2. 直接性的模拟

是指以作为模拟的事物为范本,直接把研究对象与范本联系起来进行思考,提出处理问题的方案。

3. 想象性的模拟

是指充分利用人类的想象能力,通过童话、小说、幻想、谚语等来寻找灵感,以获取解决问题的方案。

4. 象征性的模拟

是指把问题想象成物质性的,即非人格化的,然后借此激励脑力,开发创造潜力,以获取解决问题的方法。

（四）创新技法

1. 直接类比

根据原型的启发，直接将一类事物的现象或规律用到另一类事物上的方法。

例如，电视发射塔的设计，要求既有抗各向风力的性能，又能满足发射信号的需要。人们发现山上的云杉树由于受狂风常年累月的打击，底部直径显著增大，树形长成了圆锥状。通过类比分析，就出现了圆锥形的电视塔。

2. 仿生类比

根据生物结构、功能或原理而产生新成果的方法。

例如，仿照鸟类展翅飞翔，造出了具有机翼的飞机；发现了鸟类可以直接腾空起飞不需要跑道，又发明了直升机；当发现蜻蜓的翅膀能承受超过其自身好多倍的重量时，就采用仿生类比，试制出超轻的高强度材料，用于航空航海及房屋建筑。

通过仿生类比的发明数不胜数，其发明基本都是通过仔细观察、认真研究、总结规律、反复实践而获得。

3. 因果类比

根据某一事物的因果关系，推出另一个事物的因果关系，进而产生新成果的方法。

例如，在合成树脂中加入发泡剂，得到轻质、隔热和隔音性能良好的泡沫塑料，于是有人就用这种因果关系，在水泥中加入一种发泡剂，结果发明了既质轻又隔热、隔音的气泡混凝土。

4. 对称类比

用对称关系进行类比而产生新成果的方法。例如，原来化妆品都是女士的专用，根据对称类比，男士化妆品因而产生了。

5. 拟人类比

又称感情移入或角色扮演，指创造主体将自己设想为创造对象的某个因素，并设身处地进行想象和创造的方法。例如，挖土机模拟人体手臂的动作（分上下臂，可左右上下弯曲），挖头如同人的手掌，可插入土中，将土抓起。机器人设计也主要是从模拟人体动作入手的。

6. 象征类比

指以事物的形象或能抽象反映问题的符号或词汇来比喻问题，间接反映或表达事物的本质，以产生创造性设想的方法。例如，玫瑰类比爱情、绿叶类比生命、化石代表远古、书籍代表知识、婴儿代表希望、日出代表新生、钢铁代表坚强、蓝色代表大海等。

7. 综合类比

综合复杂事物的相似特征进行类比的方法。例如，模拟考试对正式考试的题型、覆盖面、题量、难度及考生可能出现的竞技心态的综合特征进行类比模拟。

8. 幻想类比

用超现实的理想、梦幻或完善的事物类比创意对象的创造性思维方法。通过幻想一步一步分析，从中找出合理部分，逐步达到发明目的的方法。例如，"嫦娥奔月"的美丽幻想很大程度上推动了人类登月、探月计划的实现；科幻影视作品中的运载工具和对抗武器，将来也许会从幻想变成现实；古今中外思想家关于人类社会的种种"理想模式"；人类关于基因移植或转基因的各种构想。

（五）提喻法的实施过程

提喻法在以小组集体创新时，要求由不同知识背景、不同气质的人组成小组，相互启发，集体攻关。小组一般由5~7人组成。其成员特点是跨学科、跨领域，广泛交叉渗透。这是类比创造技法发挥作用的重要因素。戈登把实施提喻法的全过程分为九个阶段：

1. 问题的给定；

2. 变陌生为熟悉；

3. 问题的理解（分析问题，抓住要点）；

4. 操作机制（发挥各种类比的作用）；

5. 变熟悉为陌生；

6. 心理状态（关于问题的理解达到卷入、超脱、迟延、思索等心理状态）；

7. 把心理状态与问题结合起来（把最贴切的类比与已理解的问题做比较）；

8. 观点（得到新见解、新观点）；

9. 答案或研究任务（观点付诸实践或变为进一步研究的题目）。

（六）提喻法的特别提醒

1. 模拟时要集中注意力。

2. 提喻法的精髓是通过识别事物之间的异同，从而捕捉富有启发性的新思路，产生有用可行的创造性设想，并得出解决问题的方案。

3. 贯彻执行提喻法的基本原则。

拓展阅读

听诊器的发明

听诊器的发明就是类比法的一个实例。19世纪的某一天，急驶而来的马车在法国巴黎一所豪华府邸门前停下，车上走下著名医生雷内克，他是被请来给这里的贵族小姐诊病的。面容憔悴的小姐，坐在长靠椅上，紧皱着双眉，手捂胸口，看起来病得不轻。等小姐捂着胸口诉说病情后，雷内克医生怀疑她染上了心脏病。

第八章 创新思维与创新方法

若要使诊断正确，最好是听心音，早在古希腊的《希波克拉底文集》中，就已记载了医生用耳贴近病人胸廓诊察心肺声音的诊断方法。雷内克也从中获知这一听诊方法，平时常常用来诊察病人。但是，当时的医生都是隔着一条毛巾用耳朵直接贴在病人身体的适当部位诊断疾病，而这位病人是年轻的贵族小姐，这种方法明显不合适。雷内克医生在客厅一边踱步，一边想着能不能用新的方法。看到医生冥思苦想的样子，屋内的人不敢随便走动和说话。

走着走着，雷内克医生的脑海里突然浮现出前几天他遇到的一件事情——在巴黎的一条街道旁，堆放着一堆修理房子用的木材。几个孩子在木料堆上玩儿，其中有个孩子用一颗铁钉敲击一根木料的一端，他叫其他的孩子用耳朵贴在木料的另一端来听声音，他敲一敲，问一句"听到什么声音了？""听到了有趣的声音。"孩子们笑着回答。

正在他们玩得兴高采烈的时候，雷内克医生路过这里，他被孩子们的玩耍吸引住了，就停下脚步，仔细地看着孩子们玩儿。他站在那里看了很久，忽然兴致勃勃地走了过去问："孩子们，让我也来听听这声音行吗？"孩子们愉快地答应了。他把耳朵贴着木料的一端，认真地听孩子们用铁钉敲击木料的声音。孩子们问："听到了吗？先生。""听到了，听到了！"他回答。

雷内克医生灵机一动，马上叫人找来一张厚纸，将纸紧紧地卷成一个圆筒，一头按在小姐心脏的部位，另一头贴在自己的耳朵上。果然，小姐心脏跳动的声音和其中轻微的杂音都被雷内克医生听得一清二楚。他高兴极了，告诉小姐的病情已经确诊，一会儿可以开好药方。

雷内克医生回家后，马上找人专门制作了一根空心木管，长30cm，口径0.5cm，为了便于携带，从中剖分为两段，有螺纹可以旋转连接，这就是第一个听诊器，和现在产科用来听胎儿心音的单耳式木制听诊器很相似。因为这种听诊器样子像笛子，所以被称为"医生的笛子"。雷内克由此发明了木质听诊用具，是一种中空直管。雷内克将之命名为听诊器。后来，雷内克医生又做了许多实验，最后确定，用喇叭形的象牙管接上橡皮管做成单耳听诊器，效果更好。

练一练

探险队准备在南极过冬，随身携带了柴米油盐、医疗药品和绷带等。另外还必须把汽油运到基地，但实地操作时发现输送管的长度不够，又没有备用的管子，这下所有的队员都呆住了。您作为队长，该如何处理这个棘手的问题？

第九章　创业指导

青年是国家和民族的希望,创新是社会进步的灵魂,创业是推动经济社会发展、改善民生的重要途径。青年学生富有想象力和创造力,是创新创业的有生力量。

——习近平

知识目标

1. 掌握创业的概念
2. 认识创业的分类
3. 理解"大众创业、万众创新"精神
4. 掌握创业的风险

能力目标

1. 能够选择创业项目
2. 能够组建创业团队
3. 能够辨识创业风险
4. 熟练撰写创业计划书

第一节　创业基础认知

这个时代给了我们这一代人前所未有的机会。我们要抓住这个机会,要有梦想。但是,这个梦想要从"做"开始。

在校生实现创业梦想

大学生掌握最新的技术,互联网意识强,开创一家传媒公司成为了许多大学生创业的选择。在这个"大众创业,万众创新"的时代,又会有怎样的故事发生呢?山东某学院的梁旭就是其中的佼佼者,他开创了一家属于自己的传媒公司,获得了成功,并且实现了快速发展。

当同学们还沉浸在校园安逸的生活时,梁旭就开始思考未来发展的方向,他很

第九章 创业指导

有远见地看到了传媒行业的快速发展,计划在这个领域开始自己的创业人生。他的想法得到了学校的支持,于是他落户学校的创业基地,创办了自己的传媒公司。刚起步的时候,由于缺少专业经验,公司的经营非常艰难。团队成员一边摸索一边学习,逐步形成了自己的风格,在圈子中名气越来越大,占有了自己的一席之地。

现在新媒体的运营成为社会的一个普遍趋势,微博、微信、抖音等公众号的开通为企业和个人的发展起到了良好的促进作用,但是很多公司在新媒体运营方面缺少经验,对员工的培训不知道从何处下手。梁旭的公司就是看准了这个需求,提供针对性、定制式培训服务。正因为如此,梁旭的公司逐渐积累起了庞大的粉丝群,业绩稳步提升。

从梁旭的身上,我们能够得到几点关于创业的启发:创业不仅仅需要坚持与努力,还需要找准方向,符合社会发展趋势,找到社会痛点所在,这样才能够使自己的产品得到大众认可,创业才能够取得成功。新媒体是一个新兴的产业,文化需求会随着社会的发展而越来越兴盛。微信、抖音等已成为大家广泛使用的社交工具。各单位为了扩大自身的影响力纷纷开通自己的新媒体公众号,这自然也就催生了运营人员培训的需求,因此梁旭创业成功是与社会发展需求同步的。现有条件下,作为大学生,我们又该如何把握住机遇,实现自己的创业梦想呢?

一、创业的概念

创业是指团队或个人发现某种信息、资源、机会或掌握某种技术,调动并配置相关资源,将其发现的信息、资源、机会或掌握的技术,以一定的方式进行转化,为社会和个人创造更多的财富、价值,并实现其追求或目标的过程。创业概念有广义和狭义之分。

广义的创业是指创业者的各项创业实践活动,其功能指向是成就国家、集体和群体的大业。

狭义的创业是指创业者的生产经营活动,主要指向个体和家庭的小业。

大学生创业不同于有经验的社会人员,有激情、有专业技能是最大优势,但是缺乏工作经验,风险意识薄弱也是较大不足。大学生创业的第一步是认知创业,正视创业,它不是"玩",也不是一次"课外活动",它是最好的知识实践,也是提高自身综合能力的"捷径",这就要求创业者一定要踏踏实实,从起点开始提升自己、调研客户、论证模式、盘点资源、对比竞品、准备预案、评估风险。从创意到创业的过程中,一定要清楚用户是谁(who)、满足用户什么需求(what)、与竞品比较有什么优势(why)、营销策略是什么(how)等因素。

有专家推荐了一份大学生创业教育时段安排表,如表9-1所示。

表 9–1　大学生创业教育时间轴

时段	学习目标	具体方案	实践内容
大学一年级	团队构建	高价值项目交流	优秀创意、创业项目
		Best day 项目	快乐之旅、"快闪"行动、爱心传递、聚餐时刻等
		优势能力项目	发明创造、科技成果等
	多元精要知识	新闻学、社会学、管理学、经济学、文学、哲学、艺术学、心理学、社交专题等	
	核心通用能力训练	领导、执行、人格、语言、心理	复杂任务领导管理、辩论赛、情景剧、劣势能力强化项目、学科主题讲座与深度研讨会（组织+参与）
	企业职务能力训练	企业优化知识体系学习	
		行业与企业综合调研项目	产品研发、生产服务、综合行政、市场营销、财务、人力资源
	才艺能力训练	才艺精要知识学习	唱歌、舞蹈、魔术、专业群体联谊、文娱晚会（组织+参与）
大学二年级	职业领域选择	全行业快速研究	
		研究成果研讨与分享	
		意向行业中度探讨	
		初始目标行业选定	
	高价值人脉网络构建	目标人脉群体研究与规划	优秀学生群体、企业领域、学术领域、政府领域、投资领域
	初始目标行业深度研究	意向目标行业研究与规划	行业知识、客户群体、龙头企业、明星企业、关联政府机构、关联企业
	企业深度实践	深入企业学习与实践	企业关键信息、管理、运营分析

第九章 创业指导

续表

时段	学习目标	具体方案	实践内容
大学三年级及以后	创业项目启动与实践	创业意识强化	创业实践活动
		创业团队组建	创始团队组建
			关键人才聚合
			核心团队组建
			完备团队组建
		创业导师矩阵构建	校内导师
			综合型企业导师组
			职能型企业导师组
			客户资源型导师组
			投资型导师组
		商业模式构造	客户群体深度调研
			初始产品模型开发
			科研成果资源整合
			初始市场营销模型开发
			样本市场测试
			商业模式调整与优化
		创业与商业大赛准备	熟悉比赛规程，准备创业计划书、视频、路演PPT、产品实物
		商业计划创作	创业项目初步成形
		一阶产品开发	制造出初步产品
		小规模市场拓展	对产品小范围内供应市场
		政府与社会支持资源整合	工作空间、扶持政策、创业补贴、客户引荐、品牌助推
		一、二、三阶市场体系开发	市场发展由小到大
		二、三阶产品开发	产品逐步成熟
		大规模市场拓展	参与到大的市场竞争

同学们认真思考下，参照上面的时间轴，结合个人实际情况，你的创新创业教育如何安排？

二、创业的分类

(一) 按创业动机划分

1. 机会型创业

机会型创业是指创业的出发点并非谋生,而是为了抓住、利用市场机遇。它是以市场机会为目标,创造出新的需要或满足潜在的需求,因而会带动新的产业发展,而不是加剧市场竞争。机会型创业需要充足的资金实力,成长空间较高,发展空间较大,收益较高,马云创办的阿里巴巴集团便属于这类创业。

2. 生存型创业

生存型创业是指创业者为了谋生而自觉或被迫走上创业之路。这类创业是在现有的市场上寻找创业机会,并没有创造新需求,大多属于尾随型和模仿型,优点在于成本少、门槛低、风险小。生存型创业在我国所占比重较大,占比大约在 90%左右。虽然生存型创业风险较小,但是较高的市场比重给创业者带来了很大的竞争力。例如现在的餐饮业,一条街上会有不同特色甚至风格非常类似的餐馆,竞争较为激烈。

虽然创业动机与主观选择相关,但创业环境及创业者所具备的能力对于创业动机类型的选择有决定性作用。因此,通过教育和培训提高其创业能力,就可增加机会型创业的数量,不断增加新的市场,减少低水平竞争。

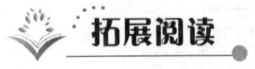
拓展阅读

生存型创业的成功之道

2014 年刚刚大学毕业的唐凯,在很多人的眼中,还是一个刚踏入社会的毛头小伙。唐凯出生在广东某小镇,家境一般,但从小受父母经商的影响,他觉得创业比打工更有前途。因此,2014 年大学刚毕业,他就认真考察并选择了他认为很有发展前途的某茶饮加盟店来开始他的创业之旅。该加盟茶饮品牌避开了市场上已经趋于白热化的鲜榨果汁,独辟蹊径,开启以花茶+咖啡+小吃+主面食为主打的时尚综合餐饮新时代。在总部的帮助下,唐凯用心经营,仅仅花了半年时间就让自己的加盟店回本赚钱。短短的两年多时间,唐凯成为了拥有三家加盟店及市级代理的小老板。

作为生存型创业,唐凯以敏锐的商业意识进行项目选择,以科学先进的理念经营,不但实现了创业理想,更为广大学生作出了榜样。

(二) 按创业起点划分

1. 创建新企业

创建新企业是指创业者个人或团队从无到有创建出全新的企业组织。这个过程充满挑战和刺激,个人的想象力、创造力可得到最大限度的发挥,但风险和难度也很大，创业者往往缺乏足够的资源、经验和支持。

2. 企业内创业

是指在现有企业内有目的的创新过程，企业流程再造本质上也是一种创业行为。企业内创业是动态的，正是通过二次创业、三次创业乃至连续不断地创业，企业的生命周期才能不断在循环中延伸。

风筝城追梦人——记潍柴集团董事长谭旭光

谭旭光是一个梦想者，也是一位改革者，更是一位奋斗者。他执掌潍柴20余年，脚踏实地、仰望星空，用"不争第一就是混"的创新精神，在发展的困境和逆境中，勇涉险滩，成功爬坡登顶，一步步走上世界舞台。

"我无法改变事业比生命更重要的初衷"。回望谭旭光四十多年的执着追梦之路，从16岁入厂，到如今带领潍柴走向世界，他个人的成长与梦想、企业的兴衰与沉浮，都与新中国成立70年来的大势融为一体，潍柴的发展也是新中国发展的一个缩影。谭旭光为潍柴谋篇布局，不断地造梦、追梦、圆梦，不断提出新的挑战。

追梦是诗意的，而市场是无情的。在上世纪90年代末期，潍柴滑入低谷，企业拖欠职工半年的工资，拖欠一年以上的水费、电费和养老保险。企业不停地被停水、停电、断原料，管理涣散，处于停产状态。1998年6月，谭旭光正式上任，企业账面上的全部资金仅有8万元，内债外债高达3个亿，负债率达98%，面临破产的边缘。谭旭光立即召开千人质量大会，开始了质量意识的觉醒，干就负责，做就到位，通过一系列改革创新，终于打赢了翻身仗，实现了二次创业。

作为潍坊市装备制造业龙头企业，潍柴不仅带动了当地上百家零部件配套企业，而且吸引带动了几十家国内外知名配套企业落户潍坊，培育和发挥产业集群优势，打造了一批扎根于潍坊的小巨人企业，助力潍坊打造为国际动力城。

谭旭光被CCTV评为中国2005年度、2010年度经济人物，2010年获评的理由："5年前，他驾驶着潍柴动力穿越百亿关；3年前，他整合了黄金产业链进军资本市场；今天，他开着山东重工横跨汽车与工程机械，腾飞千亿规模。"国有企业，这一计划经济时代的巨人，现在多数在市场经济中变得步履蹒跚，潍柴人在谭旭光的带领下，化挑战为机遇，变梦想为现实，推动企业在二次创业的征程中取得了更加辉煌的成绩，并且稳步走入世界舞台。只有思想创新，技术创新，管理创新，才能在竞争中立于不败之地。

(三) 按创业者数量划分

1. 独立创业

独立创业是指创业者独立创办自己的企业。特点在于产权归创业者个人独有，企业由创业者个人控制，决策迅捷；但创业者要独自承担风险，创业资源整合比较困难，受个人才能的限制较大。

2. 合伙创业

合伙创业是指与他人共同创办企业。其优、劣势正好与独立企业相反。

拓展阅读

企业股权结构的三种模型。

第一种，绝对控股型。指创始人一人持有企业三分之二的股权，即便是对重大事项，创始人也拥有绝对的表决权。具体到持股比例上，绝对控股模式大致是：创始人持有企业67%的股权，合伙人（指的是联合创始人）持有18%，员工预留15%的股权。该模式适用于创始人投钱最多、能力最强的情况。在股东内部，绝对控股型虽说形式民主，但最后还是老板拍板，拥有一票决定/否决权。

第二种，相对控股型。这种模式的典型分配方式是创始人持股比例过半，但并未达到三分之二的比例，具体到持股比例，创始人51%，合伙人32%，员工预留17%的股权。在这种模式下，创始人对企业大多数事项都可以拍板决定，但唯独对《公司法》规定的修改企业章程、增加或减少注册资本，合并、分立及解散等重大事项，如果没有其他小股东同意不能做出有效决策。

第三种，不控股型。这种模式的典型分配方式是创始人占34%的股权，合伙人团队占51%的股权，激励股权占15%。这种模式主要适用于合伙人团队能力互补，每个人能力都很强，老板只是有战略相对优势的情况，所以基本合伙人的股权就相对平均一些。

从以上可知，由于对于重大事项需要三分之二以上表决权通过方能生效，在一票否决式模型下，创始人虽然没有直接决定权，不能直接拍板，但是有重大事项的一票否决权。只要创始人在重大事项上持否定意见，决议就不能通过。这种模式对于创始人是一种无奈的选择，大多是在创始人资金不足的情况下采用，联合创始人或者投资人比较强势，所以创始人只能保留一票否决权。

(四) 按创业项目性质划分

1. 传统开拓型创业

传统开拓型创业是指使用传统技术、工艺的创业项目。这些独特的传统技能项目具有永恒的生命力，尤其是在酿酒、饮料、中药、工艺美术品、非遗传承、服装与食品加工、修理等与人们日常生活紧密相联的行业中，许多现代技术都无法与之竞争。

2. 高新技术型创业

高新技术型创业是指知识密集度高，带有前沿、研究开发性质的新技术、新产品项目。例如，将航天、量子、IT等高新技术领域的成果实现产业化、转化成新产品等。

3. 知识服务型创业

知识服务型创业是指为人们提供知识、信息的创业项目。当今社会，信息量越来越大，知识更新越来越快，各类知识性咨询服务机构将会不断细化和增加，如律师事务所、会计事务所、管理咨询公司、广告公司、新媒体公司等，这类项目投资少，见效快，竞争日趋激烈。

"年轻不怕累，也累得起。"——王学集

王学集，phpwind创始人，1982年出生于浙江温州，毕业于浙江理工大学。这位80后创业者和两位大学同学一起创业，大三时就正式发布项目，开始赚钱。2008年5月，公司被阿里巴巴集团收购，王学集加入阿里集团，随后成为阿里云的第一任负责人，带领阿里云成为国内云计算的行业标杆，并先后在阿里资本与手机淘宝担任重要职位。

2008年5月，阿里收购phpwind时，总价格理论值为5000万元左右，而套现比例则会按照未来的业绩实现情况支付，王学集作为phpwind创始人和CEO，在此次收购中现金收入总计估值为1000万左右。

2014年，王学集与几位合伙人创立涂鸦科技，将目光放到智能云服务上，用APP和硬件结合的方式为用户提供云端服务。2016年5月，涂鸦科技完成A轮融资，金额数千万美元。

王学集的成功如他所说："年轻不怕累，也累得起，可以多做点事情，年轻让创业者拥有绝对的激情和义无反顾的决心"。只有拥有了这些，创业才有可能成功。高新技术与前沿知识是相伴相生的，反过来又可以加速传统行业发展。

（五）按创业方向或风险划分

1. 依附型创业

依附型创业一是依附于大企业或产业链而生存，为大企业提供配套服务，如专门为某个或某类企业生产零配件，或生产、印刷包装材料；二是使用特许经营权进行创业，如加盟麦当劳、永和豆浆等。

2. 尾随性创业

尾随性创业即模仿他人创业，"学着别人做"。其特点一是短期内只求能维持下去，随着学习的成熟，再逐步进入强者行列；二是在市场上拾遗补缺，不求独家承揽全部业务，只求在市场上分得一杯羹。

3. 独创型创业

独创型创业是指提供的产品或服务能够填补市场空白。独创型创业也可以是旧内容、新形式，经营的产品并无变化，但在服务方式上有所变化，从而更具有竞争力，如美团外卖等。

4. 对抗型创业

对抗型创业是指进入其他企业已形成垄断地位的某个市场，与之对抗较大。这类创业风险最高，必须在知己知彼、科学决策的前提下，抓住市场机遇、乘势而上，把自己的优势发挥到极致。

拓展阅读

"如果银行不改变，我们就改变银行！"——马云

如今，手机支付已经非常普遍了。以前出门要记着带手机、钱包、钥匙，现在钱包基本可以不用带，甚至现金都很少用了。手机支付的普及，当然要归功于两大APP：支付宝和微信。

不过，随着移动支付的发展，银行们也开始发愁：没有现金流通他们还有什么存在意义？于是就有了云闪付APP的诞生。

2017年12月11日，中国银联携手各大商业银行、支付机构等产业共同发布银行业统一APP"云闪付"。"云闪付"之所以称之为"银行业统一APP"，是因为它是由中国人民银行指导，各大银行共同开发建设、共同维护运营。

云闪付功能很多，但对于普通老百姓来说主要用于移动支付场景，与支付宝、微信支付差不多。

因为第三方支付的出现，银行如今也大力改革，在激烈的市场竞争中通过降低收费、提高服务来提高自身竞争力。马云真的做到了："如果银行不改变，我们就改变银行！"

商业银行占据世界金融的统治地位已有相当长的历史，而且它的主要商业模式和行业地位基本未变。从个人业务角度看，虽然银行的基本经营模式"零售银行"暂时没有改变，但在互联网、移动智能终端和各类金融科技大行其道的时代，客户对银行的服务提出了更加灵活、个性化和多元化的要求，希望能够随时随地享受银行所有的金融服务，并且要求这些服务更加快捷、方便。更为重要的是，随着大数据、区块链和人工智能等金融科技的开发和应用，新的数字货币正在加速改变银行的经营生态和竞争模式。新兴金融科技公司不仅囊括了老式零售银行所有的业务，而且还会开发更简明、更高效并更能满足新时代客户需求的业务，从而取代老式零售银行。通过竞争，促进创新，我们的生活会越来越便捷。

（六）按创新内容划分

1. 基于产品创新的创业

基于产品创新的创业是指基于技术创新或工艺创新等方式产生了新的消费群体，从而导致创业行为的发生。例如，从传统汽车生产出电动汽车、混合动力汽车，满足各类消费者不同的购买需求。

2. 基于营销模式创新的创业

基于营销模式创新的创业是指采取有别于其他厂商的市场营销模式，因而有可能给消费者带来更高的满意度。网店销售模式就是最典型的例子，产品几乎覆盖了人们的日常所需，既便捷又直观，改变了部分消费者的购物习惯。

3. 基于组织管理体系创新的创业

基于组织管理体系创新的创业，是指采取了有别于其他厂商的企业组织管理架构，因而可以更高效地实现产品的商业化和产业化。如果说大数据、云计算、人工智能等是代表先进生产力的虚拟经济，那么制造、农业、能源、物流、交通、教育等诸多传统领域则都属于实体经济。在产业互联网的推动下，实体经济如何被互联网所改变和重构，使虚拟经济为实体经济服务，从而提高效率、加速转型升级，是创业者应该思考的。

三、"大众创业、万众创新"介绍

（一）"大众创业、万众创新"政策的提出

李克强总理提出"大众创业、万众创新"政策，以简政放权的改革为市场主体释放更大空间，让国人在创造物质财富的过程中同时实现精神追求。

（二）创新创业环境现状

国家出台了多项促进大学生就业创业政策措施，主要集中在税收优惠、担保贴息、收费减免、培训补贴、创业服务、落户限制、人才培养、创业课程、创业实践、学籍管理等方面。创新创业不断掀起新热潮，各地孵化器、服务中心等平台取得了突飞猛进的发展，科技企业孵化器与众创空间数量再创新高，孵化成功了大量大学生初创企业，为国家经济发展、新旧动能转换做出了巨大贡献。大学生进行创业要突出大学生的优势和特点，扬长避短，可从专业特长、志向兴趣、学校支持、科研项目、国家战略、区域规划、团队效应等多角度、多因素分析，在此基础上健康发展。

1. "创业热"≠拔苗助长

随着软、硬件方面的支持越来越多，创新创业环境不断优化，整个行业呈现出欣欣向荣的态势，但在"创业热"背后却存在创业成功率低、创业公司存活周期短等诸多问题，这与部分创业者急功近利、拔苗助长有关。

不少学生在上学期间,取得了一定的创业成绩,或者拥有了发明专利,就动了开公司的想法,甚至梦想一夜致富。其实任何创业的成功,都是天时、地利、人和的结果。360集团董事长兼CEO周鸿祎认为,创业者的成功不是光靠运气,还要靠自己的成长,真正成功的创业者,每个人背后都会付出诸多艰辛和努力。成功有早晚,要坚持初心,坚持做好产品。

2. 创新创业资源分配不均衡

创新创业的资源,就地域分布而言并不均衡。我国经济发展水平和产业布局的不均衡,也导致为创业者提供的创新创业资源分配不均。东部地区、一线城市的创业团队优于西部地区、三四线城市。很多三四线城市的创业团队不仅找不到好的资源,也难以从成本、质量上取得一线城市的企业级服务,这导致很多地方的创业者都处于一种"放养"状态。然而,"互联网+"新技术的迅速发展,为西部地区及三四线城市的创业发展开启了技术、人才的窗口,更吸引了投资人的关注,需要创业者把握住商机,实现弯道超车。

拓展阅读

西藏创业者追逐"情怀"梦想之旅

"情怀投的是精力,不像现代社会里的各种快销型产品,需要不断的资金再生产。"来自云南香格里拉的七林卓玛如是说。

2016年,这位一直坚持"做有情怀事业"的80后姑娘,在古老的拉萨八廓街创立了"绛白藏文化体验馆"。

酥油茶道体验、唐卡彩绘体验和藏香体验是她的体验馆的主要内容。几年来,七林卓玛尝试新增各种体验内容,如茶马文化体验等。

藏文化体验私人订制,这是她不断尝试后开发的创新之路,是针对客户需求提供的一种增值服务。七林卓玛想让客户体验真正的藏文化,不仅可以在体验馆里,更可以在路上。"比如客人逛八廓街,大家只会转转经道,不会走巷子,我们会把整个巷子文化拉出来,这就是一种订制体验。当然这需要我们团队成员不断地学习,才能应对源源不断的客户需求。"

谈及这份一直以来坚持的"情怀",七林卓玛最引以为豪的是影响和带动了当地人对自身文化的认可。她说,她会把阿妈擅长的东西拿来,糌粑、酥油、牦牛线等加入到文化体验项目中。"阿妈觉得,她的东西到我手上更有价值了。"

西部并不遥远,创业机会留给了有情怀的人。西部地区跟沿海城市相比,虽然经济差距较大,但是传统文化保留完整,是大量城市人的寻梦目的地。七林卓玛较好的运用民族特色产品为客人带来了美的体验,同时闯出了自己的一片天地。

3. 以大数据引导资源配置

大数据在当代社会已经得到了广泛的应用,但是在"双创"领域,无论是数据的积累、数据应用的场景还是相关的工具,都还有较大发展空间。地方政府在规划当地的"双创"产业发展时,均高度重视大数据的支撑,在资源配置、产能控制、产业结构调整等方面,投入了足够多的资源用于发展"双创",通过大数据的引导,将更加合理、高效的实现资源配置。

贵州省以大数据带动创新创业

既是国家首个大数据综合试验区、新科技推动新发展的典范,又有全国首批双创示范基地的贵州,正尽情展示着其创业能量。

贵州正通过发展大数据,把各产业、各领域紧密联系在一起。在双创成果展上,启迪科技园的"大数据+大生态"综合监测和生态治理系统、瓮福集团"福农宝"新型农业服务体系、白山云科技的"ATD深度威胁识别"、泰德农业"我家菜篮子"农产品中心供给库等,几乎所有展示的双创成果,都紧紧围绕着贵州提出的"大扶贫、大数据、大生态"三大战略行动。

大数据与双创的巧妙融合,正在成为贵州发展的先行者、探路者。在全面推进大数据发展过程中,一大批国内外知名的大数据企业落户贵州,高端装备制造、大健康医疗、文化旅游、现代农业的同步推进,形成了贵州产业集聚效益和良好的"双创"生态,极大地刺激了"贵漂"们创新创业的激情。大企业带小企业,小企业共享资源抱团成长在贵州已形成常态。

贵州实施三大战略行动,对接服务国家战略,多措并举培育"双创"沃土,同时,以提升传统产业和培育发展新兴产业"两条腿"走新路,使得"双创"对全省稳增长、调结构、促就业、惠民生的作用日益显现。

4. 把握利用优惠政策,协同调动创新资源

政府就"双创"推出的优惠政策,往往在传达至创业者的过程中存在着壁垒和障碍;在创新创业生态系统中,很多优质且丰富的创新资源和创新要素由于难以协同调动,造成资源的浪费。因此,创业者要关注扶持政策的精准投放,实现创新资源的协同调动。

5. 创业"新物种"诞生,创业者需要加强敏感度

技术门槛的降低,使得创业跨界融合频繁发生。这样的跨界融合带来了很多被称之为"新物种"的创业形态模式和公司。与过去的创新创业不同,这些"新物种"有着更快的发展速度和全新的发展模式,也对创业者提出了更高的要求。从创业者的角度而言,要不断地去跟踪创新服务、优化工具和方法,为公司发展带来更大发展。

四、创业项目选择

在这个"大众创业,万众创新"的时代,很多人都有一个创业梦想,想要实现这个梦想,首先要选择正确的创业项目。怎样才能选择一个好的项目呢?这需要创业者提前分析国家、社会发展的形势、政策、市场、环境及个人的优劣势等,做到知己知彼,降低创业风险。

1. 选择国家政策支持、具有发展潜力的朝阳产业

在创业之前,必须先结合当地人社部门、教育部门等出台的优惠、扶持政策,对国家相关政策进行认真研究,弥补经验、资金不足等问题,避免选择落后产业、国家淘汰产业。

国家重点支持的高新技术领域,如:电子信息技术产业、生物与新医药技术产业、航空航天技术产业、新材料技术产业、高新技术服务业产业、新能源及节能技术产业、资源与环境技术产业、高新技术改造传统产业。

2. 符合当地客观环境

要创业,就要对项目所处的环境提前调研,包括社会发展、经济结构、人文环境、地理特点、风俗习惯等。有的项目具有地域性,比如一些消费高的项目,在乡村开展肯定不合适。因此,对于有意向的创业项目,提前在目标市场做一些调查,增强项目选择的合理性。

拓展阅读

雪域高原盛开双创"格桑花"

在西藏自治区政府与北京大学共同指导下,北京大学校友会携手拉萨市政府共建北京大学创业训练营西藏众创空间。从北京大学创业训练营西藏基地所在的拉萨高新区(柳梧新区)国际总部城13号楼,走到1号楼"柳梧蜂巢+创新中心"7层,人们会看到拉萨柳梧新区·优客工场入驻于此。优客工场入驻拉萨后,组建地方运营团队并进行全方位培训,把先进的共享办公行业管理运营理念和模式推广与拉萨当地客观环境相结合,做好东西部的创业生态互动和创业资源导入,为项目入驻企业提供全国标准化服务及线上、线下资源等各方面的技术、市场、投融资、人力资源、法律、财务支持,推动西藏创业者产业孵化及成果转化。

创客空间将北京的先进管理运营理念与拉萨当地的人文等客观环境完美结合,加快了当地的创新创业发展,培育成功了大批创业人才。

3. 个人情况分析

在选择创业项目之前,先要对自己进行一个正确评估,包括自己的优劣势、个人

创业心态、兴趣与爱好、专业特长、工作经验、人脉关系、投资能力等。对自己情况分析得越透彻，越能提高创业的成功率。

对自己的个人情况进行正反两方面分析，并一一列出，在创业过程中扬长避短，实现突破。

4. 市场调研

当今时代下，市场调研需求分析，要与互联网、大数据分析相结合。前期对市场调研数据越精细，决策项目实施时，越能起到参考作用。内容主要涉及行业市场需求的性质、要求及其发展变化，行业的市场容量，行业的分销模式、销售方式等。要把各种问题列出，做成清单后，通过调研一一解决。

5. 选择自己最擅长的领域

创业就存在竞争，一定要在擅长的领域有所创新、突破，对用户细分，对渠道细分，才能更好的发现需求，解决需求。

与其追随潮流，不如另辟蹊径

19世纪末，美国加利福尼亚州发现了黄金，出现了淘金热。有一位17岁的少年来到加州，也想加入淘金者的队伍，可看到金子没那么好淘，淘金的人很野蛮，他很害怕。这时，他看到淘金人在炎热的天气下干活口渴难熬，就挖了一条沟，将远处的河水引来，经过三次过滤变成清水，然后卖给淘金人喝。金子不一定能淘到，而且有一定危险，卖水却十分保险。他很快就赚到了6000美元，回到家乡办起了罐头厂。

这人就是后来被称为美国食品大王的亚尔默。成功者往往都是有独到见解的人，他们总是从不同的角度看问题，从而能不断产生创意，发现新的需求。创业者不仅要看到市场需求什么，还要注意事物间的联系。

第二节 创业团队组建

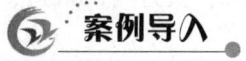

优势互补的唐僧团队

西游记中"取经团"的领导者唐僧虽然能力不足，但是意志异常地坚定，"西天取经"的终极目标十分明确，并且恒心满满。他懂得怎样与不同类型的人才相处，重用并严格管束能力超群但作风冲动的人，批评小毛病比较多的人，鼓励踏实肯干的人。

团队的精英骨干力量孙悟空，上天入地，见妖捉妖见鬼打鬼，虽然工作中思想激进错误不断，还经常开罪隐性"投资人"和终极大"Boss"，但团队领导唐僧的挟制让他渐渐步入正轨。孙悟空型员工的业务能力极强，堪称团队的技术核心。如果没有他的话，整个团队的战斗力要下降两个层次。这种人事业心强，可以信赖，但性格冲动暴躁，所以，要用价值观与严明的纪律来约束他们，使之为团队发挥出最大的能量。作为取经团队中的落后分子猪八戒来说，他是团队中的情感调节器，他出身良好、能力中上，是团队中感情最外露的一个。相比于暴烈的大师兄，他显然更能团结在师傅的周围，是团队的凝聚力量。八戒型员工是团队气氛的调节者，可为全体员工疏导压力。沙僧是团队中最老实忠厚的成员，能力一般，但是脚踏实地任劳任怨，并且对领导者忠心耿耿。

所以，整个团队需要唐僧型领导来指引方向，开拓前进；需要悟空型、八戒型、沙僧型员工取长补短，互相配合。

唐僧团队成员每个人都有自己的优势和劣势，是优秀合作团队，成员之间能够取长补短，攻坚克难，最终取得真经。

一、创业团队的概念

创业团队是为实现共同的创业目标而形成的集体。它使团队各成员紧密联合，行为上彼此影响、心理上彼此相互归属。这种集体不同于一般意义上的社会团体，它存在于企业之中，因创业的关系而联接起来却又超乎个人、领导和组织之外。优秀创业团队具备的基本因素包含三方面：一是胜任的团队负责人；二是彼此熟悉、能够密切配合的团队成员；三是创业必需的技能和知识。

创业成功的法则是搭建一个完美的团队，大家都知道世界上没有完美的人，只有非常完美的团队，在这个大合作的时代，团队的合作尤为重要，需要每一个创业者认真学习和思考。完美的协作，会带来更加完美的机会，带来更大的发展。

二、创业团队的组成要素

如果你还没有成熟的团队，可以从5个方面建立起自己的创业团队，这就是创业团队的5P模型，即目标（Purpose）、人员（People）、定位（Place）、权力（Power）、计划（Plan）。

1. 目标（Purpose）

创业团队应该有一个明确的共同目标，目标引导团队成员的思想和行为，明确了行动目标后，才能调动团队潜力，使其尽力而为，创造最佳成绩。在完成一个共同目标的过程中，成员之间会无形中产生一种高于团队成员个人总和的认同感。这种认同感为如何解决个人利益和团队利益的碰撞提供了有意义的标准，使得一些威胁性的冲突有可能顺利转变为建设性的转折。

2. 人员（People）

人是构成创业团队最核心的力量，三个或者三个以上的人就可以构成团队。团队中的目标是由人来实现的，充分发挥各成员的潜能，相互协调，密切配合，通过分工共同完成团队目标。作为一个团队领导者只有真正了解团队成员，才有可能使团队成员的才干发挥到最大限度。也许选择的团队成员不是各方面都很优秀，但是只要能够把这些人的优势充分发挥出来，并获得最大贡献值就可以了。

3. 定位（Place）

创业团队的定位包含两层含义：一是创业团队的定位，确定团队成员在企业中处于什么位置，由谁选择和决定团队的成员，团队最终应对谁负责等；二是个体的定位，对团队成员进行明确分工，确定各自承担的责任。对这两方面定位都明确之后，即可制定规则用以规范团队的任务。

4. 权力（Power）

在创业团队当中的权利，一是指团队领导人的权力。团队领导人的权力大小与创业团队的发展阶段和创业企业所在行业相关。一般来说，在创业团队发展的初期阶段，领导权相对比较集中，团队越成熟，领导者拥有的权力相应越小。二是团队权力。要确定整个团队在组织中拥有什么决定权，例如财务决定权、人事决定权等。

5. 计划（Plan）

计划是为达到目标所做工作的具体安排，是未来行动的方案，可以把计划理解成目标实施的具体工作程序。详尽周密的计划是创业成功的基础，缺乏详细具体的行动计划，在遭遇困难的时候，团队的应变能力就会不足或者可能导致偏离创业目标。因此，按计划推进可以保证创业团队的顺利运转。

拓展阅读

大雁南飞过冬时，为什么雁群总是排成"V"形？科学家们经过多年的研究发现：当带头大雁扇动它的翅膀时，它为紧跟其后的大雁创造了一股向上的动力。按照"V"字队形飞行，整个雁群会比每只雁单独飞行至少增加71%的飞行距离。当一只大雁掉队时，会马上感到单独飞行的阻力，它会很快飞回队形以利用队伍所提供的动力。当领队的大雁感到疲惫时，"V"字队形中的另一只大雁就会充当领队。在后面的大雁会发出鸣叫声，鼓励前面的大雁保持速度。当一只大雁病了或受伤掉队时，会有另外两只大雁离开队形，跟着它下来，以帮助和保护它。它们会守着这只大雁，直到它能重新飞行或死去，然后它们靠自己的力量再次出发或跟随另一队大雁去追上自己的队伍。

具有共同目标和群体意识的人们会更容易成功；留在团队中，自己会更快成长；团队领导可以变更，但不是每一个人都有领导能力；团队精神体现在对理想不放弃，对伙伴不抛弃。

三、创业团队的管理

团队管理能使各个本来分散的个体和具有不同能力、不同个性的人，组成一个有共同目标、相互配合的整体。有效的团队管理就是在良好的团队文化激励下，团队具有不断改善、不断革新的精神，实现不断创新和进步，达到"1+1>2"的效果。

进行创业团队的管理，可以从以下几方面进行。

（一）团队目标建设

团队目标表明了团队存在的理由，能够为团队运行过程中的决策提供参照物，同时成为判断团队进步的可行标准，而且为团队成员提供了一个合作和共担责任的焦点。明确的团队目标好像一座灯塔，照亮团队前进的道路和方向，能够强化凝聚力、向心力和战斗力。在具体的行动计划指引下，按人员分工、进度安排，对团队目标进行分解推进。

（二）团队文化建设

团队文化理念包括凝聚力、上下协调、协作精神、包容、公正性、共同担当、共同分享等。优秀的团队文化是企业最持久、最重要的无形资产。创业团队无论是在组建初期，还是成熟之后，都需要团队文化的渗透、启发。优秀企业文化具体可以通过讨论会、章程、文化手册等形式确定下来。

（三）管理制度建设

团队在创业之初就应该制定相对健全的管理制度，包括岗位职责制度、绩效考核制度、奖惩制度、财务制度及员工制度等。大家在制度面前是平等的，要保障制度的权威性和有效性。管理制度随着创业企业的发展，遵循团队实际、具体性和可操作性的原则进行修订。

（四）学习与创新

无创新，毋宁死。学习与创新，是任何一个创业团队实现自我成长、适应环境并发展壮大的唯一途径。一方面，团队内部营造良好的创新氛围，鼓励成员的创新思维和创新意识；另一方面，提倡学习型组织建设，既加强内部学习，也积极进行外部学习和引进学习。

练一练

人椅

1. 游戏类型：团队游戏。

2. 游戏目的：从游戏中体验团队精神。要求团队中的每个成员都要充分贡献自己的力量，不能偷懒、滥竽充数。

3. 游戏规则和流程：

（1）所有的学员围成一圈，每位学员将他的手放在前面学员的肩上；

（2）听从组织者的指挥，每位学员慢慢坐在其后面学员的大腿上；

（3）坐下之后，组织者再喊出口号，例如努力奋斗、一往无前；

（4）该游戏可以以小组比赛的形式进行，看看哪个小组可以坚持更长的时间，获胜的小组可以要求失败的小组表演节目。

4. 游戏意义：整个游戏体现的就是团队合作的重要性。一些看似无法做到的事情，在合作好的队伍中都是可以完成的。

拓展阅读

大学生创业教育规划与解析

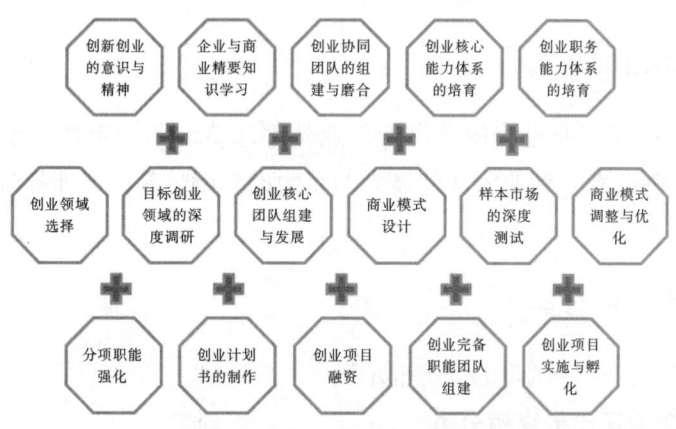

图 9-1 大学生创业教育规划与解析

第三节 创业的风险

案例导入

市值 60 亿美金的小黄车倒下，如何规避创业风险？

ofo 小黄车在 2016 年教育部举办的第二届"互联网+"大学生创新创业大赛中，凭借项目的"共享性"和"公益性"获得金奖，后期市值达到 60 亿美金。作为共享单车的头号玩家，ofo 是第一批站在共享经济风头的企业，两年时间不到成为了独角兽企业，三年时间内成为了估值 60 亿美元的共享单车巨头，ofo 创始人戴威，也被媒体称为"最成功的 90 后创业者"。然而好景不长，2019 年 3 月 25 日，小黄车申请破产保护，从风光无限迅速跌落神坛。ofo 的坠落，对于创业者们而言，有成功的经验，也有失败的教训。

成功方面，小黄车作为"共享单车"理念的发起者，这个创新的理念和模式，解决了人们出行"最后一公里"的痛点，也给社会带来了很大的改变。但当共享单车市场不断有新的竞争者涌入时，ofo 却在内部管理及市场运作等方面都出现失误，最终导致破产。

到底需不需要共享经济这个模式？共享单车的衰败是否也代表了共享经济的没落呢？不会，共享经济和其他新兴业态一样，发展之初出现不稳定，或者上下起伏都是必经之路。共享企业要做的就是吸取经验、夯实基础、规避风险，仔细去解决行业的痛点，才能真正解决发展瓶颈，实现质的飞跃。

近几年，国家、社会对创新创业的扶持力度越来越大，有创新创业意愿的大学生如何通过一个优质项目来实现自己的创业梦呢？大学生创业有哪些风险呢？又该如何规避风险呢？

一、创业风险的定义

创业风险是指在创业过程中，由于创业外部环境的不确定性，创业机会和创业企业的复杂性，创业者、创业团队的能力与实力的有限性等因素而导致创业活动偏离预期活动的可能性。

二、创业风险的分类

根据标准不同，创业风险的分类也不同。

（一）按照创业风险的来源分类

1. 社会资源风险

社会资源是创业活动中重要的资源之一，如人事资源、行业资源、融资渠道资源、政府资源、法律服务资源等，其优劣与多寡在很大程度上决定了创业的质量和成败。大学生创业者社会资源的获取范围大多局限在师生之间和亲朋之间，交际范围狭小，人际资源匮乏。加之大学生与社会接触较少，对社会环境缺乏足够的了解，获取社会资源的能力相对不足，相比其他创业者，大学生群体的特点决定了要承担更大的社会资源风险。

2. 创业环境风险

创业环境风险是指新创企业由于所处的社会、政治、经济、法律、政策、环境变化或意外灾害的发生从而造成创业失败的潜在性风险。新创企业要保持强大的生命力和发展潜能，要求创业者必须时刻关注外部环境的变化，随时进行调整，具备较高的创业环境风险应对能力，减少环境风险带来的负面影响。大学生创业者阅历不足，对环境的变化敏感度不高，一旦遇到外部环境的变化，往往茫然失措，甚至做出错误的决策，最终导致创业失败。

3. 创业意识风险

创业意识在创业活动中起到了关键的作用，包括自主意识、创业主体意识、资源整合意识、战略策划意识、知识更新意识、合作意识、信誉意识、法律意识、服务意识等。创业意识风险是创业团队最内在的风险。大学生创业者的优势是创业理论知识丰富，但往往缺乏实践经验。冲动盲目、创业意识薄弱，是大多数大学生创业者的短板，这无疑增加了创业风险。风险性较大的意识有：投机心态、侥幸心理、尝试心态、过分依赖他人、急功近利心理等。

4. 创业项目风险

创业项目风险是指在实现项目目标的活动中具有的不确定性和潜在发生的危险，分布在项目的选择、市场定位、进度安排及对环境的判断等关键点上。良好的开端是成功的一半，这一点对大学生创业同样重要，这个"开端"就是项目的选择。大学生很容易只是凭自己的兴趣和想象来决定创业，甚至仅凭一时心血来潮就开始盲目创业，而轻视前期的市场调研和项目分析，容易造成创业活动开始就存在方向性的错误，加之大学生创业者风险意识不强，风险管理能力较弱，创业项目的潜在风险更加明显。

5. 创业市场风险

市场风险是指由于基础资产市场的不利变动或者急剧波动而导致衍生工具价格或者价值变动的风险。由于对产品、服务市场、供求关系等分析不足，面对纷杂的市场环境，大学生创业者面临较大的创业市场风险。全面、精确的市场调研是保障新创企业产品和服务满足客户需求的必要条件。市场风险具体表现在市场规模不确定性、市场成长速度不确定性、市场竞争激烈程度不确定性等方面。

6. 创业财务风险

创业财务风险是指新创企业在财务制度、财务管理和财务决策等因素作用下，产生经济损失的潜在性。创业活动的实质就是资金流动行为，财务管理对于创业过程至关重要。对于大学生创业者来说，创业资金无来源、无融资渠道、缺乏财务知识、财务风险意识薄弱是造成财务风险存在的主要原因。创业过程中加强财务管理，有利于创业者全面掌握公司的资金预算以及实际支出情况，合理调配资金，提高资金的利用率，从而推动企业的平稳运营。

7. 创业团队风险

大学生创业者团队在成员的选择上大多缺乏系统性和制度性，成员组成具有较强的偶然性和随意性，缺乏科学性。在新创企业具体决策时，团队成员会因种种原因造成意见相左，无法满足高效决策的需要，会使新创企业面临巨大的不确定性。团队成员的个性差异、专业差异、意见分歧，甚至与股权、利益相关联时，都可能造成合作基础的不稳定。

8. 创业技术风险

技术是企业的核心资源和可持续发展的动力，也是新创企业能够在经济环境中生存并取得竞争优势的根本，对于大学生创业者来说非常重要。技术风险包括：客户需求与方案变更风险、研发人力风险、外包合作风险、关键研发技术风险、关键物料风险、关键研发设备风险、关键工艺技术风险、法律法规风险等。很多大学生创业者往往忽略技术开发和对接，导致成果无法真正转化为生产力。这些问题如不能得到解决，将引发创业技术风险。

（二）按照风险产生的原因分类

主观创业风险是指在创业阶段，由于创业者的身体与心理素质等主观方面的因素导致创业失败的潜在性。

客观创业风险是指在创业实践中，由于客观因素导致创业失败的潜在性，如市场的变动、政策的变化、竞争对手的出现、创业资金缺乏等。

（三）按照风险产生的内容分类

可以把风险分为资金风险、技术风险、管理风险、市场风险、生产风险、环境风险和政治风险等。

此外，还有其他多种分类方法。

三、创业风险的防控措施

（一）辨明创业机会，提升自身素质

在创业机会的识别方面，大学生应当结合个人和创业团队的具体条件和资源等优势因素，科学选择合适的项目，切忌从众心理选择。在创业过程中，创业团队还需要不断学习，提升创新能力、策划能力、组织能力、领导能力、管理能力以及公关能力。

（二）拓展融资渠道，规范资金管理和健全财务制度

资金充足和科学有效运行是创业活动得以顺利进行的根本保障。大学生创业者在创业活动开展阶段，就应该建立广泛的融资渠道，保证资金及时、充足到位，如政府支持、银行贷款、学校创业基金、风险投资等外部支持。时下，大学生通过学校参加各种创新创业大赛，可以获得丰厚的创业资金和创业经验。不少投资人作为评委或嘉宾出席活动，如能获取投资人的青睐，就可以实现项目融资。

有了充足的资金，还需要科学管理。大学生创业者在创业之初，就应该注重财务建设，建立规范科学的财务制度，尤其是资金管理制度要完善，资金运转做到账目明确、报表清晰、公开透明、科学规范、有据可依、有据可查。

（三）科学管理，有效监督

大学生创业者切不可仅凭哥们义气组建和管理团队，直觉和"义气"最终会成为企业发展的障碍。科学的企业管理制度可以实现企业内部自我监督和约束，避免个人

"独裁"式的管理造成决策失误。科学的管理制度还需要健全的监督机制作保障,创业团队人人自觉约束、共同监督,可以形成一种制度大于人情,无人、无权凌驾于制度之上的优秀企业文化。

(四)把握市场脉搏,合理分散风险

"不要把所有鸡蛋都放在同一个篮子里",讲得就是分散风险的道理。大学生创业者在准确把握市场脉搏的前提下,在立足原有产品的基础上,开发新产品、新服务,拓展新客户,形成系列产品及客户群。在外部环境发生变化时,能够有效分散风险,并将企业做大做强。

(五)洞察外部环境,熟悉政策和相关法律

新创企业易受外部政策变化等因素影响,需要引起足够重视,形成预警机制,合理预防。因为突发的自然灾害、法规政策的变化、科技进步的负面影响等,都可能影响进一步发展,所以管理制度建设中要融入法律思维。在合理洞察分析的基础上,做出决策的调整甚至改变都是必要的。近年来,为了支持大学生创新创业,国家各级政府出台了一系列优惠政策,创建了大批大学生创业孵化基地,熟悉并运用好相关法规和政策,是创业者的必修知识。

(六)积极拓展社会资源,稳步提升企业发展

社会资源是广义的概念,包括师生关系、校友关系、战友关系、合作伙伴关系、政府服务关系等。在当今这个竞争激烈的时代,大学生创业者需要通过建立优秀的人脉,及时跟踪市场变化,掌握前沿信息,拓展潜在客户,将公司风险降到最低,创业机会放到最大。同学们平时应多参加各种社会实践活动,扩大自己人际交往的范围,为自己日后的创业积累丰富人脉。

大学生创业资讯来源

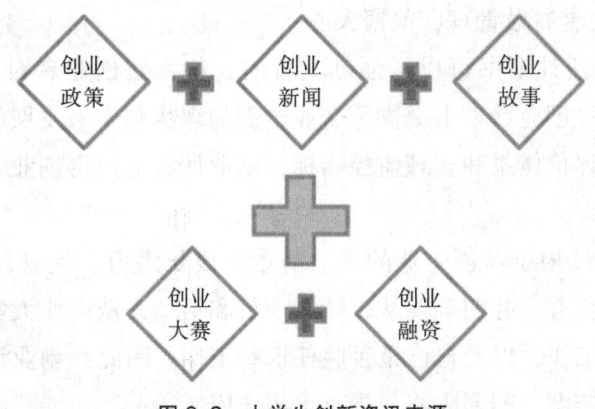

图 9-2 大学生创新资讯来源

第四节　创业计划书的撰写

一、创业计划书的概念

创业计划书也可以称为商业计划书，是创业者在初创企业成立之前就某一项具有市场前景的新产品或服务，经过前期对项目科学地调研、分析、搜集与整理有关资料，向潜在投资者、风险投资公司、合作伙伴等游说以取得合作支持或风险投资的可行性商业报告，用来描述创办一个新企业时所有的内部要素和外部要素。创业计划通常是各项职能如市场营销计划、生产和销售计划、财务计划、人力资源计划等的集成，同时也是提出创业的头几年内所有中期和短期决策制度的方针。

创业计划书的编写一般是按照相对标准的文本格式和具体内容要求进行，是全面介绍公司或项目发展前景，阐述产品、市场、竞争、风险及投资收益和融资要求的书面材料。如果有了一份详尽的创业计划书，就好像有了一份业务发展的指示图一样，它会时刻提醒创业者应该注意什么问题，规避什么风险，并最大程度地帮助创业者获得外界的帮助，实现融资。

二、创业计划书的作用

（一）帮助创业者理清思路，实现自我评价

在创业融资之前，创业计划书首先是给创业者自己看的。办企业不是"过家家"，创业者应以认真的态度对自己所有的资源、已知的市场情况和初步的竞争策略做尽可能详尽的分析，并提出一个初步的行动计划，通过创业计划书做到自己心中有数。另外，创业计划书还是创业资金准备和风险分析的必要手段。对初创的风险企业来说，创业计划书的作用尤为重要。一个酝酿中的项目往往很模糊，通过制定创业计划书，把正反理由都书写下来，然后再逐条推敲，创业者就能对这一项目有更加清晰的认识。

（二）帮助创业者有效管理，凝聚人心

一份完美的创业计划书可以增强创业者的自信，使创业者对企业更有效控制、对经营更有力把握。创业计划书提供了企业全部的现状和未来发展的方向，也为企业提供了良好的效益评价体系和管理监控指标，创业计划书使得创业者在创业实践中更有章可循。

创业计划书通过描绘新创企业的发展前景和成长潜力，使管理层和员工对企业及个人的未来充满信心，并明确要从事什么项目和活动，从而使大家了解将要充当什么角色、完成什么工作，以及自己是否胜任这些工作。因此，创业计划书对于创业者吸引所需要的人力资源、凝聚人心，具有重要作用。

（三）帮助创业者对外宣传，实现融资

创业计划书作为一份全方位的项目计划，它是对即将展开的创业项目进行可行性分析的过程，也可以向风险投资商、银行、客户和供应商宣传拟建的企业及其经营方式，包括企业的产品、营销、市场、人员、制度、管理等各个方面，在一定程度上也是拟建企业对外进行宣传和包装的宣传册。

三、创业计划书的主要内容

大学生创业计划书一般由封面、目录、正文、附件四部分组成。

（一）封面

封面相当于人的脸面，应力求简洁、美观、凸显主题，建议单独成页。主要包括项目名称、公司名称、公司标志（LOGO）、团队成员、指导教师（学生比赛可用）、日期等内容。

（二）目录

目录是正文的索引，需要按照章节顺序逐一排列每章大标题、每节小标题，以及各章节对应的页码，建议不要超过3级。写完创业计划书后，要注意确认目录页码与内容一致。

（三）正文

1. 摘要

摘要是对整个创业计划书的提炼概括，是整个创业计划书的精华，使读者在最短时间内对该项目留有深刻印象。篇幅一般控制在1~2页，要用清晰流畅且富有感染力的语句，简洁准确的语言将公司、项目介绍、市场分析、技术与服务、管理团队、竞争分析、运营模式、财务分析、融资说明、风险分析和发展规划等一一说明。

2. 主体

主体对摘要展开陈述，进行详细介绍。一般采取章节式、标题式方式进行陈述。主要内容包括公司、项目介绍、市场预测和分析、营销策略、生产运营、行业分析、团队管理、财务规划、风险分析等。

3. 结论

结论是整个创业计划书内容的总结式概述，与摘要首尾呼应，体现了整个计划书的完整性。

（四）附件

附件只放那些可以真正增加正文说服力的材料，例如营业执照、专利证书、专利授权书、资质计量认证书、业绩证明、安全运行证明、获奖证书、订单合同、媒体报道、调查报告和客户反馈等佐证材料。

拓展阅读

一、创业计划书完善原则

1. 是否体现了创业团队的优势；

2. 是否给出了完整的市场分析；

3. 是否清晰阐述了产品或服务的特点；

4. 是否具有明确的文章结构；

5. 是否写出了引人入胜的执行摘要；

6. 是否使战略规划与具体运营计划保持一致；

7. 是否在语句和文字上全部正确。

二、创新创业大赛项目来源

1. 来自学生自发的创新创业项目；

2. 来自科技成果转化的创新创业项目；

3. 来自产教融合的创新创业项目；

4. 来自学校优势学科的创新创业项目；

5. 来自互联网新技术的创新创业项目；

6. 来自校友大手拉小手的创新创业项目；

7. 来自社会公益需求的创新创业项目；

8. 来自"一带一路"的创新创业项目；

9. 来自传统电商的创新创业项目；

10. 来自家庭产业与产权的创新创业项目；

11. 来自政府公共采购的创新创业项目。

练一练

1. 如果你的创业项目要参加"互联网+"大学生创新创业大赛，请按照大赛要求，撰写创业计划书。

2. 现模拟创建一个运动服饰网店，目标市场是青年学生，主要竞争者为各大商场及品牌专营店，现有资金为5万元，需要筹集资金3万元。同学们分成若干小组，每组4~6人，每人在团队中担任不同角色，进行分配创业计划书任务，每人完成一部分，共同完成项目创业计划书。

第五节 创新创业大赛简介

一、中国"互联网+"大学生创新创业大赛

以第五届中国"互联网+"大学生创新创业大赛为例。

大赛以"敢为人先放飞青春梦,勇立潮头建功新时代"为主题,由教育部与有关部委和浙江省人民政府共同主办。大赛旨在激发学生的创造力,培养造就"大众创业、万众创新"的主力军;鼓励广大青年扎根中国大地了解国情民情,在创新创业中增长智慧才干,在艰苦奋斗中锤炼意志品质,把激昂的青春梦融入伟大的中国梦,努力成长为德才兼备的优秀人才。以赛促教,探索素质教育新途径,把大赛作为深化创新创业教育改革的重要抓手,引导各地各高校主动服务国家战略和区域发展,开展课程体系、教学方法、教师能力、管理制度等方面的综合改革。以大赛为牵引,带动职业教育、基础教育深化教学改革,全面推进素质教育,切实提高学生的创新精神、创业意识和创新创业能力。以赛促创,搭建成果转化新平台。推动赛事成果转化和产学研用紧密结合,促进"互联网+"新业态形成,服务经济高质量发展。以创新引领创业、以创业带动就业,努力形成高校毕业生更高质量创业就业的新局面。

(一)比赛形式

将移动互联网、云计算、大数据、人工智能、物联网、下一代通讯技术等新一代信息技术与经济社会各领域紧密结合,培育新产品、新服务、新业态、新模式;发挥互联网在促进产业升级以及信息化和工业化深度融合中的作用,促进制造业、农业、能源、环保等产业转型升级;发挥互联网在社会服务中的作用,创新网络化服务模式,促进互联网与教育、医疗、交通、金融、消费生活等方面深度融合。

第五届大赛举办"1+6"系列活动。"1"是主体赛事,包括高教主赛道、"青年红色筑梦之旅"赛道、职教赛道、国际赛道和萌芽版块。"6"是6项同期活动,包括"青年红色筑梦之旅"活动、大学生创客秀(大学生创新创业成果展)、大赛优秀项目对接巡展、对话2049未来科技系列活动、浙商文化体验活动、联合国教科文组织创业教育国际会议。

(二)参赛对象

1. 参赛项目要求

参赛项目须真实、健康、合法,无任何不良信息,项目立意应弘扬正能量,践行社会主义核心价值观。参赛项目不得侵犯他人知识产权,所涉及的发明创造、专利技术、资源等必须拥有清晰合法的知识产权或物权。抄袭、盗用、提供虚假材料或违反

相关法律法规的行为一经发现即刻丧失参赛相关权利并自负一切法律责任。

2. 参赛项目上报材料

参赛项目涉及他人知识产权的，报名时需提交完整的具有法律效力的所有人书面授权许可书、专利证书等；已完成工商登记注册的创业项目，报名时需提交营业执照及统一社会信用代码等相关复印件、单位概况、法定代表人情况、股权结构等证明材料。参赛项目可提供当前财务数据、已获投资情况、带动就业情况等相关证明材料。已获投资（或收入）1000 万元以上的参赛项目，请在全国总决赛时提供相应佐证材料。

3. 参赛赛道种类

（1）高教主赛道：须为普通高等学校在校生（可为本专科生、研究生，不含在职生），或毕业 5 年以内的毕业生（本专科生、研究生，不含在职生）。

（2）"青年红色筑梦之旅"赛道：须为普通高等学校在校生（可为本专科生、研究生，不含在职生），或毕业 5 年以内的毕业生（本专科生、研究生，不含在职生）。

（3）职教赛道：限职业院校（含高职高专、中职中专）学生和本科院校中的专科学生报名参赛，须为在校学生或毕业 5 年以内的毕业生。

（4）国际赛道：中国各高校推荐本校国外留学生、海外校友、国外合作高校师生参赛。参赛项目团队负责人如果同时具备国际和国内双学籍，可以同时代表国内外两个高校参赛。

（5）萌芽版块：普通高级中学在校学生可参加大赛萌芽版块有关活动，鼓励学生以团队为单位参加，允许跨校组建团队。

4. 参赛报名形式

大赛以团队为单位报名参赛。允许跨校组建团队，每个团队的参赛成员不少于 3 人，须为项目的实际成员。参赛团队所报参赛创业项目，须为本团队策划或经营的项目，不得借用他人项目参赛。

5. 参赛注意事项

参赛项目根据各赛道相应的要求，只能选择一个符合要求的赛道参赛。已获往届中国"互联网+"大学生创新创业大赛全国总决赛各赛道金奖和银奖的项目，不可报名参加比赛。

（三）比赛流程

1. 参赛报名（4~5 月）

参赛团队通过登录"全国大学生创业服务网"（cy.ncss.cn）或微信公众号（名称为"全国大学生创业服务网"或"中国'互联网+'大学生创新创业大赛"）任一方式进行报名。

第九章 创业指导

2. 初赛复赛（6~8月）

各省（区、市）各院校登录 cy.ncss.cn/gl/login 进行大赛管理和信息查看。初赛复赛的比赛环节、评审方式等由各院校、各地自行决定。各地在 8 月 31 日前完成省级复赛，遴选参加全国总决赛的候选项目。

3. 全国总决赛（10月中下旬）

大赛专家委员会对入围全国总决赛项目进行网上评审，择优选拔项目进行现场比赛，决出金奖、银奖、铜奖。

（四）比赛网址

https://cy.ncss.org.cn/

二、"挑战杯"中国大学生创业计划竞赛

在原有"挑战杯"中国大学生创业计划竞赛的基础上，共青团中央、教育部、人力资源社会保障部、中国科协、全国学联决定，自 2014 年起共同组织开展"创青春"全国大学生创业大赛。"创青春"全国大学生创业大赛是在"挑战杯"中国大学生创业计划竞赛基础上进行全面改革和提升的赛事，两年举办一次。另一个则是"挑战杯"全国大学生课外学术科技作品竞赛。这两个项目的全国竞赛交叉轮流开展，每个项目每两年举办一届。

（一）比赛形式

下设大学生创业计划竞赛（即"挑战杯"中国大学生创业计划竞赛）、创业实践挑战赛、公益创业赛等 3 项主体赛事。

（二）参赛对象

大学生创业计划竞赛面向高等学校在校学生；创业实践挑战赛面向高等学校在校学生或毕业未满 3 年的高校毕业生，且应已投入实际创业 3 个月以上，以盈利状况、发展前景等作为参赛项目的主要评价内容；公益创业赛面向高等学校在校学生。

（三）比赛流程

1. 组织发动阶段（11月）

各参赛高校于 11 月底前成立由校团委等有关部门及学生会、研究生会共同参加的参赛协调小组，并确定本校参赛组织实施计划，在学生中开展充分的宣传发动工作。

2. 省级初评和组织申报阶段（3~6月）

4月，各校按"挑战杯"章程有关规定举办本校的竞赛活动，并择优推出本校参赛作品；5 月底前，各省（区、市）组织协调委员会完成对本地申报作品的初评；6月，高校需将本校 3 件直报作品报送竞赛全国组委会，寄出截止日期以当地邮戳为准。同时，各省级组织协调委员会组织本地参加终审决赛的学生在"挑战杯"竞赛官

211

方网站（www.tiaozhanbei.net）报送作品及申报书。

3. 全国复赛和参赛准备阶段（7~10月）

7月对作品进行预审；8月向各地各有关高校下达终审参展通知及作品展览、演示等有关技术性规范要求；9月上旬至10月做好参评参展的各项物资技术准备和组团组队准备。

4. 全国决赛和表彰阶段（10月）

向获奖单位及个人颁发奖杯、证书，举行承办高校交接仪式。

(四) 比赛网址

http://www.tiaozhanbei.net/

三、全国大学生机械创新设计大赛

以第九届全国大学生机械创新设计大赛为例。

全国大学生机械创新设计大赛的目的在于引导高等学校在教学中注重培养大学生的创新设计意识、综合设计能力与团队协作精神；加强学生动手能力的培养和工程实践的训练，提高学生针对实际需求，通过创新思维，进行机械设计和工艺制作等实际工作能力；吸引、鼓励广大学生踊跃参加课外科技活动，为优秀人才脱颖而出创造条件。

(一) 比赛形式

大赛的组织、评审与宣传等工作由全国大学生机械创新设计大赛组委会（以下简称全国组委会）和教育部机械基础课程教学指导分委员会负责，日常工作职责由大赛组委会秘书处承担。已成立赛区组委会的省（自治区、直辖市），由赛区组委会负责本赛区的组织领导、协调与宣传工作。各赛区评审委员会由本赛区的机械学科专家组成，负责本赛区竞赛的作品甄别和评审工作。

(二) 参赛对象

全国在校本、专科大学生均可以个人或小组的方式，通过学校推荐报名参加，每个参赛队学生人数不得多于5人，指导教师不多于2人。每位教师指导的作品进入全国决赛的数量不超过2项。各高校参加赛区预赛作品数量的上限：本科院校的参赛作品最多为15项（含15项），专科院校最多为7项（含7项），同时具有本科和专科的院校按本科计。

(三) 比赛流程

1. 2019年3月发布大赛主题与内容的通知；

2. 各赛区在2020年5月10日前完成预赛，5月20日前按有关通知要求报送预赛结果；

3. 全国组委会于2020年6月上旬进行作品初评，并在6月15日前公布参加全国决赛的作品名单；

4. 全国决赛于 2020 年 7 月中下旬举行。

（四）比赛网址

http://umic.ckcest.cn/

四、国家级大学生创新创业训练计划

教育部组织实施国家级大学生创新创业训练计划。国创计划是大学生创新创业训练计划中的优秀项目，是培养大学生创新创业能力的重要举措，是高校创新创业教育体系的重要组成部分，是深化创新创业教育改革的重要载体。

（一）比赛形式

国创计划实行项目式管理，分为创新训练项目、创业训练项目和创业实践项目三类。

1. 创新训练项目的比赛形式是本科生个人或团队，在导师指导下，自主完成创新性研究项目设计、研究条件准备和项目实施、研究报告撰写、成果（学术）交流等工作。

2. 创业训练项目的比赛形式是本科生团队，在导师指导下，团队中每个学生在项目实施过程中扮演一个或多个具体角色，完成商业计划书编制、可行性研究、企业模拟运行、撰写创业报告等工作。

3. 创业实践项目的比赛形式是学生团队，在学校导师和企业导师共同指导下，采用创新训练项目或创新性实验等成果，提出具有市场前景的创新性产品或服务，以此为基础开展创业实践活动。

（二）参赛对象

项目团队成员原则上为全日制普通本科在读学生，成员基本稳定，专业、能力结构较为合理。每位学生同一学年原则上只能参与一个项目。鼓励跨学科、跨院系、跨专业的学生组成团队。项目申请团队应选择具有较高学术造诣、较好创新性成果、热心教书育人、关爱学生成长的教师作为导师，鼓励企业人员参与指导或共同担任导师。

（三）比赛流程

教育部根据国家经济社会发展和国家战略需求，结合创新创业教育发展趋势，确定重点资助领域，制定重点资助领域项目指南，引导国创计划项目申请。根据教育部发布的国创计划申报要求，符合立项申请基本条件的项目向所在高校提出申请，高校评审遴选后报省级教育行政部门和教育部审核备案。教育部组织专家对申报项目进行审核后发布立项通知。

五、全国大学生电子商务"创新、创意及创业"挑战赛

全国大学生电子商务"创新、创意及创业"挑战赛（以下简称"三创赛"）是激发大学生兴趣与潜能，培养大学生创新意识、创意思维、创业能力以及团队协同实战精神的学科性竞赛，是教育部、财政部"高等学校本科教学质量与教学改革工程"重点支持项目。

（一）比赛形式

承办单位分全国总决赛承办单位、省级选拔赛承办单位和校级赛承办单位三级，每届总决赛承办单位只有一个，而省级选拔赛承办单位可以每个省级单位一个或几个省级单位共同承担，均由全国有电子商务本科专业的高校自荐或他荐，经大赛竞组委批准后方可承办全国总决赛和省级选拔赛，校级赛承办单位由经国家教育部批准的普通高等学校承办。

（二）参赛对象

参赛对象是经国家教育部批准设立的普通高等学校的在校大学生，参赛学生须经所在学校相关机构审核通过后方可参赛，具备参赛资格。高校教师既可以作为学生队的指导老师也可以作为混合队的队长或队员（但教师总数不能超过学生总数）参赛。

（三）比赛流程

大赛分校级赛、省级选拔赛和全国总决赛三个级别竞赛，参赛队必须在前一级竞赛中胜出才可获得下一级参赛资格，参赛选手不能跨级参赛。以第九届"三创赛"为例，挑战赛校级赛在2019年4月15日前完成，省级选拔赛在6月15日前完成，全国决赛在7月举行，8月公示完成后，发放电子版证书。

（四）比赛网址

http://www.3chuang.net/

六、"学创杯"全国大学生创业综合模拟大赛

以第六届"学创杯"全国大学生创业综合模拟大赛为例。

"学创杯"全国大学生创业综合模拟大赛是由高等学校国家级实验教学示范中心联席会经管学科组主办的为激励大学生弘扬时代精神，培养创业意识，提高创业能力，促进高校就业创业教育的蓬勃开展，发现和培养一批具有创新思维和创业潜力的优秀人才，同时鼓励高校组建创业模拟实验实践平台，积极开展各类大学生创业竞赛的一项大型创业赛事。

该项赛事主要采用杭州贝腾科技有限公司的《创业之星》软件作为竞赛平台。让学生体验企业若干轮虚拟年度的创业经营决策，从而了解企业管理过程中可能遇到的

各种情况与决策内容,提高学生的实践动手能力、对企业的综合管理能力,以及分析问题解决问题的能力。

(一) 比赛形式

大赛分为校内选拔赛、省赛、全国总决赛等 3 个环节。校内选拔赛、省赛均采用软件模拟,以软件模拟成绩为最终晋级依据。省赛以现场赛形式分别选出本科团队和高职团队进入全国总决赛,每个学校至多有 1 支队伍晋级全国总决赛。参赛团队通过模拟经营一家研究、开发、生产、批发及零售的某一行业的公司,和其他若干家(以实际参加比赛队伍数为准)企业展开激烈的市场竞争。软件模拟系统自动评分,最终形成竞赛名次。

(二) 参赛对象

参赛者必须是具有学籍的在校大学生,本科院校学生参加本科组竞赛,高职院校学生参加高职组竞赛。

(三) 比赛流程

1. 组织发动阶段 (2019 年 1 月)

2. 校内选拔赛 (2019 年 1~4 月)

(1) 各学校学科竞赛主管部门选拔推荐不超过三支团队,由学校统一报名注册参加省赛。

(2) 学校没有组织校内比赛或推荐的,可由学生自主网上报名,由技术支持单位组织在线选拔。选出排名前三名的队伍晋级省赛。

3. 省赛 (2019 年 4~6 月)

以省或直辖市为单位进行,由执委会统一组织,各省配合实施。没有承办院校的省份参加统一的网络选拔赛。

4. 全国总决赛 (2019 年 10 月)

现场集中竞赛,并举行颁奖仪式,具体由承办单位组织。总决赛邀请教育部相关领导现场指导,并邀请相关专家、知名企业家、企业高管等担任评委,评选出"中国大学生学创之星"。

(四) 比赛网址

http://cyds.monilab.com/cyds/index

七、全国高职院校"发明杯"大学生创新创业大赛

以第十四届全国高职院校"发明杯"大学生创新创业大赛为例。

大赛以"发明创新实现梦想、创意创业改变生活"主题活动为依托,培养广大在校大学生的科技创新意识和实践动手能力,激发学生发明创造兴趣,为广大大学生营造大胆创新,勇于实践,积极创业的良好氛围。推动各高职院校、技师学院不断深化

创新创业教育教学改革，切实提高学生的创新精神、创业意识和创新创业能力。搭建科技成果转化平台，推动科技成果转化，构建社会各界共同关注和参与的大学生创新创业生态环境。

（一）比赛形式

参赛项目主要包括：

1. 专利发明展及评选——已获得专利授权的专利发明及作品；

2. 发明制作类作品评选——非专利发明项目评选，主要是通过技术发明制作的具有一定现实意义并具有创新性和较好开发前景的作品；

3. 创业类作品评选——主要是在创业计划书基础上的已经付诸实施的创业方案或创业项目，该创业实体主要管理人员是该项目团队的学生本人；

4. 创意类作品评选——运用富有新颖性和创造性的想法，对现实生活、生产中的技术、工艺等提出创新性的解决方案。

（二）参赛对象

在校大学生和毕业一年内学生。

（三）比赛流程

1. 网上报名：2019 年 6 月 17 日至 9 月 16 日

2. 校级初赛：9 月 17 日至 9 月 24 日进行校级推荐

3. 网上评审：9 月 24 日至 10 月 9 日进行网上初评

4. 现场评审：经网评入选的参赛选手于 10 月 26 日至 10 月 27 日参加终评、培训及颁奖大会

（四）比赛网址

http://gzcxcz.sdlgzy.com:2018/

八、山东省大学生科技创新大赛

以第六届山东省大学生科技创新大赛为例。

秉持"崇尚科学、锐意进取、开拓创新、面向未来"的理念，营造大学生积极从事科技创新活动的浓厚氛围，培养学生的创新精神、探索意识和实践能力，发现和扶持一批有创新和研究能力的优秀人才。大赛由山东省教育厅主办。

（一）比赛形式

参赛项目能够与山东省新旧动能转换"十强"产业紧密结合，促进制造业、能源、环保、农业等产业转型升级；促进科技与信息技术服务、医疗、海洋等深度融合。

项目类别分为新一代信息技术、高端制造类、新能源新材料类、现代海洋类、生物医药类、高端化工类、现代高效农业类等。

项目类型分为创意创新、实物创新、实验创新、生产创新 4 类。

（二）参赛对象

参赛对象为山东省高校 2019 年 7 月 1 日前在校的、具有正式学籍的全日制普通本专科学生及研究生（不含成人教育学生）。鼓励跨专业、跨院系、跨学校组建团队。

（三）比赛流程

1. 参赛报名

所有参赛项目均需通过大赛官网进行注册报名。报名系统开放时间为 2019 年 8 月 26 日 8 时，截止时间为 2019 年 10 月 12 日 17 时。

2. 校级初赛（2019 年 10 月 12 日前）

校级初赛的比赛环节、评审方式等由各高校自行确定。高校根据校赛结果确定推荐顺序，通过系统自动生成《推荐项目汇总表》。入围参加省赛的项目数量，由大赛组委会根据各高校 10 月 12 日 17 时前在大赛官网正式报名参赛的项目数量统筹确定。

3. 省级大赛（2019 年 12 月 20 日前）

分为网上初评和现场决赛两轮进行。第一轮：网上初评。评审专家通过评审系统网上审阅项目申报书、1 分钟展示视频及其他佐证材料，依据评审标准，择优评选出 500 个项目入围现场决赛。第二轮：现场决赛。决赛采取演示加答辩的形式进行。评审专家组观看 1 分钟展示视频，审阅项目申报书、实物及其他佐证材料，团队成员现场介绍项目 5 分钟，现场答辩 5 分钟。专家组依据评审标准对参赛项目逐一评审，并拟定一二三等奖获奖项目名单。优秀组织单位名单由大赛组委会确定。

4. 结果公布（2019 年 12 月底前）

获奖名单经公示无异议后，以省教育厅文件正式公布。

（四）比赛网址

http://jycy.sdei.edu.cn/cxds/

九、山东省新动能·软件创新创业大赛

以第三届山东新动能·软件创新创业大赛为例。

为深入贯彻落实山东省委省政府关于加快推进新旧动能转换重大工程的战略部署，进一步支持软件创新和招才引智，省工业和信息化厅、省委省直机关工委等职能部门共同举办山东省新动能·软件创新创业大赛。

（一）比赛形式

分为公共专题组与指定专题组。公共专题组面向软件创新和创意项目，重点支持软件创新项目和产品（包括软件 APP）；指定专题组以单位出题为主。

（二）参赛对象

1. 在校大学生（配有指导老师 1 名，鼓励大四学生参赛）。

2. 创客。

3. 与大赛主题相关的企业、单位及个人。

4. 参赛者可以个人、团队或单位名义报名，其中团队人数不超过6人。

（三）比赛流程

1. 2019年6月，大赛启动，信息发布。

2. 6~9月，赛题答疑，接受参赛作品提交。

3. 10月上旬，线上预选赛。

4. 10月下旬，线上复赛。

5. 11月，总决赛。

6. 12月，颁奖仪式。

（四）比赛网址

https://sdsoft.topcio.cn/

附录一

MBTI 职业性格测试

　　MBTI 由美国的心理学家布里格斯（Katherine Cook Briggs 1875-1968）和她的心理学家女儿迈尔斯（Isabel Briggs Myers）根据瑞士著名的心理分析学家 Carl G·Jung（荣格）的心理类型理论和她们对于人类性格差异的长期观察和研究而著成。经过了长达 50 多年的研究和发展，MBTI 已经成为了当今全球最为著名和权威的性格测试。MBTI 的前面两个字母 MB 就是这对母女的姓，T 代表了性格类型，而 I 代表了测评。

　　目前，MBTI 应该是全世界正常人群性格研究的最好工具，而其他诸如 MMPI、CPI 等工具，一般是针对病态倾向的人群进行区分的人格测评工具。

MBTI 测试前须知：

1. 参加测试的人员请务必诚实、独立地回答问题；
2. 《性格分析报告》展示的是你的性格倾向，而不是你的知识、技能、经验；
3. MBTI 提供的性格类型描述仅供测试者确定自己的性格类型，性格类型没有好坏，只有不同；
4. 本测试分为四部分，共 93 题，需时约 18 分钟。所有题目没有对错之分，请根据自己的实际情况，将你选择的 A 或 B 所在的 ○ 涂黑，例如：●。

一、哪一个答案最能贴切地描绘你一般的感受或行为？

序号	问题描述	选项	E	I	S	N	T	F	J	P
1	当你要外出一整天，你会： A 计划你要做什么和在什么时候做 B 说去就去	A							○	
		B								○
2	你认为自己是一个： A 较为随兴所至的人 B 较为有条理的人	A								○
		B							○	
3	假如你是一位老师，你会选教： A 以事实为主的课程 B 涉及理论的课程	A				○				
		B			○					
4	你通常： A 与人容易混熟 B 比较沉静或矜持	A	○							
		B		○						

续表

序号	问题描述	选项	E	I	S	N	T	F	J	P
5	一般来说，你和哪些人比较合得来？ A 富于想象力的人 B 现实的人	A				○				
		B			○					
6	你是否经常让： A 你的情感支配你的理智 B 你的理智主宰你的情感	A						○		
		B					○			
7	处理许多事情上，你会喜欢： A 凭兴所至行事 B 按照计划行事	A								○
		B							○	
8	你是否： A 容易让人了解 B 难于让人了解	A	○							
		B		○						
9	按照程序表做事， A 合你心意 B 令你感到束缚	A							○	
		B								○
10	当你有一份特别的任务，你会喜欢： A 开始前小心组织计划 B 边做边找须做什么	A							○	
		B								○
11	在大多数情况下，你会选择： A 顺其自然 B 按程序表做事	A								○
		B							○	
12	大多数人会说你是一个： A 重视自我隐私的人 B 非常坦率开放的人	A		○						
		B	○							
13	你宁愿被人认为是一个： A 实事求是的人 B 机灵的人	A			○					
		B				○				
14	在一大群人当中，通常是： A 你介绍大家认识 B 别人介绍你	A	○							
		B		○						
15	你会跟哪些人做朋友？ A 常提出新主意的 B 脚踏实地的	A				○				
		B			○					

续表

序号	问题描述	选项	E	I	S	N	T	F	J	P
16	你倾向： A 重视感情多于逻辑 B 重视逻辑多于感情	A						○		
		B					○			
17	你比较喜欢： A 坐观事情发展才作计划 B 很早就作计划	A								○
		B							○	
18	你喜欢花很多的时间： A 一个人独处 B 和别人在一起	A		○						
		B	○							
19	与很多人一起会： A 令你活力倍增 B 常常令你心力憔悴	A	○							
		B		○						
20	你比较喜欢： A 很早便把约会、社交等事情安排妥当 B 无拘无束，看当时有什么好玩就做什么	A							○	
		B								○
21	计划一个旅程时，你较喜欢： A 大部分的时间都是跟当天的感觉行事 B 事先计划大部分的旅程会做什么	A								○
		B							○	
22	在社交聚会中，你： A 有时感到郁闷 B 常常乐在其中	A		○						
		B	○							
23	你通常： A 容易和别人混熟 B 趋向自处一隅	A	○							
		B		○						
24	哪些人会更吸引你？ A 一个思想敏捷及非常聪颖的人 B 实事求是，具丰富常识的人	A				○				
		B			○					
25	在日常工作中，你会： A 颇为喜欢处理迫使你分秒必争的突发工作 B 通常预先计划，以免要在压力下工作	A								○
		B							○	
26	你认为别人一般： A 要花很长时间才认识你 B 用很短的时间便认识你	A		○						
		B	○							

二、在下列每一对词语中，哪一个词语更符合你？

序号	问题描述	选项	E	I	S	N	T	F	J	P
27	A 注重隐私　B 坦率开放	A		○						
		B	○							
28	A 预先安排的　B 无计划的	A							○	
		B								○
29	A 抽象　B 具体	A				○				
		B			○					
30	A 温柔　B 坚定	A						○		
		B					○			
31	A 思考　B 感受	A					○			
		B						○		
32	A 事实　B 意念	A			○					
		B				○				
33	A 冲动　B 决定	A								○
		B							○	
34	A 热衷　B 冷淡	A	○							
		B		○						
35	A 文静　B 外向	A		○						
		B	○							
36	A 有系统　B 随意	A							○	
		B								○
37	A 理论　B 肯定	A				○				
		B			○					
38	A 敏感　B 公正	A						○		
		B					○			
39	A 令人信服的　B 感人的	A					○			
		B						○		

续表

序号	问题描述	选项	E	I	S	N	T	F	J	P
40	A 声明　B 概念	A			○					
		B				○				
41	A 不受约束　B 预先安排	A								○
		B							○	
42	A 矜持　B 健谈	A		○						
		B	○							
43	A 有条不紊　B 不拘小节	A							○	
		B								○
44	A 意念　B 实况	A				○				
		B			○					
45	A 同情怜悯　B 远见	A						○		
		B					○			
46	A 利益　B 祝福	A					○			
		B						○		
47	A 务实的　B 理论的	A			○					
		B				○				
48	A 朋友不多　B 朋友众多	A		○						
		B	○							
49	A 有系统　B 即兴	A							○	
		B								○
50	A 富想象的　B 以事论事	A				○				
		B			○					
51	A 亲切的　B 客观的	A						○		
		B					○			
52	A 客观的　B 热情的	A					○			
		B						○		

续表

序号	问题描述	选项	E	I	S	N	T	F	J	P
53	A 建造　B 发明	A			○					
		B				○				
54	A 文静　B 爱合群	A		○						
		B	○							
55	A 理论　B 事实	A				○				
		B			○					
56	A 富同情　B 合逻辑	A					○			
		B						○		
57	A 具分析力　B 多愁善感	A					○			
		B						○		
58	A 合情合理　B 令人着迷	A			○					
		B				○				

三、哪一个答案最能贴切地描绘你一般的感受或行为？

序号	问题描述	选项	E	I	S	N	T	F	J	P
59	当你要在一个星期内完成一个大项目，你在开始的时候会： A 把要做的不同工作依次列出 B 马上动工	A							○	
		B								○
60	在社交场合中，你经常会感到： A 与某些人很难保持对话 B 与多数人都能从容地长谈	A		○						
		B	○							
61	要做许多人也做的事，你比较喜欢： A 按照一般认可的方法去做 B 构想一个自己的想法	A			○					
		B				○				
62	你对刚认识的朋友能否说出自己的兴趣？ A 马上可以 B 要待他们真正了解你之后才可以	A	○							
		B		○						

附录一 MBTI 职业性格测试

续表

序号	问题描述	选项	E	I	S	N	T	F	J	P
63	你通常较喜欢的科目是： A 讲授概念和原则的 B 讲授事实和数据的	A				○				
		B			○					
64	哪种人能获得较高的赞誉？ A 一贯感性的人 B 一贯理性的人	A						○		
		B					○			
65	你认为按照程序表做事： A 有时是需要的，但一般来说你不喜欢这样做 B 大多数情况下是有帮助而且是你喜欢做的	A								○
		B							○	
66	和一群人在一起，你通常会选： A 跟你很熟悉的个别人谈话 B 参与大伙的谈话	A		○						
		B	○							
67	在社交聚会上，你会： A 是说话很多的一个 B 让别人多说话	A	○							
		B		○						
68	把周末期间要完成的事列成清单，这个主意会： A 合你意 B 使你提不起劲	A							○	
		B								○
69	哪个是较高的赞誉： A 能干的 B 富有同情心	A					○			
		B						○		
70	你通常喜欢： A 事先安排你的社交约会 B 随兴做事	A							○	
		B								○
71	总的说来，要做一个大型作业时，你会选： A 边做边想该做什么 B 首先把工作按步细分	A								○
		B							○	
72	你能否滔滔不绝地与人聊天： A 只限于跟你有共同兴趣的人 B 几乎跟任何人都可以	A		○						
		B	○							

225

续表

序号	问题描述	选项	E	I	S	N	T	F	J	P
73	你会： A 跟随一些证明有效的方法 B 分析还有什么问题，及针对尚未解决的难题	A			○					
		B				○				
74	为乐趣而阅读时，你会： A 喜欢奇特或创新的表达方式 B 喜欢作者直话直说	A				○				
		B			○					
75	你宁愿替哪一类上司（或者老师）工作？ A 天性淳良，但常常前后不一的 B 言词尖锐但永远合乎逻辑的	A					○			
		B					○			
76	你做事多数是： A 按当天心情去做 B 按拟好的程序表去做	A								○
		B							○	
77	你是否： A 可以和任何人按需求从容地交谈 B 只是对某些人或在某种情况下才可以畅所欲言	A		○						
		B			○					
78	要作决定时，你认为比较重要的是： A 据事实衡量 B 考虑他人的感受和意见	A					○			
		B						○		

四、在下列每一对词语中，哪一个词语更合你心意？

序号	问题描述	选项	E	I	S	N	T	F	J	P
79	A 想象的　B 真实的	A				○				
		B			○					
80	A 仁慈慷慨的　B 意志坚定的	A						○		
		B					○			
81	A 公正的　B 有关怀心	A					○			
		B						○		
82	A 制作　B 设计	A			○					
		B				○				

续表

序号	问题描述	选项	E	I	S	N	T	F	J	P
83	A 可能性　B 必然性	A				○				
		B			○					
84	A 温柔　B 力量	A						○		
		B					○			
85	A 实际　B 多愁善感	A					○			
		B						○		
86	A 制造　B 创造	A			○					
		B				○				
87	A 新颖的　B 已知的	A				○				
		B			○					
88	A 同情　B 分析	A						○		
		B					○			
89	A 坚持己见　B 温柔有爱心	A					○			
		B						○		
90	A 具体的　B 抽象的	A			○					
		B				○				
91	A 全心投入　B 有决心的	A							○	
		B								○
92	A 能干　B 仁慈	A					○			
		B						○		
93	A 实际 B 创新	A			○					
		B				○				
	每项总分		E	I	S	N	T	F	J	P

五、评分规则

1. 把涂好○的8项（E、I、S、N、T、F、J、P）分别加起来，并将总和填在每项最下方的方格内。

2. 请复查你的计算是否准确，然后将各项总分填在下面对应的方格内。

每项总分						
外向	E				I	内向
实感	S				N	直觉
思考	T				F	情感
判断	J				P	认知

六、确定类型的规则

1. MBTI以四个组别来评估你的性格类型倾向："E-I" "S-N" "T-F" "J-P"。请你比较四个组别的得分。每个子别中，获得较高分数的那个类型，就是你的性格类型倾向。例如：你的得分是E（外向）12分，I（内向）9分，那你的类型倾向便是E（外向）了。

2. 将代表获得较高分数的类型的英文字母，填在下方的方格内。如果在一个组别中，两个类型获同分，则依据下边表格中的规则来决定你的类型倾向。

评估类型			
E-I	S-N	T-F	J-P
	同分处理规则	假如 E=I 请填上 I	
		假如 S=N 请填上 N	
		假如 T=F 请填上 F	
		假如 J=P 请填上 P	

MBTI 十六种人格类型分析

一、ISTJ

（一）性格特点

1. 严肃、安静，集中心志与全力投入及可被信赖获得成功；
2. 行事务实、有序、实际、逻辑、真实及可信赖；
3. 十分留意且任何事（工作、居家、生活）均有良好组织及秩序；
4. 负责任；
5. 照设定成效来作出决策且不畏阻挠与闲言，会坚定为之；
6. 重视传统与忠诚；
7. 传统性的思考者或经理。

（二）领导模式

1. 以事实和经验做决定；
2. 建立可靠、稳定、持续的工作绩效；
3. 尊重传统和等级制度；
4. 奖励遵循规则完成任务的员工；
5. 关注组织的即时性和实际性需要，倾向性顺序：感觉→思维→情感→直觉。

（三）解决问题模式

喜欢完全依据事实在逻辑框架里进行分析，为获得理想结果，需考虑对人们的影响，然后寻找更多的可能性和其他含义。

（四）工作环境倾向性

1. 喜欢与现实、工作努力、关注事实和结果的人共事；
2. 能长期提供安全性的环境；
3. 奖励稳步发展和按期完成任务的环境；
4. 使用系统性工作方法的环境；
5. 任务型定向和鼓励坚定意志的环境；
6. 提供安静、设施整齐的环境；
7. 环境中允许有不被打扰工作的个人空间。

（五）潜在的缺点

1. 因受惠于日常工作而忽视具有长远意义的目标；
2. 可能忽视人际交往的细节；
3. 工作方法刻板、不灵活，对变革较少持开放态度；
4. 期望他人和自己一样，同样注意细节和服从管理程序。

（六）发展建议

1. 除了关注现实问题，还需关注更深远的、定向于未来的问题；

2. 需考虑人的因素，向他人表达其应得的赞赏；

3. 为避免陈规，尝试寻找新的选择；

4. 需培养耐心，应付那些需要用不同方式沟通或忽视规则和程序的人。

（七）适合领域及职业

适合领域：工商业领域、政府机构、金融银行业、政府机构、技术领域、医务领域。

适合职业：审计师、会计、财务经理、办公室行政管理、后勤和供应管理、中层经理、公务（法律、税务）执行人员等；银行信贷员、成本估价师、保险精算师、税务经纪人、税务检查员等；机械、电气工程师、计算机程序员、数据库管理员、地质、气象学家、法律研究者、律师等；外科医生、药剂师、实验室技术人员、牙科医生、医学研究员等。

二、ISFJ

（一）性格特点

1. 安静、和善、负责任；

2. 行事尽责投入；

3. 安定性高，常居项目工作或团体的安定力量；

4. 愿吃苦并力求精确；

5. 兴趣通常不在于科技方面，对细节事务有耐心；

6. 忠诚，考虑周到，知性且会关切他人感受；

7. 致力于创构有序及和谐的工作与家庭环境。

（二）领导模式

1. 开始可能不愿担任领导，但当需要承担领导任务时会接受；

2. 希望自己和他人服从组织的需要；

3. 以个人的影响力作为后盾；

4. 认真遵守传统程序和规则；

5. 观察细节以获得现实的结果。

（三）学习模式

1. 花费充足的时间以结构化的方式，安静地记忆材料；

2. 注重实用性，关注做什么可以为人们提供帮助，倾向性顺序：感觉→情感→思维→直觉。

（四）解决问题模式

喜欢完全依据事实，尤其是当应用于人和准则方面时为获得理想结果，需退一步思考问题，然后寻找更多的可能性和其他含义。

（五）工作环境倾向性

1. 喜欢与认真从事组织性任务的人共事；
2. 喜欢能提供安全性和预测性的工作环境；
3. 喜欢结构明晰的环境；
4. 喜欢保持安静，有一些个人空间的环境；
5. 喜欢做事坚持到底的环境；
6. 喜欢充满个人化、友好、体谅氛围的环境；
7. 喜欢服务型定向的环境。

（六）潜在的缺点

1. 过于谨慎小心，尤其是对待未来发展；
2. 向他人表明自己观点时，显得意志不太坚定；
3. 因安静、忘却自我的特性而低估自己；
4. 过度依赖自己的经验，不能根据环境和其他需要灵活调整。

（七）发展建议

1. 工作中需要估计风险，以积极、全面的观点看待未来；
2. 需建立更多的自信和直率；
3. 学会展示自己的成就；
4. 对其他形式的做事方式需保持开放态度。

（八）适合领域及职业

适合领域：无明显特征领域、医护领域、消费类商业、服务业领域。

适合职业：行政管理人员、总经理助理、秘书、人事管理者、项目经理、物流经理、律师助手等；外科医生及其他各类医生、家庭医生、牙科医生、护士、药剂师、医学专家、营养学专家、顾问等；零售店、精品店业主、大型商场、酒店管理人员、室内设计师等。

三、INFJ

（一）性格特点

1. 因为坚忍、创意及必须达成的意图而能获得成功；
2. 会在工作中投注最大的努力；
3. 默默地、诚挚地及用心地关切他人；
4. 因坚守原则而受敬重；
5. 提出造福大众利益的明确远景而为人所尊敬与追随；
6. 追求创见、关系及物质财物的意义及关联；

7. 想了解什么能激励别人及对他人具有洞察力；

8. 光明正大且坚信其价值观；

9. 有组织且果断地履行其愿景。

（二）领导模式

1. 为使个体和组织获得最大利益的远见从事领导工作；

2. 从合作中获益而非需要合作的形式；

3. 采取平稳、认真、持续性的行为过程实现战略目标；

4. 通过工作实现自己的理想和抱负；

5. 意志坚定地激发他人实现他们的理想。

（三）学习模式

1. 极具个体化和思考式的学习方式；

2. 强调复杂、结构性的概念和关系的学习，倾向性顺序：直觉→情感→思考→感觉。

（四）解决问题模式

1. 喜欢识别自己内在观点的可能性，尤其是与人和社会准则有关的问题；

2. 为成功实现目标，对未来的远见，卓识的客观性和现实的细枝末节的问题同样重视。

（五）工作环境倾向性

1. 工作中，把为人类创造未来作为理想；

2. 有表现创造性和展示自我价值机会的环境；

3. 环境中鼓励营造和谐气氛和体谅他人；

4. 有尊重他人需要的管理机制；

5. 奖励个体的远见卓识；

6. 提供进行安静思考的时间和空间的工作环境；

7. 有组织、有计划的工作环境。

（六）潜在的缺点

1. 发现自己的远见被忽视和低估；

2. 面对批评不太坦率；

3. 因不太愿强迫别人而过度保守；

4. 仅从单一维度考虑他们认为对将来最有益的事。

（七）发展建议

1. 在提出自己的观点时，需发展政治领悟力和自主性的技策；

2. 需学会及时给他人建设性的反馈意见；

3. 需要不断征求他人的建议和获得他人反馈意见；

4. 需要以更放松和开放的态度面对现状。

(八) 适合领域及职业

适合领域：咨询、教育、科研等领域；文化、艺术、设计等领域。

适合职业：心理咨询工作者、心理诊疗师、职业指导顾问、大学教师（人文学科、艺术类）。

四、INTJ

(一) 性格特点

1. 有强大动力与本意来达成目的与创意；

2. 有宏大的愿景且能快速在众多外界事件中找出有意义的模范；

3. 对所承担职务具有良好能力完成策划工作；

4. 具有怀疑心、挑剔性、独立性，对专业水准及绩效要求高。

(二) 领导模式

1. 促使自己和他人完成组织目标；

2. 坚定有力地贯彻执行组织的理念；

3. 要求自己和他人具有顽强意志；

4. 构思、创造新的模型；

5. 必要时，意志坚定地重建整个组织系统。

(三) 学习模式

1. 个性化、思考式学习方式，深入其感兴趣的领域；

2. 智慧型、理论型学习方式，首先要提供一个宏伟蓝图，倾向性顺序：直觉→思维→情感→感觉。

(四) 解决问题模式

1. 喜欢以其内在的认识制定战略、系统和结构，然后客观地做出决定；

2. 为获得最佳结果，会接纳他人和那些使自己的认识更加接近现实的细节资料。

(五) 工作环境倾向性

1. 喜欢工作中有果断、理智接受挑战、致力于完成远期理念的人；

2. 工作环境允许思考的独立性和个体性；

3. 喜欢强调效率的环境；

4. 喜欢环境里有具有竞争力和创造性的人；

5. 喜欢鼓励和支持自主性的环境；

6. 提供创造机会的环境；

7. 喜欢任务定向型和重视详尽思考的环境。

（六）潜在的缺点

1. 可能显得强硬，他人不敢接近；
2. 长时间不告诉他人自己的想法，因为认为他人也和自己一样认同自己的想法；
3. 可能很难实际操作理想化的想法；
4. 过度关注任务而忽视他人的贡献。

（七）发展建议

1. 自己的个性化方式和想法可以征求他人的反馈和建议；
2. 与参与任务的人早一些沟通和讨论自己的想法和战略计划；
3. 当事实资料不支持自己的想法时，应面对现实；
4. 明确他人应受到鼓励和承认。

（八）适合领域及职业

适合领域：科研、科技应用领域；技术咨询、管理咨询、金融、投资领域、创造性行业。

适合职业：各类科学家、研究所研究人员、设计工程师、系统分析员、计算机程序师、研究开发部经理等；各类技术顾问、技术专家、企业管理顾问、投资专家、法律顾问、医学专家、精神分析学家等；经济学家、投资银行研究员、证券投资和金融分析员、投资银行家、财务计划人、企业并购专家等；各类发明家、建筑师、社论作家、设计师、艺术家等。

五、ISTP

（一）性格特点

1. 冷静的旁观者，安静，预留余地，弹性思维，会以无偏见的好奇心与未预期原始的幽默观察与分析；
2. 有兴趣于探索原因及效果，技术事件是为何及如何运作且使用逻辑的原理组构事实、重视效能；
3. 擅长于掌握问题核心及找出解决方式；
4. 分析成事的缘由且能实时在大量资料中找出实际问题的核心。

（二）领导模式

1. 以身作则；
2. 一视同仁，尊重每个人的价值；
3. 面临麻烦时，采用最有利的方法做出快速反应；
4. 宽松管理员工，不喜欢监督自己；
5. 采用明晰、理性的管理原则。

（三）学习模式

1. 生动性、娱乐性强的学习模式；

2. 对有用的内容和有实际应用的学习内容感兴趣，倾向性顺序：思维→感觉→直觉→情感。

（四）问题解决模式

1. 喜欢依据具体事实以自身具有的内部逻辑构建问题和解决问题；

2. 为获得理想结果，需要考虑其他可能性和对人们的影响。

（五）工作环境倾向性

1. 喜欢与行为定向、关注即时情境的人共事；

2. 计划定向和任务定向的环境；

3. 重视理性分析的环境；

4. 奖励对问题做出快速反应的环境；

5. 允许间接经验的环境；

6. 提供合适的工作自由度的环境；

7. 培养独立性和自主性的环境。

（六）潜在的缺点

1. 只关注对自身重要的事而对其他事漠不关心；

2. 在先前的努力获得成果前，缺少坚持性；

3. 努力不足，过度注重有利性而走捷径；

4. 犹豫不决，欠缺兴趣、活力、坚持性。

（七）发展建议

1. 需要增强开放性，关心他人，与他人共享信息；

2. 需发展坚持性，改变沟通模式；

3. 加强计划性，付出更多努力获取想要的成功；

4. 需发展设置和保持目标的方法。

（八）适合领域及职业

适合领域：技术领域；证券、金融业；贸易、商业领域；户外、运动、艺术等领域。

适合职业：机械、电气、电子工程师、各类技术专家和技师、计算机硬件、系统集成专业人员等；证券分析师、金融、财务顾问、经济学研究者等；贸易商、商品经销商、产品代理商（有形产品为主）等；警察、侦探、体育工作者、赛车手、飞行员、雕塑家、手工制作、画家等。

六、ISFP

（一）性格特点

1. 羞怯、安宁、和善、敏感、亲切，且行事谦虚；

2. 喜于避开争论，不对他人强加己见或价值观；

3. 无意于领导却常是忠诚的追随者；

4. 办事不急躁，安于现状无意于以过度的急切或努力破坏现况，且非成果导向；

5. 喜欢有自由的空间以及按照自订的行程办事。

（二）领导模式

1. 不喜欢担任领导，喜欢在团队中担任协调者的角色；

2. 用自己个人的忠诚激发他人工作的积极性；

3. 常常更多地采用表扬和支持的方式，较少批评他人；

4. 随环境所需而做调适；

5. 通过了解他人良好的意图温和地说服他人。

（三）学习模式

1. 安静地学习直接经验；

2. 学习实际的、能帮助他人的内容，倾向性顺序：情感→感觉→直觉→思维。

（四）问题解决模式

1. 喜欢从实用的角度考虑对自己和他人真正重要的事物；

2. 为获得理想结果，需考虑其他人际关系和其他可能性，然后更客观地决定事情。

（五）工作环境倾向性

1. 喜欢与合作的、安静享受工作愉悦感的人共事；

2. 允许有个人空间的工作环境；

3. 与致力于和谐相处的人共事；

4. 能提供灵活性和安全感的环境；

5. 有艺术感染力的环境；

6. 喜欢与讲礼貌的同事相处；

7. 追求实际效果的环境。

（六）潜在的缺点

1. 可能太信任他人，不愿持怀疑态度；

2. 为避免冲突而不批评他人；

3. 只关注眼前的损失；

4. 过度自我批评，容易受伤害。

（七）发展建议

1. 需发展以怀疑的态度分析他人提供的信息；

2. 需学会给他人负面反馈，处理好冲突；

3. 需发展更广阔、更朝向未来定向的观念；

4. 需对他人更果断，对自己有更多赞赏。

(八) 适合领域及职业

适合领域：手工艺、艺术领域；医护领域；商业、服务业领域。

适合职业：时装、首饰设计师、装潢、园艺设计师、陶器、乐器、卡通、漫画制作者、素描画家、舞蹈演员、画家等；出诊医生、出诊护士、理疗师、牙科医生、个人健康和运动教练等；餐饮业、娱乐业业主、旅行社销售人员、体育用品、个人理疗用品销售员等。

七、INFP

(一) 性格特点

1. 安静观察者，具有理想性并对其价值观及重要之人具有忠诚心；
2. 希望外在生活形态与内在价值观相吻合；
3. 具有好奇心且很快能看出机会所在，常担负开发创意的触媒者；
4. 除非价值观受侵犯，行事会具弹性、适应力高且承受力强；
5. 具有想了解及发展他人潜能的企图，想做太多事情且做事全神贯注；
6. 对所处境遇及拥有事物不太在意；
7. 具有适应力，除非价值观受到威胁。

(二) 领导模式

1. 采用便利的领导方式；
2. 倾向发挥独特的领导能力而不是担当传统性的领导角色；
3. 独立工作；
4. 尽可能表扬而不是批评他人；
5. 鼓励员工以行动实现理想。

(三) 学习模式

1. 安静地专注于自己的兴趣，展示出丰富的想象力；
2. 有灵活性并专注自己和他人的发展，倾向性顺序：情感→直觉→感觉→思考。

(四) 解决问题模式

1. 思考真正对他人和自己重要的问题，找出具有创造性的可能性；
2. 为获得最佳结果去搜集事实资料并客观地做出决策。

(五) 工作环境倾向性

1. 喜欢处在有重要价值观、令人愉悦、效忠组织的环境中；
2. 处在合作、轻松氛围的环境里；
3. 允许个体性，也提供共同参与的环境；
4. 环境中提供灵活、有弹性的工作程序；
5. 喜欢非官僚主义的环境；

6. 喜欢安静的环境；

7. 喜欢有时间和空间进行思考的工作环境。

（六）潜在的缺点

1. 因完美倾向而延误完成任务；

2. 想令太多人满意；

3. 没有调整理想适合客观现实；

4. 思考多于行动。

（七）发展建议

1. 需要学会怎样工作而不是只注意寻求理想的反应；

2. 需要发展更坚强的意志并愿意说"不"；

3. 需要用自己的准则分清事实和逻辑；

4. 需要建立和执行行动计划。

（八）适合领域及职业

适合领域：创作性、艺术类领域；教育、研究、咨询类领域。

适合职业：各类艺术家、插图画家、诗人、小说家、建筑师、设计师、文学编辑、艺术指导、记者等；大学老师（人文类）、心理学工作者、心理辅导和咨询人员、社科类研究人员、社会工作者、教育顾问、图书管理者、翻译家等。

八、INTP

（一）性格特点

1. 安静、自持、弹性及具适应能力；

2. 特别喜爱追求理论与科学事理；

3. 问题解决者——习惯于以逻辑及分析来解决问题；

4. 对于创意事务及特定工作最有兴趣，对聚会与闲聊无太大兴趣；

5. 追求可发挥个人强烈兴趣的生涯；

6. 追求发展对有兴趣事务的逻辑解释。

（二）领导模式

1. 在概念上分析问题和目标；

2. 提供逻辑思维模式；

3. 追求自主性的同时，也关注他人独立的领导模式；

4. 依据他人的专业知识而非职位与其交往；

5. 追求与他人智慧上的交流而非情感交流。

（三）学习模式

1. 个体化学习方式，不设置开始与结束，只根据自己感兴趣的事物进行深度学习；

2. 广泛的、概念性的、能挑战智慧的学习方式，倾向性顺序：思维→直觉→感觉→情感。

（四）解决问题模式

1. 在寻求各种可能的选择时，喜欢以自身内部的逻辑建构问题和解决问题；

2. 为获取最佳结果，需同时关注现实状况和他人需求。

（五）工作环境倾向性

1. 喜欢与独立思考者，关注解决复杂问题的人共事；

2. 环境中允许个体有充足的时间和空间进行思考；

3. 喜欢能培养思维独立性和创造性的环境；

4. 喜欢能提供灵活的政策和程序的环境；

5. 喜欢安静，尽可能少开会的环境；

6. 喜欢非结构化和非官僚作风的环境；

7. 喜欢奖励自我决定的环境。

（六）潜在的缺点

1. 过于抽象，因而坚持下去不太符合现实需要；

2. 过于理性化；

3. 过多注意团队中一些小的不一致的地方；

4. 可能以批评式分析方式待人，行动不考虑个体感受。

（七）发展建议

1. 需要关注现实中的细节，确立完成任务的具体步骤；

2. 需要简单地陈述事实；

3. 为获得他人的合作，需要放弃细小的问题；

4. 需要更好地认识他人，更多地表达对他人的赞赏。

（八）适合领域及职业

适合领域：计算机技术；理论研究、学术领域；专业领域；创造性领域。

适合职业：软件设计员、系统分析师、计算机程序员、数据库管理、故障排除专家等；大学教授、科研机构研究人员、数学家、物理学家、经济学家、考古学家、历史学家等；证券分析师、金融投资顾问、律师、法律顾问、财务专家、侦探等；各类发明家、作家、设计师、音乐家、艺术家、艺术鉴赏家等。

九、ESTP

（一）性格特点

1. 解决问题者——擅长现场实时解决问题；

2. 喜欢办事并乐于其中；

3. 倾向于喜好技术事务及运动，交结同好友人；

4. 具适应性、容忍度、务实性；投注心力于会见效快的工作；

5. 不喜欢冗长概念的解释及理论；

6. 专精于可操作、处理、分解或组合的真实事务。

（二）领导模式

1. 对危机中的管理有充分准备；

2. 说服他人接受自己的观点；

3. 直率、自信的领导方式；

4. 按最有利的路径进行组织工作；

5. 重视行动和即时结果。

（三）学习模式

1. 主动型、间接经验型、尝试错误型的学习方式；

2. 实际型，注意力集中在即刻能应用的学习内容，倾向性顺序：感觉→思维→情感→直觉。

（四）问题解决模式

1. 喜欢现实、具体地评估环境，然后用逻辑分析以后采取的步骤；

2. 为获得理想结果，会考虑对人们的影响，寻找其他可选择的可能性。

（五）工作环境倾向性

1. 喜欢与活泼、结果定向型、重视直接经验的人共事；

2. 喜欢有规则，但承认差异性的环境；

3. 工作环境中允许有开玩笑的时间；

4. 能提供工作灵活性的环境；

5. 喜欢技术型定向的环境，有最新的设备；

6. 喜欢身体感到舒适的环境；

7. 喜欢对即刻的需求能做出反应的环境。

（六）潜在的缺点

1. 当快速行为时，显得苛求、强硬、感觉迟钝；

2. 过分集中于即时行为，而失去行为更广阔、深远的意义；

3. 转移到下一个待解决问题而不能坚持解决目前的问题；

4. 会被工作以外的活动吸引，如体育运动和其他娱乐活动。

（七）发展建议

1. 需抑制自己的任务型定向，分析他人的情绪感受；

2. 需在快速决定之前，事先计划，考虑更多的因素；

3. 需完成眼前的任务；

4. 需以适当的观点看待工作和娱乐。

（八）适合领域及职业

适合领域：贸易、商业、某些特殊领域；服务业；金融证券业；娱乐、体育、艺术领域。

适合职业：各类贸易商、批发商、中间商、零售商、房地产经纪人、保险经济人、汽车销售人员、私家侦探、警察等；餐饮、娱乐及其他各类服务业的业主、主管、特许经营者、自由职业者等；股票经纪人、证券分析师、理财顾问、个人投资者等；娱乐节目主持人、体育节目评论、脱口秀、音乐、舞蹈表演者、健身教练、体育工作者等。

十、ESFP

（一）性格特点

1. 外向、和善、接受并乐于分享喜乐于他人；
2. 喜欢与他人一起行动且促成事件发生，在学习时亦然；
3. 知晓事件未来的发展并会热列参与；
4. 最擅长于人际相处及具备完备常识，有很强的适应能力，能立即适应他人与环境；
5. 对生命、人、物质享受的热爱者。

（二）领导模式

1. 促进善意和合作的领导方式；
2. 喜欢从开头管理某个工程；
3. 消除紧张气氛，把人们带入轻松的情境里；
4. 关注解决即时出现的问题；
5. 促进人际间有效的交流。

（三）学习模式

1. 利用充裕的时间通过讨论获取新知识；
2. 学习事实性的知识，搞清楚这些知识是如何发挥作用的，倾向性顺序：感觉→情感→思维→直觉。

（四）解决问题模式

1. 喜欢对情境进行现实和具体的评估，尤其对于人更是如此；
2. 为获得最佳结果，需增强客观性，从长远的眼光看待不同事物。

（五）工作环境倾向性

1. 喜欢与有活力的、轻松愉快、关注现实的人共事；
2. 喜欢活跃、行为定向的工作环境；

3. 喜欢培养快节奏做事的环境；

4. 喜欢有适应性强、喜爱自由的人的工作环境；

5. 喜欢强调和谐、友好、赞赏别人的环境；

6. 喜欢乐观的、注重交往的工作环境；

7. 喜欢有吸引力、丰富多彩的环境。

（六）潜在的缺陷

1. 为保持和谐，过度强调主观性论据；

2. 行动前不太考虑眼前的事实；

3. 可能花太多的时间在社会关系上而忽视任务本身；

4. 常常有始无终。

（七）发展建议

1. 为减少非个体性冲突，做决策时需理智分析决策的意义；

2. 进行管理工作前应事先制定计划；

3. 需平衡花费在任务和社会性交往上的时间；

4. 需致力于完成计划，对时间进行管理。

（八）适合领域及职业

适合领域：消费类商业、服务业领域；广告业、娱乐业领域、旅游业、社区服务等其他领域。

适合职业：精品店、商场销售人员、娱乐、餐饮业客户经理、房地产销售人员、汽车销售人员、市场营销人员（消费类产品）等；广告企业中的设计师、创意人员、客户经理、时装设计和表演人员、摄影师、节目主持人、脱口秀演员等；旅游企业中的销售、服务人员、导游、社区工作人员、自愿工作者、公共关系专家、健身和运动教练、医护人员等。

十一、ENFP

（一）性格特点

1. 充满热忱，活力充沛，聪明的、富想象力的，期望能得到他人肯定与支持；

2. 几乎能达成所有有兴趣的事；

3. 对难题很快就有对策并能对有困难的人施予援手；

4. 依赖能改善的能力而无须预作规划准备；

5. 为达目的常能找出强制自己为之的理由；

6. 即兴执行者。

（二）领导模式

1. 富有活力、热情的领导方式；

2. 喜欢进行首创性管理；

3. 经常是重要事件的发言人；

4. 工作中提倡和支持人们的自主性；

5. 关注如何激励他人，如何鼓励他人并付诸于行动。

（三）学习模式

1. 积极主动型、经验型、想象型学习模式；

2. 对学习内容感兴趣，不管它们是否有实际应用性，倾向性顺序：直觉→情感→思维→感觉。

（四）解决问题模式

1. 喜欢根据自己的价值观和准则探索创造性发展的各种可能性和前景；

2. 为获得最佳结果，冷静理智地分析，考虑相关的事实资料和各种细节。

（五）工作环境倾向性

1. 喜欢与想象力丰富、致力于人们未来发展的人共事；

2. 喜欢允许表现交际能力和智力才能的环境；

3. 爱好参与的氛围，与不同的人分享不同的观点；

4. 喜欢提供变化和具有挑战性的环境；

5. 喜欢鼓励员工提出观点和想法的环境；

6. 喜欢有弹性、自由度大、限制少的环境；

7. 喜欢气氛愉悦和随意的环境。

（六）潜在的缺点

1. 在没完成已经提出的计划之前又转移到新的想法和计划上；

2. 忽视相关的细节和事实资料；

3. 过分扩展，尝试做的事情太多；

4. 因寻求可能的最佳结果而拖延工作。

（七）发展建议

1. 需要根据重要性事先做好安排，先做最重要的，坚持到底；

2. 需要关注重要的细节；

3. 需要学会筛选任务，不要试图去做所有具有吸引力的任务；

4. 为达成目标，需使用制定计划和进行时间管理的技巧。

（八）适合领域及职业

适合领域：广告创意、广告撰稿人，市场营销和宣传策划、市场调研人员、艺术指导、公关专家、公司对外发言人等。

适合职业：儿童教育老师、大学老师（人文类）、心理学工作者、心理辅导和咨询人员、职业规划顾问、社会工作者、人力资源专家、培训师、演讲家等；记者（访谈类)、节目策划和主持人、专栏作家、剧作家、艺术指导、设计师、卡通制作者、电影、电视制片人等。

十二、ENTP

(一) 性格特点

1. 反应快，聪明，擅长于多样事务；
2. 具有激励伙伴、敏捷及直言讳的专长；
3. 会为了有趣对问题的两面加予争辩；
4. 对解决新的及有挑战性的问题富有策略，但会轻视或厌烦常规的任务与细节；
5. 兴趣多元，易倾向于转移至新生的兴趣；
6. 对所想要的会有技巧地找出逻辑的理由；
7. 擅长于看清楚他人，有智慧地去解决新的或有挑战的问题。

(二) 领导模式

1. 制定理论体系满足组织的需要；
2. 鼓励他人的独立性；
3. 运用逻辑分析寻找变革的模式；
4. 对于自己想做的事使用强制性的理由；
5. 在人与组织之间扮演促进者的角色。

(三) 学习模式

1. 主动、概念型的学习，喜欢由专家传授知识；
2. 接受挑战型，定向于未来的发展蓝图，倾向性顺序：直觉→思维→情感→感觉。

(四) 解决问题模式

1. 喜欢探索未来的前景和发展模式，理智地分析每一个正向和反向的结果；
2. 为获得最理想结果，关注人们的需要和相关的事实和细节。

(五) 工作环境倾向性

1. 喜欢与独立的、按理论模型解决复杂问题的人共事；
2. 喜欢提供灵活性和挑战性的工作环境；
3. 喜欢变革型和非官僚作风的工作环境；
4. 喜欢竞争力的环境；
5. 喜欢奖励员工挑战风险行为的工作环境；
6. 喜欢鼓励行为自主性和自由性的环境；
7. 喜欢关注未来发展远景的工作环境。

(六) 潜在的缺点

1. 过多依赖模型而忘记现实状况；

2. 因竞争而不会赞赏他人的付出；

3. 因过分扩展自己而筋疲力尽；

4. 可能抵制正规的程序和准则。

（七）发展建议

1. 需要注意各个方面的因素和基本的事实；

2. 需要承认他人贡献的有效性；

3. 需要设立现实性的开始与结束的期限，知道何时该结束；

4. 需要学会怎样在组织里工作。

（八）适合领域及职业

适合领域：投资顾问、项目策划、投资银行、自我创业；市场营销、创造性领域；公共关系；政治。

适合职业：投资顾问（房地产、金融、贸易、商业等）、各类项目的策划人和发起者、投资银行家、风险投资人、企业业主（新兴产业）等；市场营销人员、各类产品销售经理、广告创意、艺术总监、访谈类节目主持人、制片人等；公共关系专家、公司对外发言人、社团负责人、政治家等。

十三、ESTJ

（一）性格特点

1. 务实、真实，事实倾向，具有技术天赋；

2. 不喜欢抽象理论；最喜欢运用事理；

3. 喜好组织与管理活动且专注，以最有效率的方式行事以达到成效；

4. 具决断力，关注细节且很快作出决策——优秀行政者；

5. 会忽略他人感受；

6. 喜欢成为领导者或企业主管。

（二）领导模式

1. 直接领导，快速管理；

2. 运用过去经验解决问题；

3. 直接、明确地识别问题的核心；

4. 决策和执行决策非常迅速；

5. 传统型领导，尊重组织内部的等级和组织获得的成就。

（三）学习模式

1. 积极主动型，学习间接经验，采用结构化的学习方式；

2. 实际型，关注他们能运用的学习内容，倾向性顺序：思维→感觉→直觉→情感。

(四) 问题解决模式

1. 喜欢根据相关的事实和细节进行逻辑分析，从而控制情境；

2. 为达到理想结果，会考虑更广阔的前景以及对人们和自己的影响。

(五) 工作环境倾向性

1. 喜欢与努力工作、有坚定决心把工作做好的人共事；

2. 喜欢任务型定向的环境；

3. 喜欢有组织和组织结构的环境；

4. 喜欢有团队计划的环境；

5. 喜欢提供稳定性和预测性的环境；

6. 喜欢致力于绩效和生产性的环境；

7. 喜欢奖励完成目标的环境。

(六) 潜在的缺点

1. 决策太迅速，也将给他人施以同样的压力；

2. 不能察觉变革的需要，因为相信一切都在正常运作；

3. 在完成任务过程中，忽视人际间的小细节；

4. 长期忽视自己的感受和准则，可能会被自己的情感击垮。

(七) 发展建议

1. 决策之前需考虑各种因素，包括人的因素；

2. 需要促使自己看到他人要求变革而获得的利益；

3. 需做特别的努力来学会赞赏别人；

4. 需从工作中抽点时间考虑和识别自己的情感和价值观。

(八) 适合领域及职业

无明显领域特征。

适合职业：大、中型外资企业员工、业务经理、中层经理（多分布在财务、营运、物流采购、销售管理、项目管理、工厂管理、人事行政部门）、职业经理人、各类中小型企业主管和业主。

十四、ESFJ

(一) 性格特点

1. 诚挚，爱说话，合作性高，受欢迎；天生的合作者及活跃的组织成员；

2. 注重和谐且擅长于创造和谐；

3. 常做对他人有益的事务；

4. 给予鼓励及称许会有更佳的工作成效；

5. 对于会直接及有形影响人们生活的事务最有兴趣；

6. 喜欢与他人共事并精确且准时地完成工作。

（二）领导模式

1. 关心他人的领导方式；

2. 以良好的人际关系赢得合作；

3. 让人们活跃起来；

4. 承担繁重的工作，坚持到底；

5. 发扬组织的传统精神。

（三）学习模式

1. 系统性、参与性、个体性的学习方式，用较多时间讨论新知识；

2. 学习早已有实践应用的应用性材料，倾向性顺序：情感→感觉→直觉→思维。

（四）解决问题模式

1. 喜欢考虑准则以及对人们的影响，也关注相关的事实和有用的细节；

2. 为获取理想结果，需识别其他人际关系，然后理智冷静地分析。

（五）工作环境倾向性

1. 喜欢与诚恳、具有合作性、乐于帮助他人的人共事；

2. 目标定向型的环境，提供有益、合适的工作程序；

3. 喜欢奖励组织行为和个体工作绩效的环境；

4. 喜欢鼓励人际间的友谊的工作环境；

5. 喜欢赞赏他人和乐观的工作氛围；

6. 喜欢培养人际间关心和敏感察觉他人需要的工作环境；

7. 喜欢关注事实和价值观的环境。

（六）潜在的缺点

1. 避免和回避冲突；

2. 因致力于令他人满意而忽略自己；

3. 提供自己认为是对组织和对他人最好的建议；

4. 不经常客观地反思过去、展望未来。

（七）发展建议

1. 需学会注意差异性和处理冲突；

2. 需学会分离出自己的需要；

3. 需学会更客观地听取他人真正需要什么；

4. 做决策时，需考虑决策的理性、全局性的意义。

（八）适合领域及职业

无明显领域特征。

适合职业：办公室行政或管理人员、秘书、总经理助理、项目经理、客户服务部人员、采购和物流管理人员等；内科医生及其他各类医生、牙科医生、护士、健康护理指导师、饮食学、营养学专家、小学教师（班主任）、学校管理者等；银行、酒店、大型企业客户服务代表、客户经理、公共关系部主任、商场经理、餐饮业业主和管理人员等。

十五、ENFJ

（一）性格特点

1. 热忱、责任心强的，能鼓励他人的；
2. 对别人所想或需求会表达真正关切并用心去处理；
3. 能怡然且技巧性地带领团队讨论或演示文稿或提案；
4. 爱交际、受欢迎及富同情心；
5. 对赞许及批评很在意；
6. 喜欢带领别人且能使别人或团体发挥潜能。

（二）领导模式

1. 富于热情和赞扬他人的领导方式；
2. 以参与的态度管理员工和工作；
3. 满足员工的需要，努力使每个员工满意；
4. 促使组织的行为与组织的价值观一致；
5. 鼓励施行给人们带来利益的变革。

（三）学习模式

1. 在相互交流和合作中学习重要的内容；
2. 在学习中能获得更多鼓励，倾向性顺序：情感→直觉→感觉→思维。

（四）解决问题模式

1. 先判断发展计划是否能取得绩效和对人们的影响；
2. 为获得最佳结果关注更多事实资料，然后进行理智、冷静地分析。

（五）喜欢的工作环境

1. 喜欢与那些关注变革并通过变革改变人们的人共事；
2. 喜欢人际定向型和社会型的环境；
3. 喜欢鼓励支持和称赞他人的环境；
4. 喜欢富有同情精神和和睦气氛的环境；
5. 喜欢鼓励自我表现的环境；
6. 喜欢稳定而注重果断性的环境；
7. 喜欢注重反馈和秩序的环境。

（六）潜在的缺点

1. 可能会对他人理想化，因而遭受他人表面忠诚的蒙蔽；

2. 可能会回避有冲突的问题；

3. 因重视人际关系而忽视任务；

4. 过度自我批评。

（七）发展建议

1. 需要认识人们的局限性，捍卫真正的忠诚；

2. 需要学会建设性地处理冲突；

3. 需要学会同时关注任务中的细节问题和完成任务的人；

4. 需要认真听取客观的评价，少一些自我批评。

（八）适合领域及职业

适合领域：培训、咨询、教育；新闻传播、公共关系、文化艺术。

适合职业：人力资源培训主任、销售、沟通、团队培训员、职业指导顾问、心理咨询工作者、大学教师（人文学科类）、教育学、心理学研究人员等；记者、撰稿人、节目主持人（新闻、采访类）、公共关系专家、社会活动家、文艺工作者、平面设计师、画家、音乐家等。

十六、ENTJ

（一）性格特点

1. 坦诚，具决策力的活动领导者；

2. 擅长于发展与实施广泛的系统以解决组织的问题；

3. 专精于具内涵与智能的谈话，如对公众演讲；

4. 乐于经常吸收新知识且能广开信息渠道；

5. 过度自信，善于表达自己创意；

6. 喜于策划及目标设定。

（二）领导模式

1. 定向型领导模式——富于活力的行为；

2. 为组织制定长远规划；

3. 必要时，采用直接的、强硬的管理方式；

4. 喜欢复杂问题并足智多谋地解决一些问题；

5. 尽可能多地参与组织管理。

（三）学习模式

1. 喜欢由专家传授知识；

2. 对挑战和问题抱开放态度，倾向性顺序：思维→直觉→感觉→情感。

(四) 解决问题模式

1. 根据内在的理解进行逻辑分析从而控制局面;

2. 为获得理想结果,对事实资料进行现实性决策,同时考虑决策对人们和自己的影响。

(五) 工作环境倾向性

1. 喜欢与结果定向型、独立的、有能力的、注重解决复杂问题的人共事;

2. 喜欢目标型定向的工作环境;

3. 喜欢有效率的组织系统和员工;

4. 喜欢工作环境中即刻奖励做出努力挑战的员工;

5. 喜欢有奖励果断的人的环境;

6. 喜欢工作环境中有意志坚定的人。

(六) 潜在的缺点

1. 关注任务而忽视人们的需要和对组织的贡献;

2. 忽略现实的考虑和对现实局限性的认识;

3. 决策太迅速,表现出缺乏耐心,盛气凌人;

4. 忽视和抑制自己和他人的情感。

(七) 发展建议

1. 需要考虑人的因素,赞赏他人对组织的贡献;

2. 行动前先检查现实的、人力的、环境的资源是否可获得;

3. 决策前花些时间考虑和反思各个方面的因素;

4. 需要学会鉴别和重视自己和他人的情感。

(八) 适合领域及职业

适合领域:工商业、政界;金融和投资领域;管理咨询、培训;专业性领域。

适合职业:各类企业的高级主管、总经理、企业主、社会团体负责人、政治家等;投资银行家、风险投资家、股票经纪人、公司财务经理、财务顾问、经济学家;企业管理顾问、企业战略顾问、项目顾问、专项培训师等;律师、法官、知识产权专家、大学教师、科技专家等。

附录二

创业计划书参考范本

创业计划书
（项目LOGO）

项目名称：_____
申报赛道：_____
申报组别：_____
项目类别：_____
团队名称：_____
项目负责人：_____
项目成员：_____
指导教师：_____
联系方式：_____

年　月　日

目　录

第一部分　项目摘要 ……………………………………………………
第二部分　项目主体综述 ………………………………………………
一、企业介绍 ……………………………………………………………
　　（一）企业的宗旨 ……………………………………………………
　　（二）企业简介资料 …………………………………………………
　　（三）各部门职能和经营目标 ………………………………………
　　（四）企业管理 ………………………………………………………
二、技术与产品 …………………………………………………………
　　（一）技术描述及技术持有 …………………………………………
　　（二）产品状况 ………………………………………………………
　　（三）产品生产 ………………………………………………………
三、市场分析 ……………………………………………………………
　　（一）市场规模、市场结构与划分 …………………………………
　　（二）目标市场的设定 ………………………………………………

（三）产品消费群体、消费方式、消费习惯及影响市场的主要因素分析……
（四）目前企业产品市场状况，产品所处市场发展阶段（空白/新开发/高成长/成熟/饱和），产品排名及品牌状况……
（五）市场趋势预测和市场机会……
（六）行业政策……

四、竞争分析……
    （一）有无行业垄断……
    （二）从市场细分看竞争者市场份额……
    （三）主要竞争对手情况：企业实力、产品情况……
    （四）潜在竞争对手情况和市场变化分析……
    （五）企业产品竞争优势……

五、市场营销……
    （一）概述营销计划……
    （二）销售政策的制定……
    （三）销售渠道、方式、行销环节和售后服务……
    （四）主要业务关系状况……
    （五）销售队伍情况及销售福利分配政策……
    （六）促销和市场渗透……
    （七）产品价格方案……
    （八）销售资料统计和销售记录方式，销售周期的计算……
    （九）市场开发规划，销售目标……

六、投资说明……
    （一）资金需求说明（用量/期限）……
    （二）资金使用计划及进度……
    （三）投资形式（贷款/利率/利率支付条件/转股——普通股、优先股、认股权/对应价格等）……
    （四）资本结构……
    （五）回报/偿还计划……
    （六）资本原负债结构说明……
    （七）投资抵押……
    （八）投资担保……
    （九）吸纳投资后股权结构……
    （十）股权成本……
    （十一）投资者介入企业管理程度说明……

(十二) 报告 ……………………………………………………………………
(十三) 杂费支付 …………………………………………………………

七、项目投资报酬与退出 …………………………………………………………
    (一) 股票上市 ……………………………………………………………
    (二) 股权转让 ……………………………………………………………
    (三) 股权回购 ……………………………………………………………
    (四) 股利 …………………………………………………………………

八、企业管理 ………………………………………………………………………
    (一) 企业组织结构 ………………………………………………………
    (二) 管理制度及劳动合同 ………………………………………………
    (三) 人事计划 ……………………………………………………………
    (四) 薪资、福利方案 ……………………………………………………
    (五) 股权分配和认股计划 ………………………………………………

九、项目财务分析 …………………………………………………………………
    (一) 财务分析说明 ………………………………………………………
    (二) 财务数据预测 ………………………………………………………

十、项目风险分析 …………………………………………………………………

十一、结论 …………………………………………………………………………

附件：

第一部分　项目摘要

(建议用 500 字左右的篇幅对本项目进行概述)

第二部分　项目主体综述

一、企业介绍

(一) 企业的宗旨

(二) 企业简介资料

(三) 各部门职能和经营目标

(四) 企业管理

1. 董事会

2. 经营团队

3. 外部支持

二、技术与产品

(一) 技术描述及技术持有

（二）产品状况

1. 主要产品目录

2. 产品特性

3. 正在开发/待开发产品简介

4. 研发计划及时间表

5. 知识产权策略

6. 无形资产

（三）产品生产

1. 资源及原材料供应

2. 现有生产条件和生产能力

3. 扩建设施、要求及成本，扩建后生产能力

4. 原有主要设备及需添置设备

5. 产品标准、质检和生产成本控制

6. 包装与储运

三、市场分析

（一）市场规模、市场结构与划分

（二）目标市场的设定

（三）产品消费群体、消费方式、消费习惯及影响市场的主要因素分析

（四）目前企业产品市场状况，产品所处市场发展阶段（空白/新开发/高成长/成熟/饱和），产品排名及品牌状况

（五）市场趋势预测和市场机会

（六）行业政策

四、竞争分析

（一）有无行业垄断

（二）从市场细分看竞争者市场份额

（三）主要竞争对手情况：企业实力、产品情况

（四）潜在竞争对手情况和市场变化分析

（五）企业产品竞争优势

五、市场营销

（一）概述营销计划

（二）销售政策的制定

（三）销售渠道、方式、行销环节和售后服务

（四）主要业务关系状况

（五）销售队伍情况及销售福利分配政策

（六）促销和市场渗透

1. 主要促销方式

2. 广告/公关策略、媒体评估

（七）产品价格方案

1. 定价依据和价格结构

2. 影响价格变化的因素和对策

（八）销售资料统计和销售记录方式，销售周期的计算

（九）市场开发规划，销售目标

六、投资说明

（一）资金需求说明（用量/期限）

（二）资金使用计划及进度

（三）投资形式（贷款/利率/利率支付条件/转股——普通股、优先股、认股权/对应价格等）

（四）资本结构

（五）回报/偿还计划

（六）资本原负债结构说明

（七）投资抵押

（八）投资担保

（九）吸纳投资后股权结构

（十）股权成本

（十一）投资者介入企业管理程度说明

（十二）报告

（十三）杂费支付

七、项目投资报酬与退出

（一）股票上市

（二）股权转让

（三）股权回购

（四）股利

八、企业管理

（一）企业组织结构

（二）管理制度及劳动合同

（三）人事计划

（四）薪资、福利方案

（五）股权分配和认股计划

九、项目财务分析

（一）财务分析说明

（二）财务数据预测

1. 销售收入明细表

2. 成本费用明细表

3. 薪金水平明细表

4. 固定资产明细表

5. 资产负债表

6. 利润及利润分配明细表

7. 现金流量表

8. 财务指标分析

十、项目风险分析

1. 社会资源风险

2. 市场不确定性风险

3. 研发风险

4. 生产不确定风险

5. 成本控制风险

6. 竞争风险

7. 政策风险

8. 财务风险

9. 管理风险

10. 团队风险

11. 破产风险

十一、结论

附件：

参考文献

1. 曲振国. 大学生职业生涯规划与就业指导教程［M］. 西安：西安交通大学出版社，2015.
2. 钟谷兰，杨开. 大学生职业生涯发展与规划（第2版）［M］. 上海：华东师范大学出版社，2016.
3. 庄明科，谢伟. 大学生职业生涯规划［M］. 北京：中国人民大学出版社，2016.
4. 王占军. 大学生职业生涯规划咨询案例精编［M］. 上海：华东师范大学出版社，2017.
5. 卢冬明. 大学生人际关系与沟通能力培养［M］. 北京：北京理工大学出版社，2016.
6. 若木. 凡事换位思考［M］. 北京：中国画报出版社，2009.
7. 杨睿宇，崔永鸿，毛媛媛. 当代大学生人际关系学［M］. 重庆：重庆大学出版社，2014.
8. 周璇璇，张彦. 人际沟通［M］. 厦门：厦门大学出版社，2015.
9. 吕桂红. 沟通技巧［M］. 重庆：重庆大学出版社，2013.
10. 刘辉，李强，王秀艳. 大学生创新创业教程（第1版）［M］. 上海：上海交通大学出版社，2013.
11. 赵洁，石磊，丁丽娜. 创新思维与TRIZ创新技法［M］. 北京：人民邮电出版社，2018.
12. 田新蕊，王海英. 创新能力使用教程［M］. 北京：石油工业出版社，2009.
13. 宋宝萍，魏萍. 创新思维心理学：培养与训练［M］. 北京：电子工业出版社，2012.
14. 史梅，孙洪涛，伊芃芃. 赢在起点——大学生职业生涯规划与职业素质拓展［M］. 北京：高等教育出版社，2010.
15. 杜俊峰. 大学生就业与创业指导［M］. 天津：南开大学出版社，2012.
16. 杨万甫. 职业生涯规划与就业指导［M］. 天津：天津科学技术出版社，2008.
17. 申健强，王爱华，陈华聪. 大学生职业规划、就业指导与创业教育［M］. 北京：人民邮电出版社，2018.
18. 山东省人事厅组织编写. 新编大学生职业发展与就业指导教程［M］. 济南：山东大学出版社，2010.
19. 范东亚，谭荣. 大学生职业生涯规划与创新创业教育（第1版）［M］. 重庆：

重庆大学出版社,2019.

20. 姚圆鑫,王佳.大学生创新创业教育[M].北京:国家行政学院出版社,2016.

21. 人力资源和社会保障部全国人才流动中心组织编写.创业梦从这里起航:大学生创业辅导读本[M].北京:中国劳动社会保障出版社,2017.

图书在版编目（CIP）数据

大学生职业生涯规划与创业教育 / 武洪萍，王茹香，崔玉祥主编. -- 北京：中国书籍出版社，2020.9
　ISBN 978-7-5068-7990-3

Ⅰ.①大… Ⅱ.①武… ②王… ③崔… Ⅲ.①大学生-职业选择②大学生-创业 Ⅳ.①G647.38

中国版本图书馆CIP数据核字(2020)第176096号

大学生职业生涯规划与创业教育

武洪萍　王茹香　崔玉祥　主编

责任编辑	姜　佳
责任印制	孙马飞　马　芝
封面设计	范　荣
出版发行	中国书籍出版社
地　　址	北京市丰台区三路居路97号（邮编：100073）
电　　话	（010）52257143（总编室）　　（010）52257140（发行部）
电子邮箱	eo@chinabp.com.cn
经　　销	全国新华书店
印　　刷	青岛环海瑞源印刷科技有限公司
开　　本	787 mm × 1092 mm　1 / 16
字　　数	328 千字
印　　张	16.75
版　　次	2020年9月第1版　2020年9月第1次印刷
书　　号	ISBN 978-7-5068-7990-3
定　　价	38.00元

版权所有　翻印必究